Una vida para el arte

Susana Chillida

Una vida para el arte

Eduardo Chillida y Pilar Belzunce, mis padres

Galaxia Gutenberg

Galaxia Gutenberg,
Premio TodosTusLibros al Mejor Proyecto Editorial, 2023,
otorgado por CEGAL (Confederación Española de Gremios y Asociaciones de Libreros).

Lectura infinita
#pactoporlalectura

MINISTERIO DE CULTURA Y DEPORTE

DIRECCIÓN GENERAL DEL LIBRO, DEL CÓMIC Y DE LA LECTURA

Esta obra ha recibido una ayuda a la edición del Ministerio de Cultura.

Publicado por
Galaxia Gutenberg, S.L.
Av. Diagonal, 361, 2.º 1.ª
08037-Barcelona
info@galaxiagutenberg.com
www.galaxiagutenberg.com

Primera edición: septiembre de 2024

Preimpresión: Maria Garcia
Impresión y encuadernación: Romanyà-Valls
Sant Joan Baptista, 35, La Torre de Claramunt-Barcelona
Depósito legal: B 9933-2024
ISBN: 978-84-10107-40-3

A Eduardo Iglesias, mi más firme y cálido
apoyo en todos mis empeños.

Y a Pilar Belzunce, mujer liberal,
valiente y generosa, in memoriam.

Le premier souffle vient du
plus lointain passé; le dernier
souffle lui doit encore sa tiédeur.

El primer aliento viene
del pasado más lejano; el último
aliento le debe aún su tibieza.

EDMOND JABÈS

Índice

Nota inicial de la autora

Al ser este un libro tan personal, quizás podría decir que empezó a «escribirse» con el nacimiento de mi mirada al mundo. Un mundo que estuvo desde el inicio poblado de esos objetos de hierro con que se vestía mi casa. Una casa, un padre, una madre, unos hermanos, y siendo la quinta entre ocho, mi mirada constante midiéndolo todo con ganas de entender mi lugar.

El lugar de aquellos objetos también me interesaba. Era algo misterioso. Muchos de los adultos a quienes accedía de niña parecían apreciarlos en demasía, otros se reían sin más de ellos y, por ende, de mí. Más tarde empezaron las preguntas: «¿Esto qué es? ¿Qué significa? ¿Qué quiere decir?». Eso que la gente asumía que debía ser capaz de contestar me paralizaba. Tardé tiempo en entender que sus preguntas no eran válidas. Sólo sabía que el arte que yo conocía era fruto del trabajo de un hombre que dedicaba su vida, con total seriedad, a hacer «aquello». Un hombre a quien yo quería como cariñoso padre. Para José Ángel Valente el término «abstracto» es totalmente desfigurador y estoy de acuerdo. ¿Acaso hay algo más concreto que una escultura que uno puede tocar y rodear? Lejos de ser una abstracción es un ente concreto, presente y silente, con el que el espectador se puede relacionar.

Al igual que todos mis demás trabajos sobre mi padre, ya sean escritos o audiovisuales, el presente libro ha pasado por múltiples etapas y diversas motivaciones. En el proceso, si no todos, muchos de mis «demonios» con respecto a aspectos del mundo y de los artistas se fueron desvaneciendo mientras los visitaba. Temas que para mí habían sido grandes y necesarios de afrontar terminaron por perder importancia una vez escritos. Agua pasada que nadie encontrará en este texto. El libro va pasando por uno mismo mientras lo escribe. Todo destila «algo» nuevo de lo que poco a poco se nutre el escritor. El libro es lo que queda después de un viaje largo. «Al alba conocí la obra. Puede ser de mil maneras, pero sólo de una. Su lugar, entre la percepción y la libertad. Su motivo, necesidad. Su fin, acuerdo», dejó escrito mi padre. En mi caso, ese «alba» del que él hablaba llega siempre después de años trabajando guiada por intuiciones y dudas que se hacen fértiles cuando se incide en ellas.

Todo empezó en 2009 cuando aún el DVD estaba en pleno uso. ¿Quién podía prever que pronto iba a morir un sistema tan válido? Deseé añadir valor comercial a mis dos documentales escribiendo «Los lugares de Chillida», que se presentaría junto a los dos DVD en un estuche bien diseñado. ¿Qué valor biográfico tenían los espacios en los que había mostrado a mi padre en mis películas, de los que poco a nada se llega a saber en ellas? Su casa de San Sebastián, su antiguo estudio convertido más tarde en mi casa, en donde grabé mi primera entrevista con él, su taller junto a la casa, la fragua industrial, el río en que le vemos paseando en la noche... Para el autor, escribir es tan distinto a filmar como distinto es para el receptor ver imágenes a leer palabras que luego puede citar. Cada medio ofrece sus propias posibilidades, ventajas y desventajas. Escribí con ilusión para añadir contenido a todos los temas tratados visualmente, pero, una vez comprobado que el sistema DVD había llegado a su fin, todo quedó en pausa.

En 2015, a la muerte de mi madre, retomé la escritura para sobrellevar su pérdida. Aún podía verla en todo cuanto me rodeaba. Pero quería más, necesitaba más. En ese momento fue cuando rebusqué entre sus pertenencias y me hice con un montón de fotos de su vida en común con mi padre. Sentía que el libro la había estado esperando a ella. Y las fotos, la mayoría muy sencillas, me acompañaron y guiaron mientras escribía. Para mí, que pude haberme dedicado a la fotografía, las imágenes hablan de detalles casi imperceptibles pero profundos e importantes si se saben «leer». Acabado el duelo, sin embargo, se extinguió mi motivación hasta que un par de años más tarde, en 2017, mis hijos, que habían leído ambos textos, mostraron su deseo de conocer mejor a ese abuelo –hombre de honduras, sutilezas y enseñanzas impremeditadas, humanista, creador de espacios, arquitecto del vacío, ingeniero de sueños...– que se había ido demasiado pronto para ellos. Por mis hijos decidí continuar centrándome en su pensamiento y su obra. Más fotos empezaron a hacérseme imprescindibles. Imaginaba al lector aprendiendo conmigo sobre Chillida, de un modo similar al que yo misma había aprendido. Avancé mucho, pero otras labores profesionales me impidieron terminar. Y así fue como llegué a diciembre de 2022. Tenía una amalgama grande de temas diversos en torno al arte, a mi padre y a mi madre, que habían sido escritos a golpes de razón, intuición y emoción. Los evalué y me parecieron válidos. Ese fue el momento en que me dispuse a hacer una biografía conjunta de Eduardo Chillida y Pilar Belzunce. Para mí era una cuestión de justicia histórica incluirla a ella junto a él. Mi motivación, en este caso, fue llevar el proyecto hasta su final.

Dar orden a los temas, sin embargo, no fue tarea fácil. Primero de todo, añadí títulos que me ayudaran a ordenarme yo misma entre tanta letra escrita. Después, decidí dividir los temas por décadas atendiendo a la cronología de las obras de Chillida y a la cronología de los lugares que fueron habitando en el tiempo. El lector comprobará que en ese intento hay muchos saltos temporales, pensamientos y datos que responden al fluir de mis propias asociaciones y sentimientos mientras escribía.

Y, hablando del proceso, no puedo dejar de hacer mención a un último esfuerzo al que me obligué estando el libro prácticamente acabado. Había escrito tan profusamente de «mi» padre y de «mi» madre que de pronto tuve necesidad de compartir lo escrito al menos con una hermana y un hermano para ver hasta qué punto reconocían en mi visión a «nuestros» padres. Su reacción fue positiva. Sobre cada uno de los hijos había ya escrito en distintas historias ya que nuestro padre era un hombre eminentemente familiar. Estaba segura de que todos habrían sentido cosas parecidas a las mías. Pero ¿habría recuerdos, matices y sentimientos que, por ser los suyos, sólo ellos podrían aportar? Indudablemente. Por eso, además, pedí a mis siete hermanos que compartieran algunas de sus vivencias y finalmente repartí sus testimonios por el texto.

Como no se trata de un trabajo académico, las citas textuales de palabras de Chillida vienen marcadas por un simple entrecomillado sin referencia exacta a su origen. Las que se refieren a la correspondencia íntima entre mi padre y mi madre se encuentran en los archivos personales de la familia. Todas las demás pertenecen a libros, catálogos y películas que el lector encontrará en la bibliografía y filmografía que se incluye al final.

He hecho todo lo que he podido por dar una visión amplia de un artista universal. En el fondo sigo pensando que el arte, y no sólo el «abstracto», es un gran desconocido. Y si algo quiero con este libro, es lograr que al menos quien lo lea –ya sea porque le gustan las biografías y desea conocer la vida de los protagonistas, su personalidad y su carácter, ya sea porque es amante de la obra de Chillida y quiere ahondar en ella o le interesa el papel que jugaba su mujer en la vida del artista, temas que sin duda son tratados– quede con la idea clara de que el arte es «verdad». Como escritora, con menos no me podría conformar.

Para mí es una historia de amor, una historia de amor al arte y una historia de familia.

Y sin más, les dejo con mi trabajo, deseando que lo disfruten.

Madrid, 21 de marzo de 2024

I

Historias de una hija

Un pájaro se engalana tranquilo sobre una rama baja. Lo miro en su trajín. Bajo la vista hacia el cigarro que humea en mis manos y, al levantarla, percibo un silencio de movimiento, una ausencia frente a mí. Se ha ido. Voló. Qué efímero todo y a la vez qué permanente. ¿Tendrá algo que ver la ausencia de ese pájaro –el vacío que deja entre las ramas de mi conciencia– con el vacío que siento en mí tras la muerte de mi madre, o con el vacío que encierra en sí la obra de mi padre?

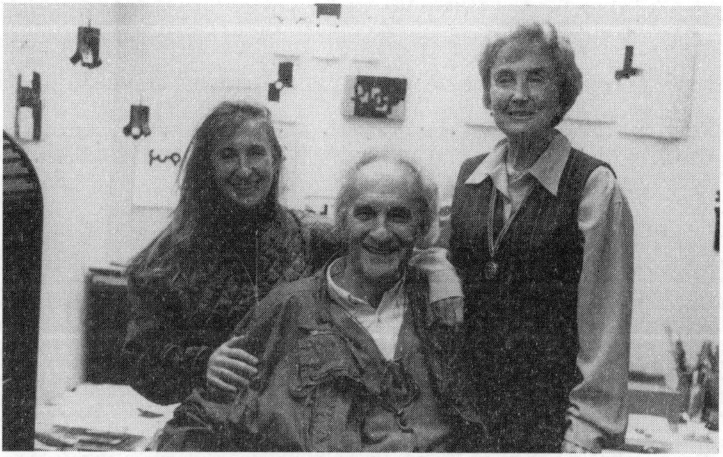

Susana Chillida, Eduardo Chillida y Pilar Belzunce en el estudio de Chillida, San Sebastián, 1992.

Una vez recuerdo haberle comentado:

–¡Mira, qué maravilla!

Era un simple cambio de postura en los dedos de mi recién nacido dormido.

–¡Lo es! –contestó él–. Para ti, que lo sabes ver...

Siempre hubo entre nosotros algo con el ver y el no ver, con el mirar... Y también hubo siempre entre nosotros, cómo no, esculturas.

EL CHATARRERO Y LA ESCULTURA

Una historia me viene a la cabeza que sólo he contado alguna vez como quien cuenta un cuento. Es algo que muchos periódicos nacionales y extranjeros recogieron en su día: el robo de una serie de obras de arte que volvían de Alemania en el año 2010. Una de esas obras era una escultura de Chillida. Su propietaria, la galerista Nieves Fernández, era muy reacia a prestarla para exposiciones, pero esa vez había accedido a hacerlo y dudo que le queden ganas de repetir. Junto a la escultura de mi padre viajaban en un camión pinturas de Picasso, Tàpies, Botero y otros artistas. Una vez de vuelta en Madrid, los transportistas aparcaron el vehículo en la cochera de la empresa con las llaves puestas, y alguien aprovechó la ocasión para sustraer el vehículo.

Es muy probable que la policía tenga muchos más datos de los que conocemos; es probable también que los distintos periódicos dieran la noticia del robo, y su posterior solución, aportando únicamente la información que, para sus fines sensacionalistas unas veces, políticos otras, mejor les convinieran. Personalmente, he aprendido a tener cautela a la hora de evaluar lo que cuentan los medios. Pero volvamos a la historia del robo. Hoy soy yo quien la cuenta y la deriva que implícitamente conlleve tendrá por tanto mi nombre.

Quiso el azar que la obra de mi padre fuera inmediatamente vendida a un chatarrero. Posiblemente por la dificultad de maniobra que suponía moverla por comparación con los lienzos enrollados; los ladrones necesitaban quitarse ese peso de encima. ¿A cuánto estaba entonces el kilo de hierro? Pues a ese precio le vendieron los 150 kilos que sumaba la escultura. Fue lo primero que se supo tras el robo, y la prensa de inmediato se hizo eco.

Podría detenerme en los sentimientos que despertaron en mí las risas que la venta de un Chillida a un chatarrero suscitaron en tanta gente. Pero prefiero darle el protagonismo a la propia escultura y meterme con ella en la chatarrería para preguntarme lo que ocurrió entre ella y el chatarrero una vez que los ladrones se fueron y ambos quedaron mano a mano, solos, entre tantos otros hierros.

Puedo imaginarme al hombre mirando la obra de mi padre y, lo que es más curioso, a la obra de mi padre mirándole a él. Conjeturo que el chatarrero la observó durante largo tiempo. Aunque sólo fuera porque estaba acostumbrado a tratar con hierros, le sorprendería comprobar la habilidad del trabajo de forja y se fijaría en el modo tan armonioso con que se expandía y contraía la materia. Entretanto, las extrañas formas de mi padre seguirían mirándole en una especie de diálogo sordo. Hasta que en algún momento la escultura debió de empezar a hablar. Me la imagino diciendo: «No soy sólo un hierro». Intuyo extrañeza y quizás hasta miedo en el hombre; me lo veo aturdido y sin poder dejar de mirar aquel objeto recién adquirido que, poco a poco, se le iba revelando como algo cuasi humano. Y es que, aunque no todo el mundo lo sepa, el arte es verdad, y esa obra no sólo era «un Chillida», sino que de algún modo era casi Chillida mismo. Pero todo esto tardé yo misma mucho en verlo. Al día siguiente, el chatarrero fue a la policía y denunció los hechos, a partir de los cuales, tirando del hilo, descubrieron a los perpetradores y recuperaron el resto del alijo.

Lo que acabo de relatar es una simple historia que posiblemente no es más exacta ni menos que todas las que voy a contar en este libro. De hecho, he sabido posteriormente que la escultura no era del tipo de las que yo imaginé y conozco bien. Relatar es ponerse en primera persona, impregnar los hechos, dejar que reverberen emociones que necesitan ser transformadas.

LA NIÑA QUE CORRÍA POR NO DECIR SU NOMBRE

Además de esculturas, entre mis padres y yo hubo desde el principio cámaras por medio. Los fotógrafos que pasaban por casa fueron, por ejemplo, los primeros que me hicieron conscientes de la importancia de mi padre para el mundo. Francesc Català-Roca solía venir con su nariz casi inexistente de olfato fino, acompañado por su hijo, y me atrevo a pensar que, para todos, padres y hermanos, su presencia entre nosotros era algo especial. Lo mismo ocurría con los hermanos Sidney y Budd Waintrob, del estudio Budd de Nueva York. Eran unos seres entrañables. Habían conocido a Chillida gracias al director del Guggenheim, James Johnson Sweeney, y enseguida lo añadieron a la lista de artistas a quienes fotografiaban cada año en su viaje a Europa: Giacometti, Duchamp, Calder, Henry Moore... Cuando llegaban, puntuales como las golondrinas, en casa se oía un grito: «¡Los americanos!». Además de retratar a mi padre con su obra, solían retratarle junto a Pili y todos nosotros. El hecho de que Chillida fuera un hombre familiar les parecía un rasgo muy particular e inusual entre artistas.

Aprovecho la primera foto de los Waintrob, que muestro, para presentarme como niña. Soy la que está en el regazo de mi padre junto a María, mi hermana. Su pose, erguida y juguetona, es algo teatral, una afición que ha mantenido activa en su vida. Mi forma de posar tiene también que ver con mi vida. Estoy sentada con las piernas cruzadas, tranquila y arropada por ellos dos. De mi cara sólo alcanza a verse un ojo. El otro está tapado por mi pelo y la boca por mi mano. La mirada de ese ojo visible es la que para mí tiene interés. Porque, según descubrí cuando aprendía sobre la lateralidad cruzada en mi carrera de psicología, soy zurda de ojo y es precisamente con ese ojo izquierdo con el que habría de hacer más tarde todas mis fotos y filmaciones. La boca, que aún no tenía nada que decir, está tapada por la misma mano con la que llevo ya años escribiendo este texto.

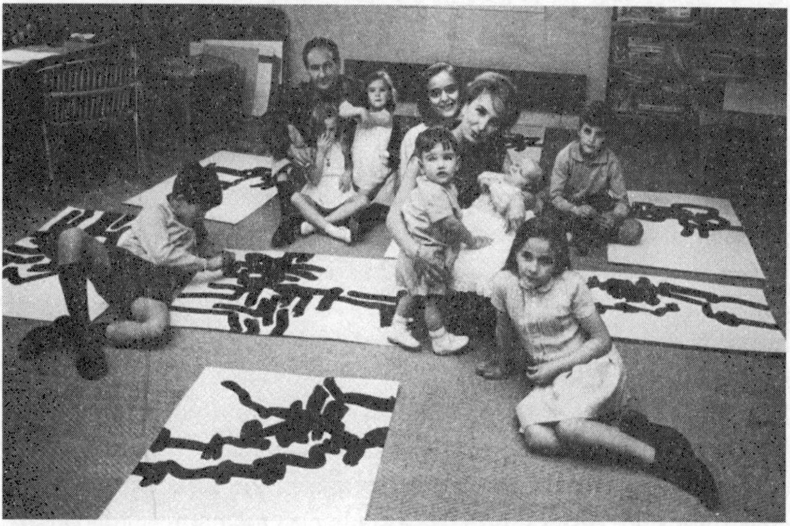

Familia Chillida Belzunce completa en el estudio de Villa Paz, 1964.

Para mí, la presencia de estos fotógrafos con sus Leica en nuestra casa suponía una bocanada de aire puro que aportaba riqueza a mi todavía corta y pobretona vida de escolar en un colegio de monjas situado a pasos contados desde nuestra casa de Villa Paz. Poco podía imaginar por aquel entonces que, entrando en mi treintena, y ellos ya octogenarios, Sidney y Budd Waintrob, junto a su hermana Lilly, se iban a convertir en grandes amigos nuestros durante los años que vivimos mi marido y yo en Nueva York. La primera vez que los vimos allí, después de tantos años, me recordaron sorpresivamente una historia sobre mí que mis padres les habían contado hacía poco tiempo. Era algo que nos retrataba bien a los tres.

Yo debía de tener unos cinco años. Mis padres cogieron el coche para devolver a su casa a la mujer que arreglaba la ropa que íbamos heredando de unos hermanos a otros según la edad. Unos cuantos de nosotros nos montamos con ellos para acompañarlos. Mientras volvíamos, mi padre nos hizo una pregunta: «A ver, niños, ¿vosotros sabéis qué tenéis que hacer en caso de que un día os perdáis?».

Para quedar tranquilo, a mis hermanos mayores les hizo repetir su nombre completo y el lugar donde vivían. «Y tú, Susanita, ¿sabes lo que tienes que decir?» «Yo, si me pierdo, me voy corriendo a casa», le respondí. Intentó corregirme, pero yo insistía cabezonamente en que me iría corriendo a casa.

Eduardo y Pili debieron de cruzar una mirada de complicidad y decidieron darme una lección: «¿De verdad sabes cómo ir a casa?». Estábamos bastante lejos, con el río Urumea de por medio, que en esa zona sólo tiene un bajo pretil, y era de noche. «¡Pues, hala, vete a casa corriendo!» Abrieron la puerta del coche y me dejaron salir. Evidentemente, imaginaban que me quedaría asustada, justo donde me habían dejado. Dieron la vuelta a la manzana rápidamente, pero cuando llegaron yo ya había salido corriendo.

Imposible describir el miedo que pasé durante el trayecto por más veloz que corriera. Lo gracioso es que a mi madre le tocó abandonar el coche y salir también corriendo hacia la casa de una hermana suya que vivía cerca, para poder telefonear a la policía en busca de ayuda. Ahora resulta divertido imaginar esa carrera simultánea que mi madre y yo hicimos aquella noche, movidas por nuestra cabezonería. La suya había sido tan grande como la mía, pero el precio que pagaron mis padres por retarme a tan corta edad fue seguramente excesivo, y los tuvo que llenar de miedo y de culpa.

Por mi parte, guardo memoria muy vívida de algunos retazos del suceso. Sólo Dios sabe el alivio que sentí al enfrentar la recta del Alto de Miracruz donde yo sabía que al fondo estaba nuestro hogar. Al poco escuché un frenazo y la voz de mi padre llamándome. Mientras me abrazaba a su cuerpo, cuentan que le dije: «Si llegas a tardar un poco más, ya habría llegado…».

De ese momento último, aparte del lugar exacto en que ocurrió, lo que recuerdo son las piernas de mi padre, casi a ras de suelo, totalmente flexionadas, y sus brazos abiertos a mi altura como un reclamo. Una cuestión visual, postural, espacial. Si lo pienso bien, la imagen me recuerda a la postura del portero de fútbol que había sido, y a las formas cóncavas y receptivas de su obra *Homenaje a la tolerancia*.

PRISMÁTICOS PARA VER MEJOR LO QUE YA HAS VISTO

Treinta y siete años después de esa historia, ante un paisaje de roca suelta frente al mar Egeo, mi padre me tendió unos prismáticos.

–Toma –me dijo–. Para que veas mejor lo que ya has visto.

Actos con los que se va forjando una vida. Palabras dadas y recibidas que me acompañarán siempre. Veníamos de sufrir un episodio muy duro que él había protagonizado en las islas griegas, y sentí la necesidad de sincerarme con él de un modo en que jamás antes lo había hecho. Estábamos a punto de entrar en el año 2000. En aquel último viaje familiar, a todos se nos había hecho evidente que nuestro padre había empezado a enfermar. Necesitaba hacerle saber que intuía ya el final de un largo camino en mi vida. Y, aunque esto no se lo dije, temía que él no lo llegara a ver.

Ese día me hice consciente de que mi padre había utilizado el peso para rebelarse contra el peso, y yo estaba utilizando el tiempo para rebelarme contra el tiempo. Me había licenciado en Psicología de joven, había realizado dos películas documentales sobre él en mi treintena, y en una semana partía hacia Nueva York para culminar mi tesis doctoral en la Universidad de Columbia, cosa que a él le enorgullecía. Pero no tenía aún libros publicados ni proyecto educativo alguno en mi haber.

«*One never knows at what moment something will arise that may affect one's entire life*» (Uno nunca sabe en qué momento puede surgir algo que quizás afecte a toda su vida). Dar con las tres primeras palabras que marcarían el tono de esa tesis me había costado mucho, pero, una vez encontradas, la escritura fue un continuo fluir placentero. ¿Siento vergüenza al confesar que ese trabajo que defendí en los albores del año 2000 estuvo dedicado a mi padre? Un poco. Parece que no soy nada sin él. Aunque lo curioso es que para el Departamento de Educación Familiar y Comunitaria del Teachers College, Chillida no funcionaba como artista –o, al menos, no sólo como artista–, sino como padre de una mujer que, instigada por Pilar Belzunce, había dedicado un par de trabajos fílmicos a su figura. Esa instigación por parte de mi madre había sido el punto de inflexión en mi vida.

Ya que posteriormente decidí no seguir una carrera académica, a veces pienso que mis esfuerzos en ese sentido quizás no fueron más que las peripecias y volteretas al aire que da una hija tratando de captar la atención de un padre y una madre dedicados por completo al arte. Este libro es, quizás, una última peripecia antes de cerrar esa página.

«SI TÚ ME SIGUES...»

Ante mi vista, trazas de lo que fue la vida de mis padres. Las hortensias de su casa me miran como si mi madre misma les hubiera dado color. Salgo y corto una. Al igual que ella, la coloco en un jarrón. Sola, plenamente sola, ocupando el momento, me fijo en una foto de ellos dos que tenían ampliada y a la vista en su habitación. Al instante me viene a la cabeza una frase: «Si tú me sigues...». Es lo que mi padre le había dicho a mi madre cuando quiso abandonar la carrera de Arquitectura para hacerse escultor. Tenían entonces veintitrés y veintiún años respectivamente. Mis abuelos paternos, que se oponían a tal decisión, recurrieron a Pili: «Eres joven, pero sólo tú puedes quitarle eso de la cabeza». Cómo negar que ella tuvo miedo, que ese no era su deseo, que le encantaba la idea de un novio arquitecto. Pero mi madre era joven y también valiente. Supo escuchar las razones de Eduardo con la cabeza y con el corazón. Y se decidió por él. Pili tenía alma de jugadora. Apostó y ganó. Conocía a su novio y la intuición le dijo que, hiciera lo que hiciera, Eduardo Chillida era un «caballito ganador».

En la foto les vemos en el año posterior a su boda. Entre dos casas, casi formando un solo cuerpo que ocupa de arriba abajo la imagen, ellos dos bajo un negro e ínfimo paraguas. La foto seguramente se la debemos a Pablo Palazuelo, el pintor amigo con quien compartían casa y estudio en Villaines-sous-Bois, el pequeño

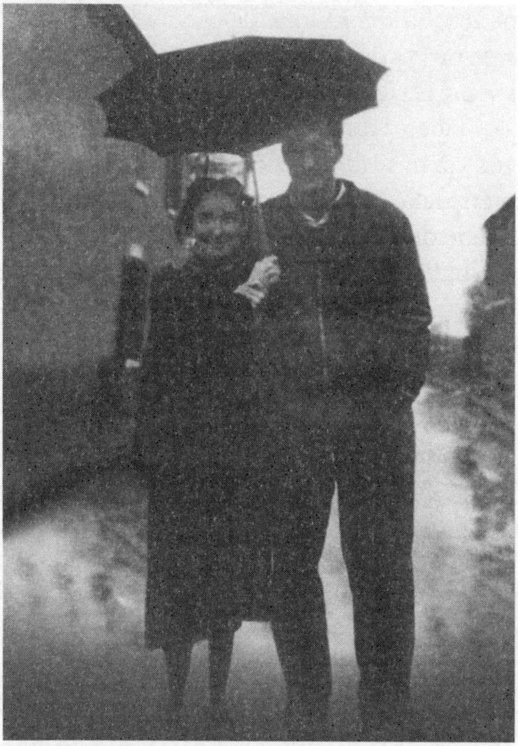

Eduardo Chillida y Pilar Belzunce en Villaines-sous-Bois, 1951.

pueblo a las afueras de París donde se instalaron. Mi padre había convivido con él el año anterior, y siempre reconoció la importancia que Palazuelo tuvo en sus comienzos, puesto que era mayor y estaba por aquel entonces más formado que él.

De no ser por la luz que irradian los ojos de Pili y la sonrisa que ofrece al fotógrafo, se diría que es un fotograma de una película triste de Resnais: los pies de ambos surgen como sombras de una neblina que se hace luminosa. Hay reflejos del cielo sobre el barro mojado. A lo lejos, a la derecha de Eduardo, una fuga de luz, la presencia de un cielo blanco.

Lo que me resulta interesante de esta foto es la historia que leo en las manos de mis padres. Todo está escrito ahí, todo lo que había de venir. Pili se está erigiendo ya en un pilar para Eduardo. Sus dos manos, tan desnudas y tan blancas por comparación con los ropajes de invierno, están situadas en el centro de la fotografía y son el foco principal de la acción, una acción tan nimia pero tan sustancial como es resguardar a ambos de la lluvia. Con una de esas pequeñas manos afianza a la otra, agarrándola con fuerza por la muñeca, para que esta sujete firmemente el mango del paraguas. Juntas forman un solo bloque. Pili se hace fuerte. Se cuida para cuidar. Y a su lado, Eduardo, una mano escondida completamente en el bolsillo; la otra, sobre el cuello de ella, exuda tranquilidad. Sentimos que protege y es protegido. Sin embargo, dada su envergadura y la pequeñez del paraguas, una gran parte de su costado queda irremediablemente a la intemperie.

La falta de definición de la mano visible de mi padre delata un movimiento durante el disparo de la cámara. Con total certeza, lo que ha quedado en la foto inscrito como una estela es el movimiento de su mano al atraer a Pili hacia sí. Ese gesto algo brusco y lleno de cariño hacia ella –con el que proporcionaba a la par que demandaba seguridad– se lo vi hacer muchas veces. De hecho, quedó fortuitamente grabado en una de las escenas que monté para mi documental *Chillida, el Arte y los Sueños*.

Eduardo necesitaba la seguridad que le proporcionaba Pili a su lado. Sin embargo, seguramente es de la indefensión de sentirse solo y sin paraguas en el otro lado de la foto de donde surgirá su arte. Ahí, en la mano de mi padre escondida en el bolsillo, es donde siento yo la tensión. La veo expectante, como esperando el momento y el lugar para poder actuar. Esa mano escondida es su mano de trabajar.

Para explicar en qué tipo de artista se convirtió Chillida junto a esa mujer, la única que tuvo en su vida, recurro a otra foto de artista, bien conocida, que me sirve de contraste. Me refiero a la que tomó Robert Capa en 1948 de Picasso y Françoise Gilot en la Costa Azul. En ella, lo más llamativo es una gran sombrilla en lugar de un ínfimo paraguas. Lejos de descansar sobre la arena, la sombrilla es transportada, con sus dos potentes manos, por un sonriente Picasso que, desde atrás, protege del sol a su amada mientras a la vez se protege a sí mismo. Françoise sonríe, al igual que sonríe el sobrino de él que desde el fondo los observa. Es una escena festiva, hedonista y con un claro tinte teatral. A la mujer –la cuarta que tuvo el artista, cuarenta años más joven que el maestro–, se la siente halagada.

Ambas fotos están tomadas en Francia con sólo tres años de diferencia. La de Chillida, en un pueblecito lluvioso a las afueras de París; la de Picasso, en una soleada playa de la Costa Azul. Entre ambas todo son contrastes en las actitudes, el entorno y el modo en que transcurre la acción. Las dos hablan de un modo de ser y de estar en el mundo que es de donde brotaba el arte de cada cual.

Françoise Gilot, que era pintora, siguió desarrollándose como tal y, tras alumbrar a dos hijos, abandonó al pintor. Pilar Belzunce, por su parte, continuó siendo el pilar fundamental de Chillida toda la vida, juntos tuvieron ocho hijos –cuatro chicos y cuatro chicas–, y sólo en su viudedad descubrimos en mi madre una pasión por la pintura que la apoyó hasta su final.

II

¿De dónde vendrán las olas?

HISTORIA FAMILIAR DE EDUARDO CHILLIDA

Al igual que para cualquier persona, la historia familiar de mi padre tuvo trascendencia para él en su desarrollo global. En su caso, tanto en su familia materna como en la paterna hubo un caldo de cultivo de cara al arte. Y por distintas razones, ambas familias produjeron en él una cierta tensión personal que también influiría en su desarrollo particular como artista.

Eduardo Chillida Juantegui nació en San Sebastián el 10 de enero de 1924. Fue un día de gran oleaje. Al amanecer, hundidos en la bahía, aparecieron los *Mamelenas*, unos barcos pesqueros de renombre en la ciudad. Pensando en esas condiciones climatológicas extremas que acompañaron a su nacimiento, recuerdo cómo también el día de su muerte, un 19 de agosto de 2002, se produjo un efecto peculiar. La bahía amaneció tapada por una nube densa. Ni tan siquiera la isla llegaba a verse. Todo lo cubría la niebla, hasta que al mediodía escampó. Y entonces él expiró.

Desde su niñez hasta su fin, la mar –como él la llamaba– fue importante en su vida. Por un balcón de su casa, en la plaza de Zaragoza, podía verla en el hueco que se formaba entre el antiguo hotel Continental y la siguiente casa en primera línea de playa. Según contaba, los días que había oleaje hacía «pellas» y no iba al colegio. Se acercaba hasta el confín de la ciudad –donde hoy está su *Peine del viento*– y observaba la mar preguntándose: «¿De dónde vendrán las olas?».

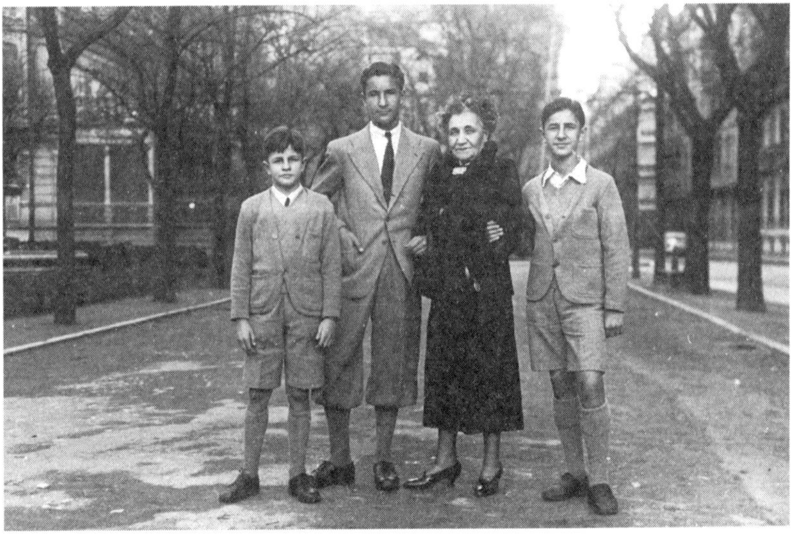

Eduardo y sus hermanos menores, Gonzalo e Ignacio, junto a su abuela materna Juana Eguren, primera mecenas de Chillida.

En la foto vemos a mi padre, en el centro, junto a su abuela Juana Eguren y sus dos hermanos. Él y Gonzalo, el hermano mediano, la agarran por el brazo. Ella está firme y no parece necesitar apoyo alguno. Entre su ropaje negro, como única nota de color, asoma algún tipo de adorno o joya. El hermano menor, Ignacio, seguro y aplomado, ha quedado ligeramente desconectado del resto de figuras; es como si lo que había de ocurrir no muchos años después se estuviera ya revelando. A mi padre es a quien veo algo tenso. Su mano libre parece que busca acomodo sin encontrarlo; la corbata y la largura de sus pantalones marcan la diferencia con sus hermanos más jóvenes.

Esa mujer, su abuela materna, a quien llamaban Juanatxo, era una mujer poderosa, con cara de leona y ojos muy claros. Según contaban, cuando estaba a punto de cumplir noventa, se apenaba diciendo «¡quién me diera setenta años!». Murió con 96 y fue la figura más importante para mi padre desde su infancia hasta más allá de mi nacimiento. Solía decirme que me parecía a ella, y lo tenía que tomar como un halago porque él la valoraba mucho. Había nacido en un caserío cercano a Zumárraga, en Villarreal de Urretxu, y vivió allí hasta que un altercado entre sus padres y uno de sus hijos, a la hora de comer, le hizo coger a todos ellos y a su marido –a quien llamaba por su apellido– y marcharse para siempre: «Juantegui, ¡vámonos!». Siempre me chocó que mi padre nos contara tantas veces esa historia. Se ve que valoraba mucho la dignidad y la valentía de aquella mujer. Trabajó en un hostal en Zumárraga donde demostró tener muchas cualidades y por lo visto alguien apostó por ella y la ayudó a prosperar. Acabó fundando dos hoteles en San Sebastián. El hotel Biarritz fue demolido a la muerte de mi bisabuela, y el otro, el hotel Niza, situado en primera fila de la bahía donostiarra, aún sigue en marcha gracias a la intervención de mi madre.

En una entrevista con Martín de Ugalde, mi padre recordaba a su abuela como «una mujer poderosa, con una fuerza tremenda, con una bondad excepcional... pero no creas que una bondad blanda, dúctil, como la de los materiales que se dejan formar, no, sino hecha de una bondad oculta, escondida dentro de una cierta dignidad despegada, altiva, que iba con esa tenacidad con la que seguramente tuvo que enfrentarse a la vida dura de los negocios hoteleros».

Aunque todos la recordamos vistiendo coquetamente con largos collares de perlas, «la abuelis Juanatxo» –como nosotros la llamábamos–, nunca se desdijo del todo de sus orígenes de caserío. Solía ir en coche de caballos hasta el mercado para hacer personalmente la compra para los dos hoteles, y allí regateaba con las distintas caseras hablando su lengua materna, el euskera.

La capacidad que tuvo mi padre de bandearse con gentes muy diversas le venía de esa abuela a quien veía a diario. Tenían la casa comunicada, mediante una puerta secreta, con el hotel Biarritz, el más elegante y grande de los dos que fundó. Esa abuela materna, resuelta y moderna, acabó convirtiéndose en su primer mecenas. Ayudó económicamente a mis padres durante sus primeros años de casados y hasta quiso poner una de sus esculturas en el salón principal, cosa a la que Eduardo se negó cariñosamente pues no pegaba nada con el resto del ambiente. Chillida siempre fue muy particular para los lugares en que se enclavaba su obra.

Mi padre tuvo desde el principio la conciencia de que el mundo era grande, pero al fin y al cabo transitable. Por el hotel pasaban gentes de muchos lugares trayendo noticias de otros países y hablando en otros idiomas. Ocurrió una vez, en época de guerra, que pasó por allí un caballero argentino que se enamoró de una de las hijas de mi bisabuela –y tiempo tuvo para hacerlo, pues, estando como estaba cerrada la frontera, hubo de esperar varios meses para partir–. Antes de irse, el enamorado comunicó su deseo de llevarse a su amada con él, pero doña Juana –como también la llamaban– le respondió que, si tanto la quería, tendría que demostrarlo yéndose solo y volviendo cuando pudiera a buscarla. El caso es que el joven se fue solo y al cabo de un año volvió por ella. De ahí viene la rama de la familia de mi padre que se estableció en Argentina. De esa rama nació Chicha, una querida prima de mi padre que llegó a ser una primera figura del golf en su país, cosa que a mi padre le enorgullecía. Lo curioso es que lo mismo ocurrió con la segunda de las hijas de mi bisabuela, que también abandonó el País Vasco y se estableció en Uruguay. Toda esta historia me ha hecho siempre recordar la película *Casablanca*, por la tensión del momento mientras la gente esperaba salvoconductos o hacía otras triquiñuelas que les permitieran moverse libremente. En San Sebastián quedaron únicamente una hija, Carmen, mi abuela paterna, y un hijo, Antonio, que al igual que su padre, Juantegui, trabajaba en el hotel Biarritz con ella. Junto a este hijo, Juanatxo promovió el esquí en los Pirineos cuando aún no había tan siquiera arrastres. Hace poco he tenido opción de ver las postales en francés que anunciaban el moderno hotel Candanchú que allí regentaron.

A la muerte de mi madre, revisando documentos, me entristeció mucho encontrar la inscripción de los hoteles y ver que todo se le atribuía a Juan Juantegui, su marido. En ningún lugar aparecía el nombre de Juana Eguren. Las mujeres en aquella época podían tener mucha fuerza y valía, pero no podían firmar documentos. Cuánta injusticia histórica debemos aún terminar de resolver entre todos.

Mi abuela, Carmen Juantegui, vivió muy apegada a su madre y murió bastante joven. Tenía mal el riñón y sé que mi padre solía acompañarla de niño a un balneario en las afueras de Madrid. De ahí le quedó a él una cierta aprensión a los contagios que mantuvo toda la vida. Yo no llegué a conocerla, pero sé que tenía una hermosa voz de soprano dramática que mi padre valoraba mucho. Recordaba en especial una canción, «Aurtxo polita» (Niñito bonito), y durante la celebración del décimo aniversario de su muerte, Ainhoa Arteta, a quien se lo dijimos, nos brindó ese bonito tema en el caserío Zabalaga de Chillida Leku. Fue algo muy emotivo. Según Eduardo, su madre era una mujer cariñosa que le transmitió el amor por la música. Sin embargo, no transmitió a sus hijos el euskera de sus ancestros como lengua materna.

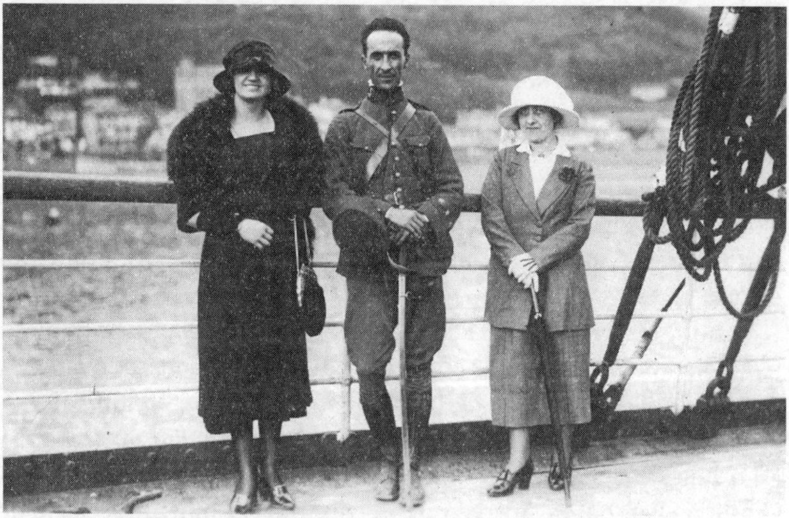

Los padres de Eduardo Chillida, Carmen Juantegui y Pedro Chillida, con una amiga.

Por lo visto, ya antes de que Franco prohibiera el uso del idioma vasco en las escuelas, en las ciudades se había ido dejando un poco de lado en pro del castellano y del francés; quizás aún más en San Sebastián, pues era una ciudad aristocrática y afrancesada.

Según mi madre, Pedro Chillida, mi abuelo paterno, era un militar de carrera sin ambición, puesto que rehusó trasladarse a Valencia cuando le propusieron un ascenso. Tenía unos fuertes valores religiosos, y un gran sentido del deber. Amaba el arte y lo inculcaba en sus hijos al igual que el deporte o la religión. Eduardo contaba cómo su padre, casi en su lecho de muerte, le había confesado que lo que en verdad le hubiera gustado era ser pintor: «Cuando era alférez recién salido de la academia y estaba de guarnición en Vitoria, pasaba por las mañanas, camino del cuartel, al lado de un gran jardín con pavos reales que tenía la casa del pintor Amarica, y le daban ganas muy grandes de entrar y decirle: "Señor Amárica, ¿me quiere usted coger como discípulo?"».

Pedro Chillida dejó honda huella en sus hijos por su sensibilidad y por los juegos tan ingeniosos que inventaba para ellos cuando eran niños. Por ejemplo, les pedía que se fijaran bien en todos los detalles de un cuarto, explicándoles que luego les haría unas preguntas. Los hacía salir después, y él hacía unos cambios –movía de lugar un libro, escondía una lámpara o ladeaba una alfombra–. Mi padre recordaba la ilusión infantil con la que observaban todo cuando les dejaba entrar de nuevo. Según él, así les entrenó la percepción espacial que más tarde él desarrollaría en su obra.

Ignoro cómo el abuelo Pedro conoció a mi abuela Carmen, pero tengo una pequeña idea de cómo le veían a él las gentes con quienes trató. Un día, en un bar de Igueldo al que solía ir yo, un vascote grandullón acodado a la barra me preguntó: «*Chillidaren alaba?*» (¿La hija de Chillida?), y comentó: «Yo conocí al coronel Pedro Chillida. Estaba en mi regimiento durante la mili. Era el mejor mando que he conocido. Un buen hombre».

A la muerte de mi madre, aparecieron por casa en un hatillo bien guardado por ella las muchísimas cartas que escribió a sus tres hijos durante la guerra. En una de ellas –pues no todas las he leído– encuentro los consejos que les daba: al pequeño, Ignacio, a quien veía alegre y pillo, le recomendaba tener calma y meditar un poco las cosas antes de hacerlas para saber si eran convenientes o no –lástima que siendo aún muy joven desoyera este consejo–. A Gonzalo, que fue un pintor de gran sensibilidad, amigo de sus amigos y amante de la naturaleza, ya le había visto sus dotes: «Todos los niños aficionados a las artes llevan en su estuche de dibujo el pincel de Murillo o Velázquez, practica y adquiere cultura, que tienes sobradas condiciones para lograr un porvenir en las artes bellas».

Entre los consejos que le daba a Eduardo, encuentro cosas que me parecen clave para entender las peleas consigo mismo que siempre tuvo mi padre: «Tú, Eduardo, eres impulsivo y vehemente. ¡Hermosas cualidades para vencer!, pero siempre que vayan acompañadas de la reflexión: no voy a pretender que, a tu edad, lo analices todo y premedites las más insignificantes acciones, pero sí he de recomendarte la elección de buenos amigos, prefiriendo que tengas muchos y simpatías con todos que uno o dos sólo que, forzosamente, acabarían por influir en tu carácter y espíritu; debes conservar siempre tu propia personalidad sin orgullo ni altanería, que no tienes por qué tenerlos, pero sí con tesón y constancia en lo que creas y estimes justo... He sabido con gran complacencia que te aplicas y tienes estímulo para tus estudios; antes no eras aplicado, con serlo ahora me demuestras ser un espíritu evolutivo y que tienes amor propio; sigue así, Eduardo, yo te felicito y me enorgullece que tu nombre y mi apellido figuren en el cuadro de honor del colegio [...] ¡adelante Eduardo!».

A pesar de lo que dice mi abuelo, que también había estudiado en los Marianistas de San Sebastián, la verdad es que mi padre nunca fue un estudiante ejemplar, porque era rebelde. De hecho, lo acabaron expulsando del colegio. Lo que sí tenía era espíritu evolutivo. Por eso, al dejar el colegio, pasó a estudiar en una academia particular, y allí es donde empezó a encontrar sentido al conocimiento. Siempre contaba cómo le había influido la figura del director Ignacio Malaxecheverría, a quien reconocía como un verdadero maestro, importante en su vida. Entablaron conversación muchas veces y aquella relación dejó poso en él. Así se refiere a él en el libro de Martín de Ugalde: «Simpaticé inmediatamente con don Ignacio, un hombre rodeado de libros, calzado de zapatillas, con paciencia, con serenidad, con carácter y con bondad; estos componentes, y en aquel momento, comenzaron a formar en mí la imagen de que la cultura, el saber, los libros, todo eso, ese mundo abierto y liberal que rodeaba a don Ignacio, era bueno, era muy deseable».

Por lo que me han contado, Ignacio, el hermano menor de mi padre, fue una persona con gran carisma y capacidades muy diversas que entrenó con pasión. Viendo las aptitudes artísticas de Gonzalo y Eduardo, solía decirles que no se preocuparan por nada más, porque él se ocuparía de ellos. Tuvo una vida corta, pero muy plena. Ideaba modos de cumplir con su promesa y desarrollaba planes de negocio ingeniosos y tretas bastante graciosas, como la de colarse en el viaje de una delegación vasca que iba a Irlanda para tratar de vender allí una de esas ideas. Era jugador de *hockey* y estaba comprometido para casarse. Pero un día, con tan sólo veintiséis años, cogió sin permiso la moto de su hermano Gonzalo para ir a un partido y sufrió un accidente mortal. Mi padre contaba lo tremendo que fue para Gonzalo y para él tener que reconocer el cadáver de ese hermano adorable que se había ido.

Algo que he valorado mucho de mis padres es su liberalidad a la hora de tratar el tema de las motos con nosotros sus hijos. Nunca se opusieron a que fuéramos motoristas, y casi todos lo hemos sido. Es más, tres de sus hijos pequeños pudimos haber muerto... y los tres nos salvamos. Pero esa es otra historia.

HISTORIA FAMILIAR DE PILAR BELZUNCE

Los antecedentes familiares de mi madre tienen mucho que ver con la posición que ella asumió ante la vida, y con su entrega total a la causa de mi padre. Pili, al igual que Eduardo, tuvo también desde el principio la conciencia de que el mundo era muy grande, pero al fin y al cabo transitable. Fue una niña a quien le tocó vivir circunstancias singulares.

Su padre, mi abuelo Román Belzunce, era un navarro de carácter duro y peculiar a quien le gustaban las matemáticas, el deporte, las mujeres, el piano y el juego. Tenía participaciones en una

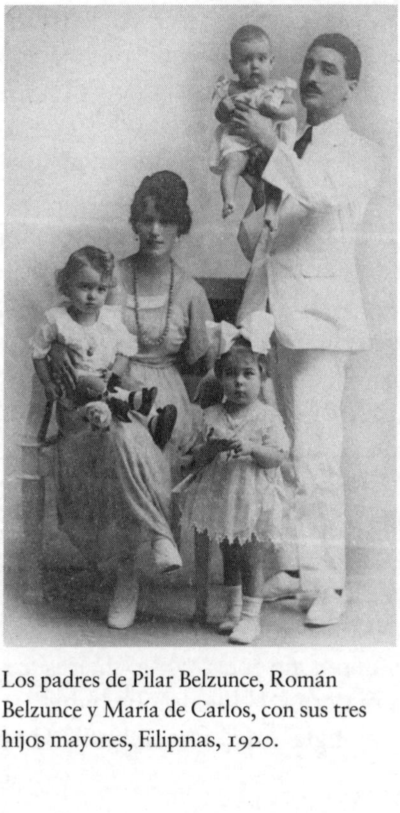

Los padres de Pilar Belzunce, Román Belzunce y María de Carlos, con sus tres hijos mayores, Filipinas, 1920.

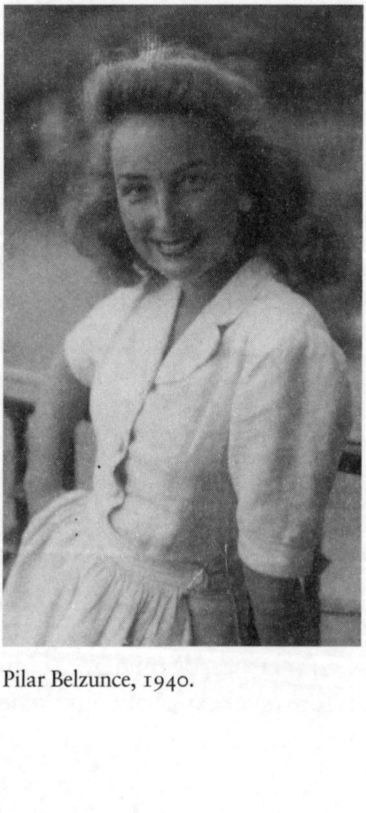

Pilar Belzunce, 1940.

empresa minera en Filipinas, donde, además, creó una hacienda azucarera en la que se vivía de un modo casi feudal. Él, Román, era «el cachila», es decir, «el jefazo», con todo lo que ello representaba. Por cada tres años que vivía en Filipinas –unas veces solo, otras con mi abuela María y alguno de sus hijos–, pasaba dos años en Estella, la residencia habitual de la familia. Durante una de esas largas estancias, en la que los hijos mayores habían quedado en Navarra, nació Pili, mi madre, en Ilo-Ilo, el 9 de octubre de 1925.

Cuando mi abuelo llegaba a Estella, le encantaba estar con sus amigos y retarlos a correr, a nadar o a jugar con él al frontón. Era muy competitivo y normalmente ganaba. Solía contar él mismo cómo le decían: «¡Qué puñetero, Román! Llega aquí de Filipinas y nos gana jugando a la pelota, nadando, corriendo... ¡Qué puñetero, Román! ¡Es la máquina perfecta!». El padre de Pili era un tanto «chuleta».

Mi abuela materna, María de Carlos, murió siendo yo bastante joven. Apenas si la recuerdo dando de comer migas de pan a los gorriones desde su balcón, o sentada a una mesa camilla con brasero en el salón. Según he sabido hace poco por una prima mía, era una mujer creativa y hábil, pues cuando la hacienda del abuelo fue haciendo aguas, contribuyó con su trabajo de diseño y confección de moda a soportar el peso de la familia junto a una hermana suya.

Por aquel entonces, cubrir el trayecto entre España y Filipinas llevaba unos cuantos meses en barco con escalas en distintos lugares como Nueva York. De su primer viaje a España, siendo un bebé, dudo que mi madre guardara jamás recuerdo alguno, salvo quizás en algún recoveco de su piel. Con nueve años, sin embargo, volvió otra vez a Filipinas, dejando a la mitad de sus hermanos en Estella. Comenzó sus estudios, como interna, en una isla vecina a la que habitaban sus padres, por falta de colegio adecuado en el lugar donde estaba la hacienda, y pasó allí la Guerra Civil española sin enterarse de nada.

En la vida de mi madre convivían por entonces por lo menos tres idiomas: el español como lengua materna, el tagalo que hablaban los trabajadores de la hacienda y el inglés en el que transcurría su educación. Quizás también el francés como segunda lengua escolar, ya que se trataba de un colegio de monjas francesas. Todas esas circunstancias multiculturales y transoceánicas, llegado el momento, le hicieron estar a la altura de la ambición que como pareja tenían con respecto a la obra de mi padre. En cualquier caso, esas no son las únicas circunstancias peculiares que marcaron su vida y la prepararon para asumir su futuro papel.

Resultó que una hermana de mi madre, algo menor, tenía una enfermedad incurable que no le permitía asistir a la escuela ni hacer una vida normal; baste con decir que el médico le tenía prohibido llorar –y no sé si incluso reír– para no consumir su cansado corazón. Durante sus primeros años en Estella, y por aliviar la triste carga de esa otra hija, mis abuelos trataron a mi madre como si ella también estuviera enferma. Pili recibía instrucción en casa junto a su hermana Rosita en lugar de ir al colegio con las niñas de su edad. Tampoco podía cantar ni bailar en presencia de ella por no excitarla. A todos les producía pena la situación de mi madre. En los días de fiesta, o mientras su hermana descansaba, sus tías y las personas de servicio la ayudaban a escabullirse por la puerta para salir al aire libre y disfrutar un rato como lo que era, una niña sana.

La suya fue una situación triste que con el tiempo fue empeorando. Porque el hecho es que la hermana, a base de consideraciones a veces excesivas, fue haciéndose una pequeña tirana. Si veía que Pili se marchaba, la amenazaba con llorar y le recordaba que si lloraba podía morirse. Harta de tanto abuso, un día mi madre tuvo una bronca con ella. Puedo imaginar la culpa que esto le generó, máxime cuando, al cabo de un tiempo, la hermana murió. Al poco, con tan sólo nueve años, mi madre partió para Filipinas. Olvidar sus deseos y evitar nuevas culpas fue a partir de entonces esencial para ella. La importancia de estos hechos tempranos en su vida la descubrió mi madre a la muerte de mi padre, mientras atravesaba una depresión que la llevó a consultar con un psiquiatra de confianza que le habían recomendado.

Fuera como fuera, la joven Pili se convirtió en una persona abnegada y generosa para con los demás, cualidades de las que su futura empresa junto a mi padre sin duda se iba a beneficiar. De hecho, no sólo le sirvieron para apoyar a mi padre y remar junto a él (recordemos el pacto entre ellos «si tú me sigues»), sino también para entender y apoyar los objetivos de los galeristas y otras personas con las que necesariamente trataban.

Hay una película que me atrajo por su título: *Los últimos de Filipinas*. Entre palmeras salvajes y sendas frondosas, un cura y unos soldados españoles jugaban torpemente a la guerra en el archipiélago ocupado. Pude ver avaricia, creencias religiosas y principios patrios, por un lado; y por otro, las ansias de independencia y de libertad de un rebelde tagalo y una bella mujer prostituta. Me impresionó darme cuenta de que no tanto tiempo después, en ese mismo archipiélago, mi abuelo estaría cómodamente asentado en la hacienda donde nació mi madre como sexta de sus nueve hijos legales.

He hablado de los antecedentes familiares de mi madre como hechos objetivos, pero ¿puedo acaso imaginar lo que sentiría la Pili de once o doce años cuando veía que su padre, el cachila, tenía a su disposición mujeres de todas las edades? Por lo visto, según a ella le habían contado, dar a luz a un mestizo –hijo de mi abuelo– engrandecía considerablemente las posibilidades que toda esa familia tendría de vivir dignamente en el futuro. Nunca indagué en los sentimientos de mi madre ni en los de mi abuela María ante estos hechos. Quizás era un tema tabú, algo de lo que solamente hablaban en la cocina los trabajadores tagalos de la hacienda. Lo cierto es que mi madre nunca volvió a Filipinas y, aunque una vez se lo propuse como viaje familiar, ella se negó rotundamente.

La Pili que llegó a España con casi trece años era una jovencita que había perdido ya dos hermanos –el segundo también por enfermedad durante la travesía de vuelta en el barco– y había vivido mucho para su corta edad. Hablaba perfectamente inglés, había visto miles de películas que aún tardarían en llegar a España, imitaba los peinados y quizás incluso las actitudes avanzadas de las actrices de moda, y sabía infinidad de canciones y bailes que nunca en su vida olvidó. Los baúles de la familia habían sido enviados con antelación a Estella y, para cuando mi madre llegó, sus hermanas mayores se habían repartido todas las ropas, incluidas las de ella. Pili apenas había tenido nunca una vida realmente familiar, y su madre quería que entendiera la posición de esas hermanas que se habían quedado atrás y se habían sentido abandonadas. Así que, aunque le resultó difícil, Pili tuvo que aceptar el hecho con resignación.

La Guerra Civil había acabado hacía tan sólo un par de años y mi madre no tenía ni idea de lo que aquello había sido. Me contó que en Estella la llamaban *Coquitos*, que no le habían comprado nunca un sujetador y que eso la avergonzaba porque era consciente del escándalo que montaba al correr o salir en bicicleta. Es más que posible que ella, más que ninguna otra chica de su edad, fuera consciente del ardor que despertaban sus formas en los chicos que la rondaban.

Para Pili, trasladarse poco después a San Sebastián junto con sus hermanos, como una familia tradicional española que hubiera vivido unida hasta ese momento, fue una delicia. Por primera vez se sintió entre todos sus hermanos en términos de igualdad.

LA HISTORIA DE AMOR DE MIS PADRES

Según mi madre contaba, su historia de amor con mi padre pudo empezar el mismo día en que llegó con su familia a San Sebastián. La abuela María llamó a todas sus hijas al balcón: «Mirad, ahí hay unos chicos de circo». Eran mi padre y sus dos hermanos, Gonzalo e Ignacio, trepando por la fachada de la casa de enfrente. Los tres estaban muy bien dotados físicamente y tenían la costumbre de retarse. Por lo visto, se habían prohibido a sí mismos subir por las escaleras de acceso a su casa y así, unas veces por la fachada, otras por el hueco del ascensor o por la barandilla, accedían al cuarto piso en donde habitaban. Es muy posible que los hermanos Chillida también se fijaran ese mismo día en las hermosas vecinas recién llegadas.

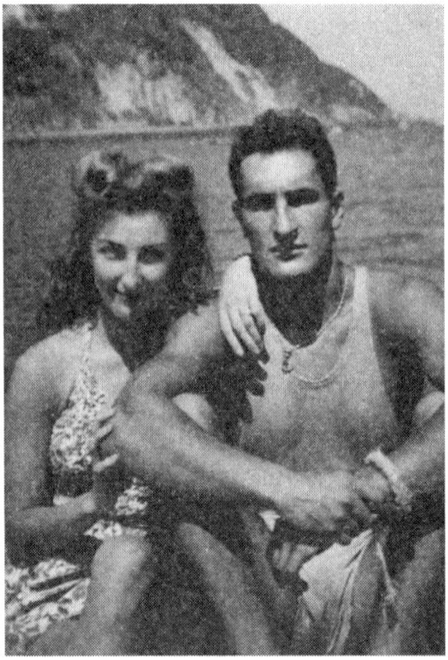

Pilar Belzunce y Eduardo Chillida en la bahía de la Concha de San Sebastián, 1943.

Muy pronto, Pili y su hermana Cecilia se unieron al grupo de mi tío Gonzalo. Solían quedar en la plaza de Zaragoza para salir a patinar por la ciudad. Del día en que Eduardo se les unió, mi madre recordaba que le había parecido un poco «chuleta»; pero ¿quién nos dice que eso no le gustara? Por lo visto, mi padre trataba de marcar diferencias entre él y los demás chicos y, cuando paraban en algún lugar, se mantenía un poco alejado, con la vista fija en el horizonte, haciéndose el interesante.

El primer día en que Eduardo tuvo el valor de invitarla a ella sola al cine fue importante. Para entonces Pili le había visto ya observando el horizonte muchas veces. Lo curioso es que al llegar al cine descubrió que Eduardo no llevaba ni un duro en el bolsillo –algo que con el tiempo se hizo recurrente– y fue ella quien tuvo que invitar. Así y todo, eso no la desanimó. Siguieron viéndose y sin duda el amor prendió. Eran apenas unos niños. Pili debía de estar cumpliendo los catorce y Eduardo los dieciséis.

Soy capaz de imaginar las conversaciones tan profundas con las que mi padre intentaría atraerla. Mi madre siempre había sido admirada. Le gustaba gustar y le encantaba el baile, cosas que evidentemente a Eduardo, que era celoso, le horrorizaban. En cualquier caso, tuvo que pasar por bailes y fiestas con tal de retenerla. Pili comprobó enseguida que Eduardo era un «bailarín dórico», aludiendo a las esbeltas e inmóviles columnas griegas. Y así, cuando él le propuso que se hicieran novios, ella inicialmente rehusó. La vida junto a esa hermana que había muerto de niña había sido suficientemente dura como para perderse ahora la alegría de vivir por culpa de un novio excluyente y posesivo como definitivamente parecía ser él. Le dijo que aún eran muy jóvenes, pero que tenía la certeza de que él era el hombre de su vida. Como mi padre estaba realmente prendado, se tuvo que aguantar durante un par de años más.

Como hija, me congratulo de esa decisión que tomó mi madre porque es una de las pocas veces en las que Pili hizo valer sus deseos por encima de los deseos de los demás. Siguieron disfrutando de muchas cosas que compartían y, cuando llegó el día de formalizar su relación, nadie pudo decir que mi madre no supiera lo que hacía. Dejó cosas que le importaban, pero la intuición le decía que la vida junto a ese hombre a quien amaba iba a ser muy especial.

¿Qué decir de la época en que mi padre jugó como portero titular de la Real Sociedad con diecinueve años? Al igual que el baile –importante para ella–, este otro tema lo vivieron también de forma muy distinta cada uno. Pili no entendía siquiera cómo los padres de Eduardo le permitían ser futbolista. Sus piernas estaban tremendamente marcadas por cicatrices. Es evidente que las leyes del deporte en aquel entonces protegían menos al portero de lo que hoy lo hacen. La lesión irrecuperable de rodilla que sufrió, al final de la primera temporada, lo retiró de ese sueño deportivo, y mi padre, de pura pena, tampoco acudió más al estadio de Atocha, aunque siempre llevó en el corazón al equipo de sus amores. A pesar de lo corto de su carrera, la valía de mi padre siguió siendo reconocida por los siguientes porteros de la Real Sociedad y por las gentes que le conocieron en ese papel.

–¿Chillida, el portero? –le preguntaron una vez a mi madre en una tienda cuando dio su nombre, siendo Chillida ya un escultor reconocido–. ¡¿Adónde no hubiera podido llegar ese hombre de no ser porque lo lesionaron?!

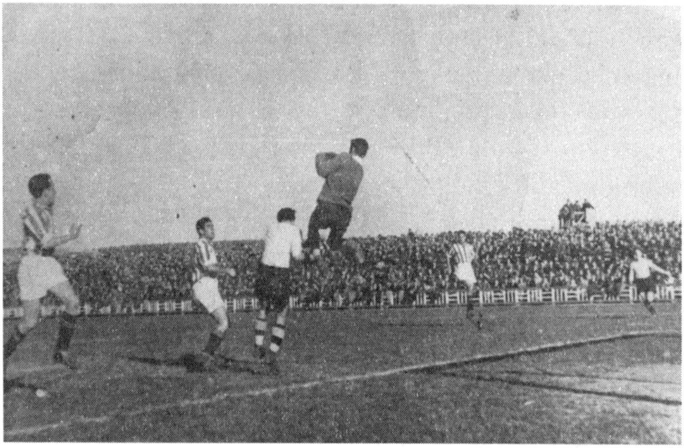

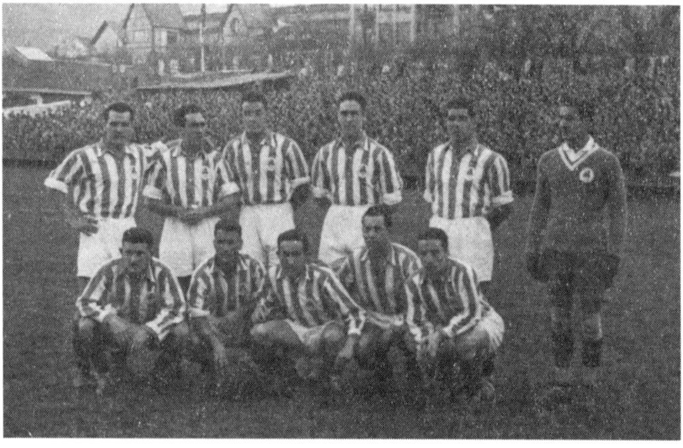

Eduardo Chillida como guardameta del equipo de fútbol de la Real Sociedad de San Sebastián, 1943.

–¿Quiere que se lo diga? –contestó Pili picada en su amor propio–. Pues hoy sería entrenador del Elche.

Triste, y casi obligado por su familia a emprender los estudios de Arquitectura, mi padre partió para Madrid. Eso sí que le gustaba a mi madre, ¡un novio arquitecto! Vivieron la separación con pena y la combatieron como entonces era normal: con cartas casi diarias. Aunque ya más metido en temas intelectuales, mi padre seguía manteniendo y disfrutando sus aptitudes físicas. Cuando volvía a San Sebastián a verla, mientras recorrían el Paseo Nuevo solía decirle a mi madre mientras miraba la barandilla: «¿Tú crees que puedo subirme de un salto ahí?». Por debajo bramaba el mar, pero la confianza de Pili en él era inmensa: «Sí». Y Eduardo emprendía el reto quedándose en equilibrio sobre la fina barandilla: «Un día me voy a matar...».

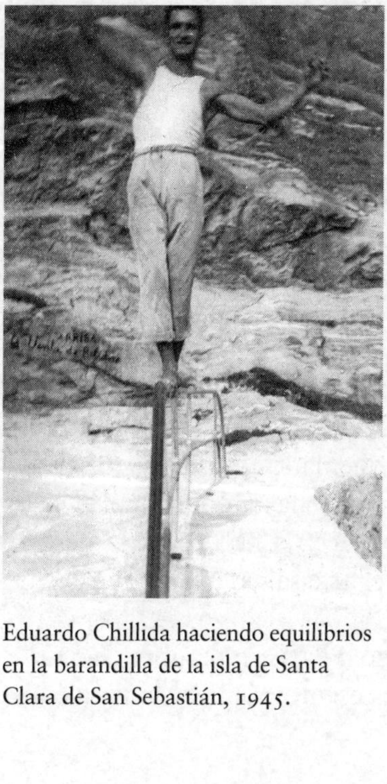

Eduardo Chillida haciendo equilibrios en la barandilla de la isla de Santa Clara de San Sebastián, 1945.

El teléfono era una trampa sutil y perversa que les hacía sentir una cercanía falsa. Mi padre siempre decía que escuchar la voz de ella y no poder tenerla cerca le resultaba insufrible porque aumentaba el dolor de su ausencia. Pero es bien seguro que, de este modo y también a través de las cartas, fue haciendo partícipe a su novia de los difíciles momentos que atravesaba durante su carrera de Arquitectura. Hasta que decidió, con el apoyo de ella, dejar los estudios para ser escultor. Fue el momento del «si tú me sigues» del que he hablado antes, un pacto irrevocable formalizado entre ellos, y mis abuelos lo tuvieron que aceptar.

Le facilitaron a Eduardo el contacto con un escultor madrileño que le puso arcilla entre las manos, y mi padre detestó el contacto con aquella materia blanda. Algunos vaticinaron que si no le gustaba modelar nunca podría llegar a ser escultor. Evidentemente se equivocaban.

Pasó entonces a dibujar del natural en el Círculo de Bellas Artes, y es allí donde reconocía que tuvo sus primeras intuiciones válidas de cara a su trabajo. Por lo visto, mientras los demás hacían un dibujo, él igual hacía tres. Sus compañeros le preguntaban su nombre y mi padre, que era un chaval, estaba contento. Hasta que un día se metió en la habitación con todos sus dibujos y pasó toda la noche mirándolos y analizándolos hasta que llegó a una conclusión: «Esto no puede ser arte, es demasiado fácil». Se propuso entonces hacer algo inusual. Se dijo: «Mañana voy a ir al Círculo, pero en lugar de dibujar con la mano derecha voy a dibujar con la mano izquierda; así, mi cabeza y mi intuición, o mi emoción, irán por delante de la mano; la mano hará lo que yo le diga, pero obedeciendo, no mandando».

Casi todos aquellos primeros dibujos de desnudos –de una gran maestría– fueron quemados por Pili y por él en la chimenea de casa de los abuelos en San Sebastián. Porque, efectivamente, aquello era maestría, pero la maestría no necesariamente es arte; de hecho, a veces impide que el arte salga. Y eso, que él ya intuía, se lo hizo entender a ella.

Cuando marchó a París en octubre de 1948, aún soltero, no había hecho una sola escultura que decidiera conservar.

De esa segunda separación de la pareja quedan en mi memoria historias que uno y otro contaron en casa a menudo. Recordaban la despedida en Irún, frente a la frontera de Hendaya, ante un tren humeante; la noche, lo oscuro, la anticipación de la pena y la asunción de lo necesario de todo ello. Sola –y decidida a guardarle ausencias con lo que de restricciones para una mujer suponía en aquel tiempo–, mi madre quedaba en una cultura opresiva de la que él necesitaba huir. Y mi padre se iba a París, la meca del arte en aquel momento, como un hombre solo y libre, en busca de la luz.

INICIO DE UN TÁNDEM

Algunas peculiaridades de mis padres se hicieron especialmente patentes a partir de su boda en 1950. Como viaje de novios decidieron ir al Parque Nacional de Ordesa, en los Pirineos. Por aquel entonces, muchas parejas de su condición social pasaban su luna de miel en París. Ellos se alojaron en un pequeño refugio de montaña y hasta allí viajaron en el autobús de la Roncalesa que partía de la calle que ambos avistaban desde sus respectivas casas. «¿Podemos ir en el «ahí-te-pudras?», le preguntaron al conductor, y este, saltándose alguna norma, ante su pujante juventud y su recién

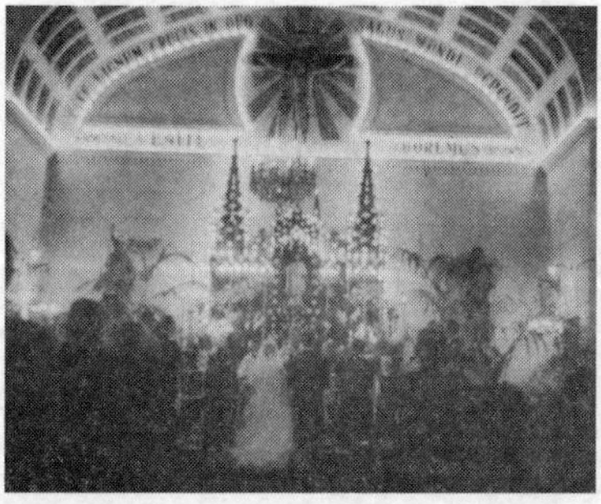

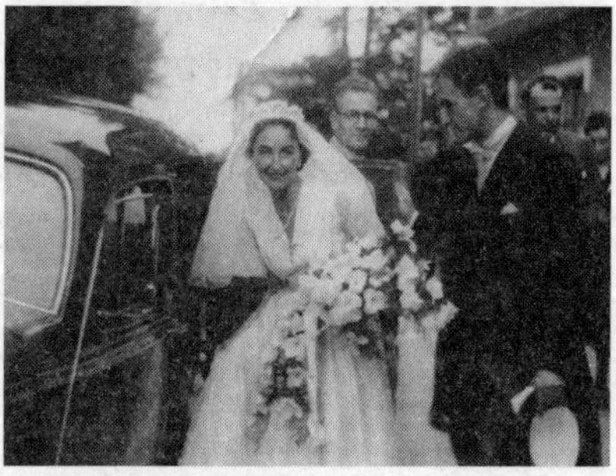

Boda de Eduardo Chillida y Pilar Belzunce en la Iglesia de Ayete, San Sebastián, 18 de julio de 1950.

estrenado estado civil que supongo le confesarían, se lo permitió. Era el lugar reservado para quien cuidaba de las maletas de los pasajeros durante el trayecto: un pequeño asiento a cielo descubierto; su primer descapotable.

Como anécdotas de ese comienzo de su vida en común, solían contar las excursiones que hacían. A mi madre me la imagino con alguna flor encontrada adornando su bonito pelo rubio. También me los pinto a ambos buscando con denuedo algún ejemplar de *edelweiss*. Suele encontrarse en las cimas más altas, de modo que, quizás por eso, se acercaron al Cotatuero. Contaban cómo los hombres que los vieron llegar se rieron del atuendo de Pili. Llevaba unos «topolinos», que eran unos zapatitos muy de moda, con tacón de cuña. Sé que serían muy cómodos, porque tengo el mismo pie que ella y he comprobado a lo largo de la vida que su calzado siempre lo era. Frente a ellos tenían las clavijas por las que había que subir a la cima. Muchos de aquellos hombres que se habían mofado de ella lo habían intentado sin conseguirlo. Mi madre, picada en su amor propio y animada por mi padre, que le daba consejos de no mirar nunca para abajo, pasó alegremente todas las clavijas con éxito. Imagino su placer, porque ambos eran muy competitivos.

En lugar de regalos de boda, mis padres pidieron dinero para subsistir en el pueblecito a las afueras de París hacia donde –entonces sí– se encaminarían al acabar la luna de miel. Eduardo no quería seguir en plena capital. Había estado inmerso en ella durante casi dos años y buscaba alejarse de las influencias artísticas allí reinantes para encontrar un camino propio.

«¡CÓMO VAS A ESTAR ACABADO SI TODAVÍA NO HAS EMPEZADO!»

Para cuando se instalaron en Villaines-sous-Bois, recién casados, él era ya un escultor que había obtenido cierto reconocimiento antes de su boda. La prensa francesa había dicho que España era conocida sobre todo por sus pintores, pero que había que tener en cuenta

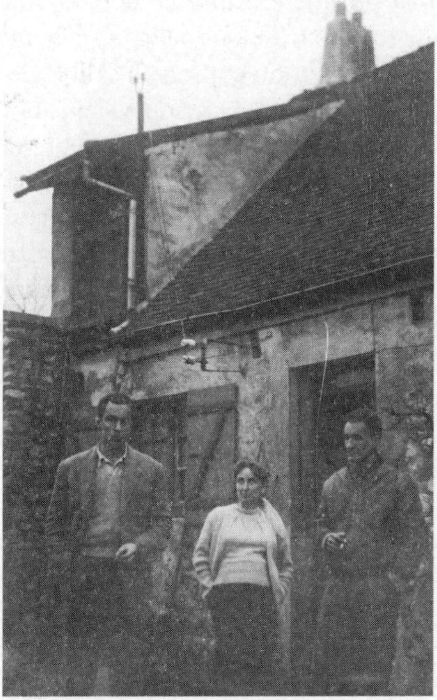

Pablo Palazuelo, Pilar Belzunce, embarazada, y Eduardo Chillida frente a su casa en Villaines-sous-Bois, 1951.

a un nuevo artista que se había presentado en el Salón de Mayo, pues parecía que anunciaba la aurora de un gran escultor. Eduardo había tenido reconocimiento, sí, pero se pedía a sí mismo mucho más. Esa mujer se había entregado a él y, viniera lo que viniera, no le quería fallar.

La cuestión es que el gran salto se hizo esperar. Su primer año de casados fue muy infructuoso y bastante depresivo para mi padre. Pili, que había quedado embarazada, capeaba lo mejor que podía la situación con ayuda de Pablo Palazuelo, quien se proclamó su médico oficial y la cuidaba con mimo. Al estudio de Eduardo lo llamaban *Pompei* porque era una verdadera ruina como las de Pompeya. Pasaba mucho frío y sus dedos se llenaron de sabañones. Aunque trabajaba mucho, no conseguía salirse de la influencia de Grecia y sentía que se estaba repitiendo a sí mismo.

En ese tiempo fue cuando escribió su célebre frase: «Tengo las manos de ayer, me faltan las de mañana». A mi madre le dijo: «Pili, estoy acabado». Y ella, haciendo gala de lo que siempre fue, una valiente, le contestó: «Pero ¡cómo vas a estar acabado si todavía no has empezado!». Podía haberle dicho: «No importa, cariño, puedes continuar con tu carrera de Arquitectura» –había cursado ya tres años...–, pero no lo hizo. En ella había calado fuerte el sueño de él de ser escultor. Así, decidieron volver al País Vasco y descubrir si tenía él algo en su interior que aportar a la escultura. «Y si no... –dijo mi madre–, cuanto antes lo sepamos, mejor.» Ayudarle a entender y a salir del desánimo en que se encontraba mi padre fue para ella un modo de empezar a vislumbrar la cantidad de funciones que tendría que asumir para «seguir» a Eduardo.

LA LUZ NEGRA DEL CANTÁBRICO

A la vuelta de la pareja al País Vasco, en 1951, la luz negra de Euskadi –como Chillida la llamó desde entonces, por diferenciarla de la luz blanca del Mediterráneo– los envolvió con su húmeda presencia. Y, en la calidez de una fragua en Hernani, donde les habían prestado una casa, Eduardo parió una novedosa obra en hierro de nombre *Ilarik* (Piedra funeraria). Fue el principio del Chillida que todos conocemos. Contaba tan sólo con veintisiete años y el apoyo incondicional de una mujer. Pensándolo bien ahora, el nombre de esa primera escultura no figurativa, «piedra funeraria», marcaba el fin de un camino.

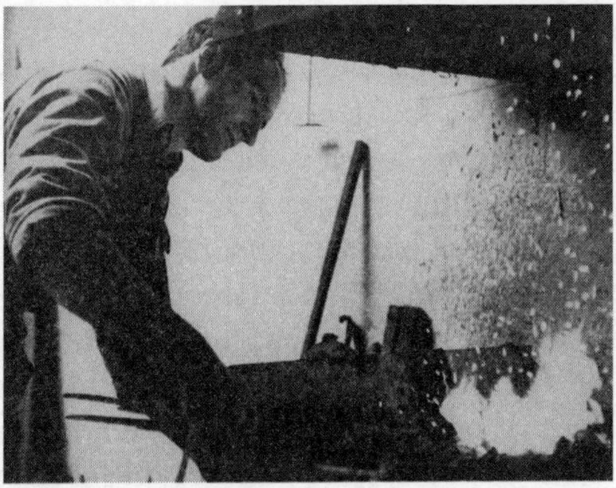

Eduardo Chillida trabajando en la fragua de Hernani, 1952.

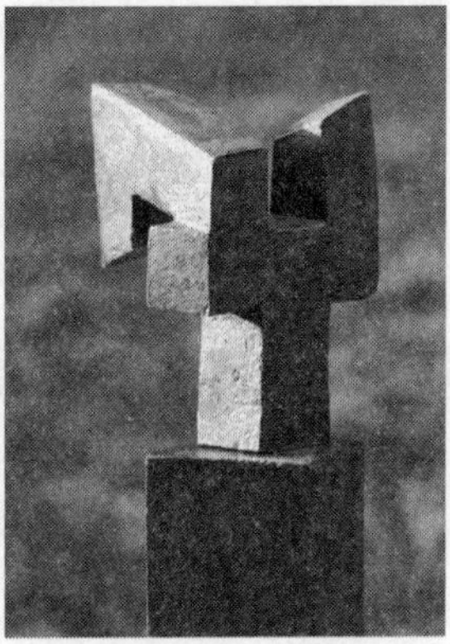

Ilarik, primera obra no figurativa, 1951.

JUSTICIA HISTÓRICA

Abro mi ventana y la luz que me penetra agudiza el agradecimiento que siento por la labor que han ido realizando durante años mis hermanos, cuñados y otras personas que trabajan para nosotros desde el Museo Chillida Leku y la Fundación Eduardo Chillida-Pilar Belzunce. Todo lo que mi madre había ido acumulando de memoria de su vida con mi padre se catalogó, transcribió y preparó para uso de los estudiosos de la figura y la obra de Chillida. Yo misma me siento una afortunada estudiosa de esa vida rica que vivieron. Las cartas que mi padre le escribía a mi madre desde Madrid, y luego desde París, contienen material que hasta a mí, su hija, me produce a veces pudor leer. Es material nuevo para mí y eso me ilusiona profundamente. En los siguientes capítulos utilizaré algunos fragmentos. Otros quedarán para la película documental que quiero hacer sobre Pilar Belzunce. Siendo ella mi madre, hacerlo es para mí una cuestión de justicia histórica que arrastro desde que acabé mis dos películas documentales sobre Chillida.

Mientras las realizaba, y por consejo de mi directora de tesis, la profesora Hope J. Leichter, fui recogiendo datos etnográficos sobre mi proceso de pensamiento, mis motivaciones, los temas diversos que consideré para retratar a mi padre, las decisiones, rodajes, colaboradores, etc. Por primera vez en los anales del Teachers College de la Universidad de Columbia, una película documental, *Chillida, el Arte y los Sueños*, se presentó como parte integral de un trabajo doctoral en lugar de ser un simple anexo. La parte escrita era una reflexión general sobre temas biográficos –cuestiones de representación, el papel interpretativo de los narradores, la diferencia entre biógrafos externos e internos, el cine versus la escritura, etc.–. También incluía, de forma exhaustiva, una narración personal sobre mis procesos como biógrafa de mi padre. Aquel trabajo para la universidad estadounidense fue traducido al español y publicado por el Servicio Editorial de la Universidad del País Vasco, a petición de Antonio Beristain S. J., en 2002, con el título *Chillida, el Arte y los Sueños: Memoria de las filmaciones con mi padre*.

Al referirme a mí como biógrafa de mi padre he sentido que era algo grandilocuente. Excesivo. Y, sin embargo, en mi medida, he cristalizado visiones de Eduardo Chillida, en forma escrita y visual, que perdurarán. Esta es una más, sólo que incluye a mi madre en su justo lugar. ¿A Pili le hubiera gustado que la sacara de ese anonimato con el que se sentía tan cómoda? Quizás sí, quizás no.

Recuerdo el comentario que hizo cuando leyó mi tesis, que les había enviado dedicada.

–¿Has leído el libro de Susana? –le preguntó «mi Eduardo» (así distinguíamos entre mi madre y yo a nuestros maridos).

–¡Oh! –se le escapó a ella de modo casi teatral–. ¡Oh! –repitió–. ¡Hay que ver qué «pote» se da!

Para mi madre, que siempre había actuado en la sombra sin recibir nunca abiertamente crédito por su trabajo, mi texto era atrevido ya sólo por el hecho de haber sido firmado por mí, una mujer. No debemos olvidar que, aunque moderna y poco convencional, Pilar Belzunce fue una mujer de otra época. Tiempo habrá en este nuevo libro para tratar mejor este tema. Pero sigamos con los primeros años de Chillida.

MADRID, 1944-1948: PILI, SU CONFIDENTE

Muchas veces me había preguntado sobre el tipo de vida que llevaría mi padre, tanto en Madrid como en París, en sus últimos años de soltero. Sabía muchas cosas de las que él mismo había hablado y que se habían ido publicando en libros, catálogos y demás. Hoy, a través de su correspondencia con mi madre, entro más a fondo en sus vidas. Además de lo bonito de su amor –que es bien palpable–, veo la preocupación que él siente por el peso y la salud de ella. Resulta que, en una excursión en bici hasta Orio, mi madre había sufrido una fuerte insolación. Desarrolló un vértigo Ménière que le hizo perder la audición del oído derecho y la dejó con un pitido interno constante que le producía mareos y dolores de cabeza. Se veía incapaz de soportar aquello y adelgazó mucho por pura inapetencia. Hasta que un día el médico que la trataba le dijo: «Pili, la

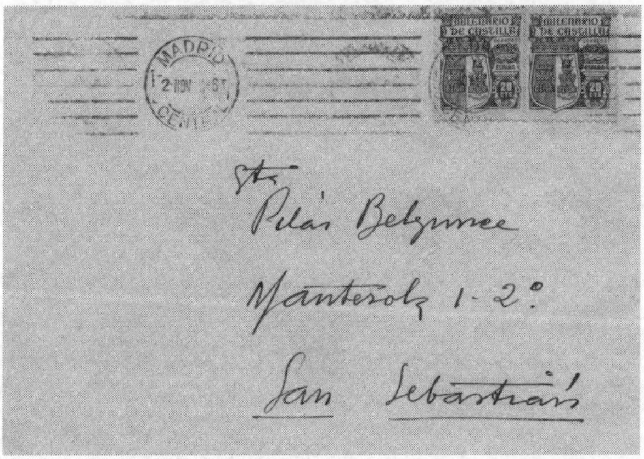

Carta de Eduardo a Pili desde la Ciudad Universitaria de Madrid, 1946.

ciencia no está preparada aún para curar tu mal, así que más te vale acostumbrarte desde ahora a ello, sin resistencias», y así lo tuvo que hacer. Es algo que le afectó toda su vida, aunque desde fuera nadie lo notara. Sabiendo esto, no es de extrañar que se hiciera una mujer dura consigo misma y también con nosotros. Apenas si la recuerdo alguna vez enferma, y todas nuestras pequeñas cosas le parecían una tontería o una «cursilada», como solía llamarlas, comparadas con lo que ella aguantaba.

Lo que más me ha impresionado de las cartas, en cualquier caso, es ver hasta qué punto mi padre le transmitía cada paso que como artista iba dando, cada ilusión, cada descubrimiento. Lo mismo que aprendía él, lo iba aprendiendo ella. Pili era su confidente y su amiga.

Por medio de esas cartas, sé que nada más llegar a la residencia Jiménez de Cisneros en Madrid, donde iba a vivir mientras cursaba

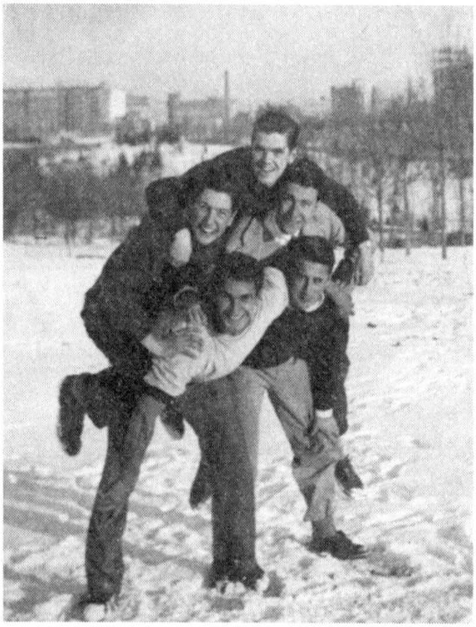

Eduardo Chillida, de blanco en la base del grupo, con algunos compañeros, en Ciudad Universitaria, Madrid, 1944.

Arquitectura, por lo visto sus compañeros quisieron contar con Eduardo para el equipo de fútbol. Mi padre les explicó que no podía y le pidieron que, al menos, fuera su seleccionador. Pensaban que él sabría cómo infundirles ánimo y organizarlos. Al año siguiente participó en las olimpiadas de su residencia y, pese a su pierna, ganó el primer premio de lanzamiento de disco y de peso, y el segundo de jabalina.

Cuando abandonó la carrera, todos sabíamos que había modelado en barro y no le había gustado esa materia. Pero por lo visto modelaba por la mañana, dibujaba por la noche y, al mediodía, de tres a seis, iba a una cantería donde ayudaba a un escultor a devastar un monumento: «Si vieses cómo tengo las manos...». En sucesivas cartas, a Pili le habla de una misma obra que le ilusiona y deja ver ya rasgos de lo que en el futuro mantendrá: su interés por lo no explorado, por las calidades de la materia y por aunar en un solo bloque diversos elementos. «Esta mañana he empezado en el estudio una cosa nueva. Es una figura de hombre, caída sobre un montón de barro y formando casi un bloque con este. Estoy contento con la idea y, si la realizo a mi gusto, voy a intentar hacerla de piedra, pues como en la cantería voy poco a poco dominando la piedra, es posible que pueda hacerla.» «Tengo muchas ganas de empezar con la piedra, ya que al ofrecer la resistencia que ofrece, da al que la trabaja una idea clara de lo que se debe hacer en escultura, o lo que es lo mismo, un concepto sólido y claro de lo que en cuanto a forma se puede o no hacer, así como también abre al que esculpe un campo poco explorado en estos tiempos en que se modula y no se esculpe, que es el de las calidades en la materia.»

No tengo noticia alguna de esa piedra que le ilusionaba hacer. Quizás nunca consiguió hacerla.

PARÍS, 1948-1950: SALIR DE LA OSCURIDAD

Instalarse en París, en el final de los años cuarenta, fue un acto de valentía y una piedra fundacional para mi padre como artista. Atrás dejaba la oscuridad que reinaba en España –y obligadamente también en el País Vasco–, durante el franquismo.

Eduardo vivía con una beca en el Colegio de España, en la Ciudad Internacional Universitaria. Allí coincidió, entre otros, con Pablo Palazuelo, José Guerrero y Eusebio Sempere. Dibujaba en La Grande Chaumière, que le parecía peor que el Círculo de Bellas Artes de Madrid, y se matriculó en Bellas Artes para escultura. Su estudio debía de estar, por lo que leo en las cartas a mi madre, cerca del de Palazuelo. Con él se fue creando una bonita amistad. Juntos, mi padre y él, se aventuraron a pedir citas y conocer a artistas que admiraban, como Brâncuși, de quien aprendió mucho sobre el modo de entender la materia. También Picasso les dio audiencia, pero llegado el momento no los recibió. De ese rechazo, sin embargo, también supo sacar enseñanzas que más tarde le sirvieron.

De entre todo lo que vio al principio, lo que mejor le pareció fue el arte egipcio. También le gustaban mucho el arte africano y el oriental. Por lo visto, antes de ir a París ya le interesaban: «Lo que pasa es que, al verlos de cerca, o mejor dicho, palparlos, he visto el enorme interés que encierran...». Lo de palpar las obras me ha hecho gracia porque recuerdo cómo nos contaba las astucias que hacía en los museos para que no le vieran los guardianes de las salas mientras lo hacía. Una vez, por lo visto, estuvo bastante tiempo esperando el momento apropiado. Cuando por fin pudo acercarse a la *Cabeza de Gudea*, puso su mano encima del cráneo, y sintió que la estaba posando sobre el orbe entero.

Enseguida entendió que al arte moderno se le podía sacar mucho partido si se sabía ver en él lo bueno y lo malo que tenía. «Como verás por las impresiones que te mando, estoy metido en un remolino de ideas que no sé adónde me va a llevar. Estoy seguro de que cuando vuelva, se me va a achacar el haberme dejado llevar por ellas, que no tienen ningún valor y que me van a echar a perder, por eso quiero que, al menos tú, sepas que todo lo que haga de ahora en adelante, como lo poco que hasta ahora he hecho, es sincero, y sin otra ilusión que encontrarme a mí mismo.» Había observado que lo que más le podía influir a él no era el arte moderno sino el primitivo, aunque le parecía que muchas veces estaban bastante cerca unos de otros. Disentía, sobre todo, con los vanguardistas que había conocido. Se daba cuenta, sin embargo, de que había cosas en las que llevaban razón: «Algunos de ellos son más sinceros, en su arte, que toda esa serie de artistas que pintan lo que ven sin más preocupaciones».

Conociendo la relación tan fuerte que iba a tener muy pronto con Miró, me divierte ver cómo le explicaba a Pili sus sensaciones ante la primera exposición que había visto de él. «Estuve en la exposición de Miró (artista español de fama mundial que con Picasso forma un dúo de artistas españoles que revolucionan el mundo). La exposición fue interesantísima y, pese a que lo que él hace no es lo que yo busco, me convencí de que lo que hace tiene un indiscutible valor.»

También le habla de su trabajo: «Estos últimos días he trabajado francamente bien y la figura yacente que empecé hace unos días ya va bastante adelantada. Estando nada más que planteada, es ya mejor que el torso que acabo de terminar. He conseguido hacerla de tal forma que se puede colocar en tres posiciones, pues la disposición de las formas deja tres posiciones estables». Esto me parece interesante por la importancia que siempre dio mi padre al número 3. La figura *Yacente* fue una de las pocas obras que se salvaron en la primavera de 1951 durante su traslado desde París al País Vasco. Mi madre acababa de dar a luz y mi padre volvió solo a buscarlas y ocuparse del envío. Pero está claro que no las protegió demasiado bien. Al ver el destrozo, dijo con mucha entereza: «Lo que se ha roto, bien roto está». Y sin más, siguió creando, cosa que indudablemente era lo suyo.

Su primer encuentro con Bernard Dorival, conservador del Museo de Arte Moderno de París, tuvo lugar en 1949. «Después de ver varios estudios de los que ha sacado diversas impresiones –algunas buenas (Palazuelo) y otras bastante buenas (Muxart y Mercadé)– ha venido al mío y le han interesado mucho mis cosas, tanto los dibujos como la escultura.» Dorival le hizo a mi padre varias cartas de presentación para dos escultores y para un marchante llamado

M. Caputo que tenía una galería importante en París. En una de ellas se expresaba así sobre la obra de Chillida: «He visto algunas cosas suyas, y he quedado parado, creo que posee dotes extraordinarias». A partir de ahí, mi padre empezó a exponer en varios lugares. Entre ellos el Salón de Mayo, la exposición colectiva más importante que se hacía en París, a la que le invitaron. No cabe duda de que mi padre tuvo mucha suerte al despertar interés entre la gente del arte siendo aún tan joven. Pero, según parece, su empeño y su trabajo debían de ser realmente notorios.

Siempre me pareció bonito, y congruente con su romanticismo, que sus dos primeras esculturas –hechas en ese tiempo de soledad parisina con veinticuatro años– fueran un cuerpo de mujer al que llamó *Forma* y otro de hombre al que llamó *Torso*. «He cambiado de idea sobre lo que voy a hacer, pues en el camino de lo que estaba haciendo me he encontrado con algo mejor: se trata de un torso de hombre, esta vez con un concepto nuevo mucho mejor que el otro torso de mujer que hice hace un mes. Creo que si no me despisto quedará francamente bien. También tengo que acabar antes de ir algo que le queda por hacer a la yacente, pero a pesar de todo creo que como te he dicho iré a fin de mes. [...] Estoy contento, pues he hecho tres esculturas (la que tengo entre manos no está terminada, pero en fin) y además muchos dibujos; las tres son muy superiores a las del año pasado y hasta ahora la última es siempre la mejor (a mi juicio).»

Forma fue expuesta con éxito de crítica en el Salón de Mayo de París en 1949, junto con otra, *Metamorfosis*, en la que se nota que quería dar un paso más allá de la figuración. Con *Forma* hemos convivido en casa toda la vida. Algunos de mis hermanos la llaman «el culete» y, cuando mi madre nos la muestra en una de mis películas, a nadie le pasa desapercibido que esa «forma» es la de ella. Entrando en intimidades, diré –ya que mi madre me lo contó a mí– que Eduardo era bastante fogoso y llegar vírgenes al matrimonio les resultó algo duro.

Justo antes de volver a San Sebastián para casarse con Pili en julio de 1950, ocurrió el hecho más trascendente de su estancia

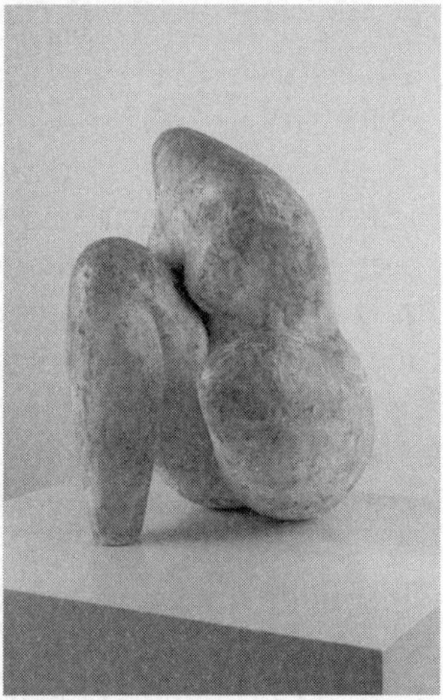

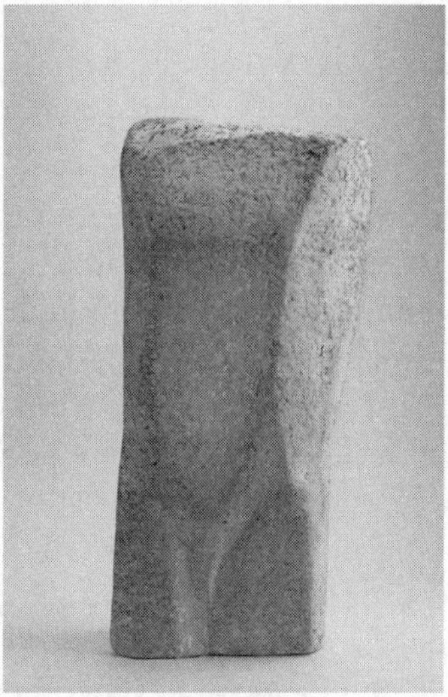

Las dos primeras esculturas catalogadas de Chillida, *Forma* y *Torso*, realizadas en yeso, en 1948.

en París: Louis Clayeux, el director artístico de la Galería Maeght –que había ido al estudio de Palazuelo–, conoció la obra de Chillida y le preguntó si le interesaría exponer próximamente con ellos.

«Realmente el tener una verdadera preocupación por el arte –le dice a mi madre– no es ningún plato de gusto, sino más bien una especie de fatalidad que empuja y no se sabe nunca adónde puede llevarnos.» En este último plural me parece entender que incluye no sólo al resto de los artistas, sino al tándem que ambos como pareja estaban empezando a formar. Así, mi madre se fue enamorando más y más del arte a través de las palabras de Eduardo. Admiraba el talento creador de los artistas, y lo vivía junto a su hombre incluso desde la distancia. Ella fue desde el principio y para siempre su más firme apoyo en sus esperanzas y en sus desánimos.

VUELTA DEFINITIVA AL PAÍS VASCO: TENSIONES INTERNAS

Tengo la intuición de que, durante toda su época de París, mi padre inocentemente deseó olvidarse de sus orígenes, y de algún modo se puso en el papel de un artista de la Antigua Grecia cuyas obras tanto admiraba. Por eso eligió para realizar las suyas el yeso blanco, que se asemejaba, al menos en color, a los mármoles con que tantas magníficas obras se habían hecho en la historia de esa civilización mediterránea. Pero la cuestión es que Eduardo no era un griego antiguo ni moderno, sino un joven vasco-español con algún que otro problema de pertenencia y de identidad que aún estaba por descubrir y solucionar.

«Con una luz para ver cómo no veo, entre el ya-no y el todavía-no, fui colocado.» Esta frase habla del modo en que se colocaba como artista ante lo desconocido. Ese límite entre lo ya hecho y lo aún por hacer es con el que se enfrentó a su vuelta definitiva a San Sebastián. Era un límite muy motivador porque le empujaba hacia delante. La luz que él como escultor buscaba estaba hecha de preguntas sobre la materia, el espacio, el límite y otros conceptos que le interesaban.

Solía contar que, al acercarse en el tren a su tierra –sobre todo cuando empezaba a divisar el mar, o mejor dicho, «la mar», como ya he dicho que él la llamaba–, sintió una emoción muy grande que no había conocido anteriormente. Lo que tampoco conocía, ni había podido prever, es la situación que iba a encontrar en el País Vasco. Llevo tiempo pensando que las tensiones internas que constituyen y dan grandeza a su obra tienen mucho que ver con las tensiones que atravesó en su vida en aquel tiempo, y su forma de afrontarlas.

Una de esas tensiones –y no pequeña– tenía que ver con el hecho de que su padre fuera un militar de carrera por tradición familiar a quien tocó luchar en el bando de Franco. Si eso pudo pasarle semiinadvertido mientras fue muy joven, está claro que, al volver de

París, ya adulto, la cosa cambió. No sólo vio cómo le afectaba a él, sino cómo afectaba ese tema a todas las gentes con quienes empezó a tratar a su vuelta a Euskadi. Siempre decía que para conocerse uno mismo lo más importante es salir del propio entorno, y volver después para poder ver todo con los ojos que traen los de fuera.

El conflicto de fidelidades entre España y el País Vasco con que se enfrentó en cuanto la conciencia histórica caló finalmente en él fue muy fuerte. El País Vasco vivía una represión muy grande por parte de Franco que afectaba a todos los órdenes de la vida y que mi padre, a pesar de su educación previa, encontraba injusta. Desde joven era consciente de que a su padre le había salvado la vida un *gudari* (soldado vasco). Por lo visto, abrió la celda de la cárcel de Bilbao en la que mi abuelo Pedro estaba preso, le echó una gabardina por la cabeza y lo dejó escapar junto a otros muchos presos nacionales, antes de que entraran los republicanos a matarlos. Chillida sentía hacia los nacionalistas vascos una deuda que por mil medios intentó saldar.

Sí. Estoy convencida de que las dificultades vitales de mi padre, en un entorno nacionalista, tuvieron mucho que ver con las tensiones internas que, a la postre, dieron riqueza a su obra.

La carencia del euskera, que su madre no le había transmitido, le marcó más de lo que nadie pueda imaginar. Fue una de las grandes tristezas de su vida, y le puso en desventaja frente a muchas personas. Él era un vasco que valoraba mucho el carácter *euskaldun* –que literalmente quiere decir «el que tiene la lengua»–. Recuerdo que entrando en los años setenta hizo un verdadero esfuerzo por aprender el idioma. A alguno de sus hijos nos animó a hacerlo y empezamos a aprender euskera juntos. Yo tenía trece años y de la noche a la mañana pasamos a llamar a nuestros padres *aitá* y *amá* en lugar de papá y mamá. Desgraciadamente para él, siendo el euskera una lengua tan difícil, el aprendizaje requería mucho más tiempo del que mi padre podía dedicarle. Para él, su arte fue siempre lo primero y sus obras desde luego hablaban euskera, como él solía decir. Por eso en muchos casos desde el principio les puso títulos adecuados en esa lengua.

Otro hándicap que acompañaba a mi padre desde su nacimiento era la impulsividad de la que hablaba el abuelo Pedro en sus cartas. De ella dan cuenta las visitas que hizo a Estella con mi madre después de casarse. Los viejos amigos querían acercarse a Pili, pero la actitud de Eduardo los retraía. Se enfurecía tanto que daba miedo, y ella tenía que calmarle asegurándole que ni tan siquiera la habían mirado. Domar ese carácter brioso debió de costarle a mi padre mucho tiempo –no exento de esfuerzo–. Pero creo firmemente que esa forzada contención del propio temperamento guarda también directa relación con su desarrollo como escultor. Trabajar la materia dura en la fragua, a golpes de maza, resultó un buen modo de soltar energía y traspasar tensiones internas a su obra, sublimando el esfuerzo a través del arte.

Durante años trató con muchos artistas vascos. Algunos de ellos se fueron convirtiendo en amigos muy queridos, como es el caso del pintor Rafael Ruiz Balerdi, a quien consideraba casi como un hermano. Muchos años más tarde, le dedicó una estela de la serie *Estela a Rafa Balerdi*, sita en el Pico del Loro de San Sebastián. Con otros, sin embargo, sobre todo con los escultores a quienes personalmente nunca llegué a conocer, las relaciones fueron confusas y accidentadas, pues en ellas se mezclaba lo artístico con lo político y también lo personal con lo social. Recuerdo haber oído a mis padres comentar el pequeño reproche que uno de ellos, Jorge Oteiza, le hizo al principio, «has abandonado al hombre», pues ninguno en el País Vasco había dado aún el paso hacia la abstracción. Creo que sentía hacia Chillida una combinación de amor y odio a partes iguales que fue creciendo con el tiempo. Y en un momento dado, alimentó polémicas artísticas locales y publicó datos falsos e infundios que mi padre no se rebajó a desmentir. Nunca se dejó despistar por esas provocaciones ni respondió con palabras.

Chillida amaba el País Vasco como se ama a los hijos, con sus cualidades y sus defectos. Era un hombre libre, un librepensador con un marcado sentido de la dignidad y profundos valores. Creyente y amante de la paz, actuó en cada ocasión según le marcaba su conciencia.

Como he dicho antes, sentía hacia los nacionalistas una eterna gratitud. Pero, en lo que toca al arte, no creía en grupos ni en patrias. Para él, el artista tenía que tener una voz propia, por eso desconfiaba de la enseñanza del arte. Y por eso rehusó formar parte de lo que luego se ha llamado la Escuela Vasca, aunque su obra, desde aquellas tempranas e innovadoras puertas de hierro que realizó para la Basílica de Aránzazu en 1954, haya funcionado siempre como referente primero imposible de evitar. Era un individualista, sí, pero un individualista bastante comprometido, característica que se repitió en todos los órdenes de su vida. También como deportista, por ejemplo, su forma de trabajar para el equipo había sido siempre desde una demarcación individual: la de portero, en fútbol, y la de proel, en la trainera de San Sebastián.

Durante mi infancia, en España sólo había por aquel entonces dos televisiones: la RTVE y la UHF. Por cercanía física, desde San Sebastián podíamos ver, además, los tres canales franceses, cosa que hacíamos habitualmente. Para enterarse mejor de lo que en verdad pasaba por el mundo, a mis padres les gustaba también escuchar Radio París. De esa época recuerdo a muchas personas que venían a casa: Mari Asun Bergareche, una mujer de gran cultura, sobre todo política; Pepa Rezola, otra mujer donostiarra también muy culta casada con un empresario bilbaíno; el médico Jose Mari Merino y su mujer Antxoni; el psiquiatra y escritor Luis Martín-Santos, con quien disfrutaban sobremanera charlando de mil temas que a todos les interesaban... Cuando este último murió en un accidente, poco después de haber muerto su mujer, mis padres se hicieron tutores de sus hijos huérfanos, y en 1963 mi padre hizo una escultura en homenaje a su amigo. Su hijo Luis recuerda a Pili y a Eduardo como personas extremadamente cuidadosas y cariñosas con él y con sus hermanos.

He dicho que mi padre no se dejó despistar por las provocaciones de sus colegas en el País Vasco, y es cierto. Pero quiero ir un paso más allá. Creo que el silencio al que se obligó, por no salirse de su camino, es otro de los factores que añade poder y fuerza interior a su obra. Es, una vez más, tensión contenida entre formas escultóricas, que hablan por él sin palabras.

Para mi madre, los temas vascos nunca tuvieron tanta importancia como para mi padre. Sin embargo, obligarse a estar callada teniendo cosas que desmentir a ella debió de costarle mucho esfuerzo. Se sometió a la opinión de Eduardo y el tiempo le dio a él la razón. El silencio de Pili terminó por convertirse también en fuerza. Los alejó a ambos de ambientes que probablemente no les convenían, y los empujó a continuar con el desarrollo de sus ambiciones artísticas, que desde el principio iban mucho más allá de lo local.

III

Década de los cincuenta. Al abrigo de la Galerie Maeght de París

EL COSMOS DEL HIERRO, LA OBRA ÚNICA

En 1950, la invitación de Louis Clayeux a mi padre para que exhibiera su obra en la Galería Maeght de París se hizo realidad. Fue en la exposición colectiva *Les mains éblouies* (Las manos deslumbradas), en la que tenían costumbre de presentar a artistas noveles en quienes confiaban, junto a otros ya consagrados. Chillida expuso allí *Torso* y *Metamorfosis*. Poco después, en 1956, organizaron la primera exposición individual de Chillida. «El cosmos del hierro no es un universo inmediato. Para abordarlo hay que amar el fuego, la materia dura, la fuerza. Solamente se lo conoce a través de actos creativos», escribió Gaston Bachelard en su ensayo *Le cosmos du fer* (*El cosmos del hierro*), refiriéndose a las piezas de hierro forjado que mostró mi padre en aquella ocasión.

Los fundadores de la galería, Aimé y Marguerite Maeght, formaban una gran familia con sus artistas. Tenían un servicio de publicaciones muy rico y disfrutaban poniendo en relación a los artistas plásticos con los más prestigios pensadores, poetas y literatos del momento: Gaston Bachelard, René Char, Paul Éluard, Samuel Beckett, Louis Aragon, Jean-Paul Sartre…

Para cuando mi padre entró a formar parte de esa gran familia, ya había expuesto individualmente en 1954 en la Galería Clan de Madrid, donde conoció a su primer coleccionista, Juan Huarte, un empresario navarro que compraba asimismo obra de otros artistas vascos. También había realizado las puertas de la Basílica de Aránzazu y un primer *Peine del viento*, hoy en el Museo Reina Sofía de Madrid; y había recibido su primer premio importante: el Diploma de Honor de la X Trienal de Milán de 1954. Sus esculturas tenían nombres que denotaban su amor por la naturaleza, por la poesía y por la música: *Espíritu de los pájaros*, *Música de las esferas*, *Elogio del fuego, Elogio del aire, Tximista* (Rayo)...

Algo esencial en la vida de Chillida ocurrió en aquella exposición de 1956. El galerista Aimé Maeght le había explicado la conveniencia de realizar varios múltiples en bronce de cada obra presentada para poder seguir organizando exposiciones por el mundo una vez que se vendieran las originales. Era una práctica normal que realizaba con todos sus artistas –Giacometti, Miró, Calder, Braque...–. Hoy en día sigue estando muy extendida. Forzado por las circunstancias, mi padre tuvo que aceptar, aunque eligió únicamente para ello las ocho que le parecieron más adecuadas y limitó el número de copias a tres o cuatro.

Una vez fundidas las copias en bronce, Maeght se las mostró con orgullo: «¡Qué! ¿Qué te parecen?», le dijo. Y mi padre, aun a riesgo de romper con él –uno de los mejores galeristas de los años cincuenta–, mirando aquella serie de obras idénticas que ni tan siquiera habían recibido un soplo de su aliento proclamó: «¿Quieres que te lo diga? Me parecen... zapatos del mismo pie». Y se negó a repetir la experiencia. Esa reafirmación de sus principios le hizo ganarse la confianza eterna de Aimé Maeght, quien a partir de entonces, y por contrato verbal, se comprometió a comprar toda la obra escultórica que fuera haciendo Chillida en el futuro. Es de imaginar la ilusión que esto debió de provocar en mis padres, una pareja joven y ya con cuatro hijos que alimentar.

Gracias a ese apoyo incondicional por parte del galerista, mi padre pudo desde entonces seguir trabajando todas sus esculturas como él quería. Las hacía artesanalmente en la fragua en lugar de mediante moldes en la fundición, y mantenía cada una como obra única, sin recurrir a copias en bronce. Es una más de las peculiaridades que dan valor al trabajo de Chillida.

La secretaria personal de Aimé Maeght, Giselle Michelin, solía venir regularmente a San Sebastián para organizar junto a mis padres los temas prácticos de cada nueva exposición. Con ella llegaba un olor muy fuerte a perfume parisino. Se alojaba en casa y, ya antes de verla al volver del colegio, el olfato nos anunciaba que ella estaba ahí. Fue la primera mujer trabajadora que conocimos de niños, aparte de las dos personas de servicio con las que contaban mis padres para lidiar con tantos hijos.

«YO PONGO EL VALOR, EL PRECIO LO PONEN OTROS»

Dentro del pacto que Eduardo y Pili tenían entre sí como tándem estaba la necesidad de Eduardo de quedar libre del tema económico. Él sabía que el dinero no debía mezclarse con su trabajo, y así se lo hizo entender a ella. «Yo pongo el valor, el precio lo ponen otros», solía decir mi padre, y era cierto. Pero además del precio estaban la puntualidad en los pagos y en los cobros, las necesidades diarias del trabajo (como la compra de materiales) y de la familia... Temas no siempre fáciles con los que ella tenía que batallar.

Desde que Aimé Maeght eligiera a Chillida para formar parte de su galería de París, a mi padre le llamaba *mon petit* (mi pequeño), pues era, con mucho, el más joven de sus artistas. Estaba acostumbrado a tratar directamente con ellos los temas comerciales y al principio no quiso admitir a Pili como interlocutora, por más que la apreciara como mujer. Así, cuando Eduardo iba a verle, mi madre le preparaba papelitos con todo lo que le tenía que decir y pedir. Me la imagino nerviosa hasta que salía Eduardo de la cita.

–¡Qué! ¿Le has dicho que tenemos que comprar hierro...?

–Sí.

–¿Y...? ¿Te ha pagado?

–No.

La cosa no funcionaba y Aimé terminó por comprenderlo. Aceptó a Pili como interlocutora, y, desde entonces, fue ella quien se ocupó de esos temas.

EL HERRERO DE HERNANI

Las primeras incursiones de mi padre en el mundo del hierro y de la fragua habían empezado nada más instalarse en Hernani, a su vuelta de París. Frente a Vista Alegre, la casa que les había prestado una tía suya, tenía su negocio el herrero Manuel Illarramendi. A mi padre, que ya admiraba la obra de Julio González, le gustaba observar cómo trabajaba el hierro. Enseguida se hicieron amigos y, al poco, Eduardo le pidió que le dejara usar su herrería. Llegaron al pacto de que podría acudir allí muy temprano, antes de que él comenzara su jornada laboral. Después, y a pesar de que se lo habían prohibido, montó un pequeño estudio en el garaje de la casa en la que iban naciendo hijos casi al mismo ritmo que esculturas en el taller. ¡Cómo no voy a considerarlas hermanas! Lo curioso es que sobre esas hermanas no sabía demasiado hasta que empecé a trabajar sobre Chillida en mis documentales.

MIS HERMANAS LAS ESCULTURAS

El primer hijo de mis padres fue una niña que nació en 1951. Por el nombre que le pusieron, para mí queda claro que ambos estaban enamorados de la poesía. La llamaron Guiomar, como la mujer a quien amó Machado.

Ahora resulta normal que el padre asista a los partos de sus hijos, pero en los años cincuenta no creo que lo fuera. Mi padre lo hizo con todos nosotros. ¿Cómo iba a dejar a Pili sola en tan crucial momento y cómo iba a perderse, él, un creador, la más potente obra de la creación? Aunque seguramente les costó, finalmente encontraron al ginecólogo capaz de aguantar el reto de tener a un «intruso» delante. Y lo peor es que resultó un parto difícil. La niña llegaba con el cordón anudado al cuello y salió medio ahogada. Mientras mi madre descansaba, él cogió a la criatura y, temiendo por su vida, la bautizó en el lavabo de la clínica. Me resulta muy tierno imaginármelo en esas lides. Actos de inocencia, miedos que se afrontan y se enfrentan, creencias profundas. Desde luego, eran otras épocas.

Su primer hijo varón, Pedro, resultó un bebé inquieto, curioso y también un poco bárbaro, al que siguió Ignacio y, poco después, Carmen. Mis cuatro hermanos mayores.

–Mamá, que este ya anda... ¿cuándo viene el próximo? –parece ser que decían todos en casa a medida que pasaban los años.

En esta pequeña foto, con todos sus dientes de leche aún intactos, ríe a mandíbula batiente mi hermano Ignacio, el tercero en llegar. Compartiendo completamente protagonismo con él, detrás de su risa, una escultura en hierro: nuestra «hermana» *Rumor de límites*, de 1960. Parece que escucho la voz de mi madre cuando me explicaba y daba valor a los pequeños cortes que en aquel tiempo aplicaba mi padre al hierro para que cambiara de dirección y explorara el espacio abriéndose como una flor.

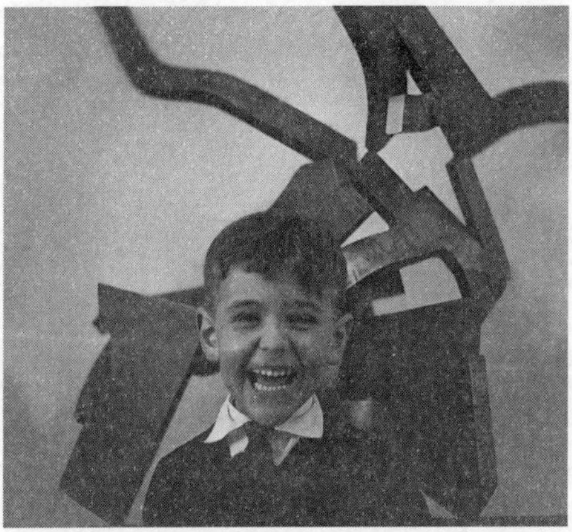

Ignacio Chillida, el tercero de los hijos, frente a *Rumor de límites*.

Al principio, la lactancia materna era su único modo de contracepción y Pili solía alargarla lo más posible. A partir del cuarto hijo probaron –sin éxito– el método Ogino. Y, después del octavo, mi madre empezó a tomar la píldora y siguió tomándola, sin descanso mensual, hasta bien avanzada la edad de la menopausia. Hablándolo con mi hermana mayor más tarde –pues fue algo que nos preocupaba–, llegamos a la conclusión de que quizás lo hacía porque sin descanso no había menstruación posible y ella podía acometer esa difícil etapa para las mujeres sin apenas enterarse.

UNA NIÑA ALBINA

Yo fui la quinta en llegar a su hogar a pesar del método Ogino, que desde luego no funciona. «¡Es una niña albina!», dicen que gritó el ginecólogo al verme. Y en esa simple frase se cifra gran parte de mi historia. En realidad, comencé el duelo de mi madre antes de que ella muriera aquejada de alzhéimer. Sí. Ahí fue cuando empecé a pensar en nosotras, por curar la herida de todo cuanto pudiera faltarme. Pensé en mi nacimiento y en mi concepción. Y descubrí que había vivido creyendo lo que sólo en un sentido era cierto y me habían hecho creer: que fui la más deseada, el hijo que ella había imaginado desde el principio de forma natural, una niñita rubia y de ojos azules, como ella. Viví con esa ilusión –que a la vez me creaba sensación de injusticia hacia mis hermanos–, cuando lo cierto es que fui también el primer hijo verdaderamente no deseado. Hicieron lo imposible por que no quedara ella encinta.

Si mi madre estuvo dispuesta a dejar de tener lo que supuestamente más deseaba, ¡cuánto debió de rabiar al verse embarazada en un año tan importante para ellos! Se acercaba la Bienal de Venecia, cuya edición mi padre ganó; iba a participar en *Sculpture and Drawings from Seven Sculptors*, en el Museo Guggenheim de Nueva York, y en otra exposición en la Fundación Graham de Chicago, cuyo premio acabó también ganando. Cargar con un quinto hijo sin apenas medios, ver cómo se desfiguraba su cuerpo, quedarse

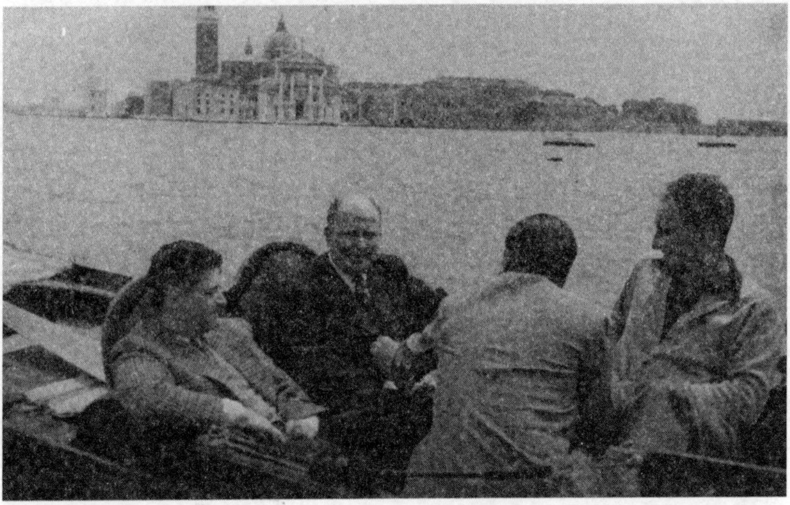

Eduardo Chillida con Louis Clayeux en Venecia celebrando el Gran Premio de Escultura, 1958.

atrás en tantas cosas... Pensando en mi madre y en mí, me di cuenta de ese sufrimiento de Pili que debí de sentir yo, de algún modo, durante los nueve meses de oscuridad que pasé en su útero antes de que me viera salir. Sí. Tuve que sentirlo en su útero. El grito del ginecólogo me salvó: «¡Es una niña albina!». Mi fisonomía fue su premio. Y aun así, con apenas cuatro meses de vida, antes que a ninguno de sus otros hijos, me dejó de amamantar por acompañar a Eduardo a Venecia y a Estados Unidos.

Hoy me entristece y me enternece a la vez imaginar a mi madre, con treinta y cuatro años, pensando con quién dejar a su recién nacida bebé. Sé que se tomó el trabajo de encontrar a la persona adecuada. Y aún recuerda mi piel el calor y el cariño con que me trató –de su parte– mi tía Ana Mari Cartes, la prima de mi padre que se encargó de mí. En todas las fotos que he visto de Pili en ese tiempo en el extranjero, noto que me echaba de menos.

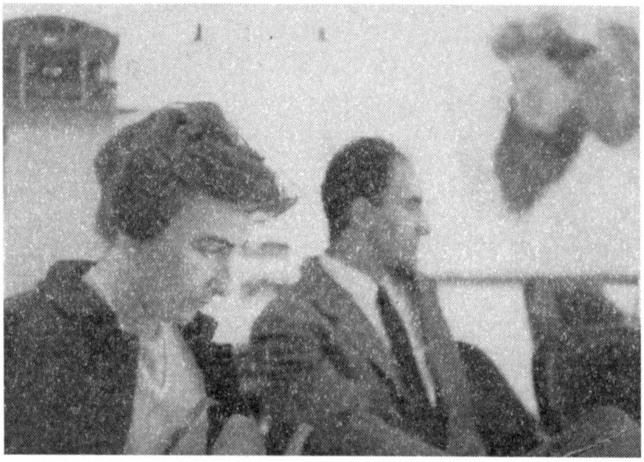

Pili y Eduardo en Chicago, septiembre de 1958.

VILLA PAZ, LA CASA DE NUESTRA NIÑEZ

Villa Paz fue la casa de nuestra niñez. La compraron tras recibir mi padre el Gran Premio de la 29.ª Bienal de Venecia, en 1958. Estaba situada en Ategorrieta, debajo del monte Ulía frente al barrio de Intxaurrondo, en San Sebastián. Era una gran villa con ventanas rojas, como todas las de esa zona. Por fuera estaba enteramente vestida de hiedra, que en otoño cambiaba de color antes de caer. Tenía jardín y un frontón.

Fui la última en nacer mientras mis padres aún estaban en Hernani. Mi madre contaba con placer cómo me llevaba en el coche mientras hacían el traslado a Donosti, adonde enseguida llegaron María, Luis y Eduardo para completar la familia. Hicieron una reforma importante, sobre todo en la planta baja. Mis padres prescindieron al máximo de tabiques y puertas. El recibidor, la zona de la biblioteca y la televisión –cuando llegó–, la zona de la chimenea e incluso el comedor estaban semiunidos. A todo lo llamábamos «el salón».

El aire circulaba libre entre las distintas estancias y a él le encantaba jugar con nosotros. Pasarnos una pelota pequeña de mano en mano por el salón era toda una experiencia; no sólo un juego. El espacio era amplio, y enseguida entendías que importaba mucho la fuerza exacta con que lanzarla, el estilo del brazo al soltarla –como un latigazo–, la concavidad de la mano que iba a recibirla, el sonido noble que se producía al contacto y el placer de recibirla fuerte contra la palma... Lo llamábamos jugar a «blocar», que es lo que hacía él como portero de la Real Sociedad de joven. Frecuentemente el juego fluía hacia el reto: lanzamientos difíciles y paradas casi imposibles en los que la estética siempre contaba. Con sólo estar con él, te daban ganas de superarte y valorar los matices que puede tener cada cosa. La vida es un continuo, y tanto su filosofía como sus modos han llegado hasta nuestros hijos a través de nosotros. Cuando mi marido entró por primera vez en Villa Paz quedó fascinado. Nunca había visto una casa igual. ¡Y eso que era ya 1979!

Siempre convivíamos con esculturas de mi padre. De niños éramos todos bastante salvajes y en una ocasión una de ellas cayó sobre mi cabeza. Si nos hacíamos alguna herida, intentábamos que no la viera nuestro padre porque él la limpiaría con alcohol en lugar de con agua oxigenada, y picaba mucho más. Para brechas o roturas de huesos, teníamos cerca la Clínica de San Ignacio. Apenas necesitábamos que nadie nos acompañara. Los ocho hermanos teníamos

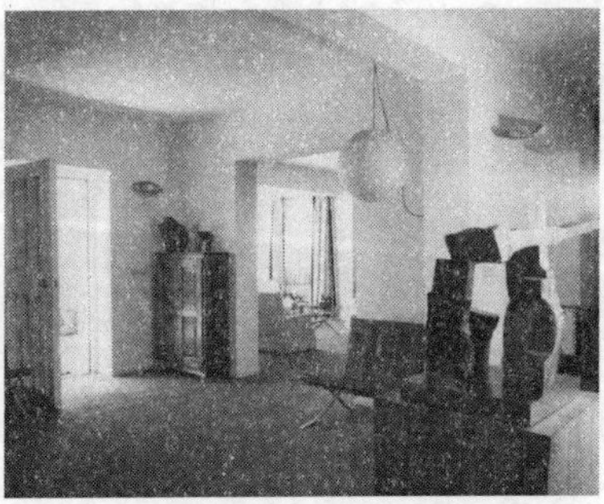
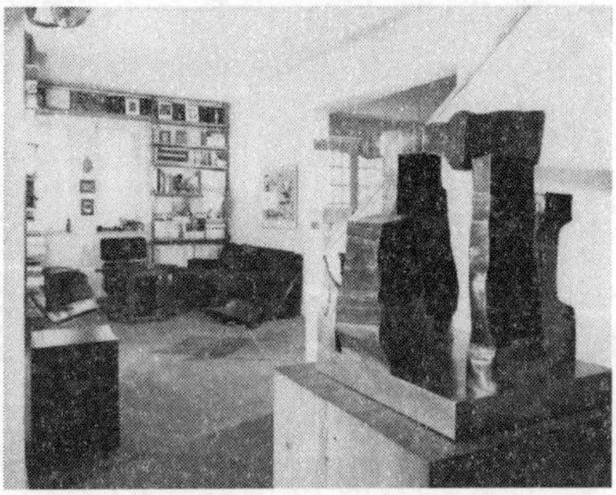

El recibidor y la zona de la televisión de Villa Paz sin tabiques de separación; en primer plano, la escultura *Leku I*, 1968.

crédito y, si no estaban nuestros padres, podíamos dejar las curas de la clínica a cuenta, al igual que las reparaciones del calzado en Brito el zapatero.

Villa Paz tenía dos chimeneas que el propio Chillida diseñó, una en madera para su habitación y otra en granito para el salón. Quizás mi madre recordaba el frío que habían pasado en Hernani. Allí, en los primeros años de tanta incertidumbre, antes nos quitaba a todos la calefacción que a Eduardo el hierro con el que hacer esculturas en la fragua. Solían contar que en los días soleados sacaban la cunita del bebé al jardín mientras los demás pequeños jugaban por ahí. Una vez –estando todos dentro porque había empezado a llover–, de repente se preguntaron por el bebé y, al salir, lo encontraron tranquilamente bebiendo gotas de lluvia, o tratando de esquivarlas, feliz. Creo que era yo. A mí también, como madre, pudo haberme pasado algo similar: me encantaba poner la cuna de mis bebés bajo un árbol y ver cómo disfrutaban de los cambios de luz provocados por el movimiento de las hojas.

Lograr tener una casa propia, y los medios para alimentar a sus ocho hijos, fue el mayor hito de mis padres como pareja. Con ello sellaban una libertad y una independencia, hasta entonces desconocida, respecto a sus familias de origen. A mi bisabuela Juanatxo, que solía enviarles la comida a Hernani desde el hotel y sufragaba sus gastos más esenciales, le comunicaron que le estaban muy agradecidos, pero que a partir de entonces ya no necesitarían su apoyo económico. Hasta entonces, Pili había tenido que lidiar con muchas cosas. Una de ellas, y no la más pequeña, fue gestionar su orgullo a la hora de dejarse ayudar.

EL ESTUDIO DE VILLA PAZ

A pocos metros de Villa Paz había otra pequeña casa auxiliar que servía de estudio a mi padre. Era como la casa que pinta un niño, con su tejado a dos aguas y dos plantas sencillas unidas por una escalera exterior. Abajo estaba la fragua, y arriba la chimenea, que él hizo construir. Las puertas y ventanas también eran rojas como todas las de aquella zona.

El poeta Gabriel Celaya, gran amigo de Chillida que frecuentaba a menudo nuestra casa, hizo en su día un retrato profundo y sencillo del entorno de trabajo del escultor. Hablaba del «estudio de abajo», donde trabajaba con fuego de herrero junto a su ayudante, y del «estudio de arriba», en el que trabajaba a solas como un ingeniero de sueños.

Como hija, era agradable que mi padre estuviera cerca. Todos sabíamos que puntualmente, a su ida o venida del estudio, pasaría por el cuarto de jugar, pues estaba en su camino, separado únicamente por una mampara de madera. Paraba entonces y jugaba con nosotros al *ping-pong* antes de tomar su puesto en su sillón favorito del salón. Un día, una hojita de hiedra entró por la ventana de detrás de ese sillón y mis padres la dejaron estar. Se prohibió abrir esa ventana y así, con permiso de ellos, la hiedra se hizo rama y fue tapizando la biblioteca de verde. Pili la sujetaba entre los libros, domándola; y cuando ya la rama era muy gorda y se sentía como ahogada, abrieron la ventana por liberarla, y la hiedra murió. Probablemente fue por un exceso de sabia después de tanta estrechez.

Todavía me veo entrando con mi hermana María al estudio de abajo de nuestro padre, de niñas.

–José Cruz, ¿nos das tiza? –le pedíamos a su ayudante de entonces.

–¿Tisa?, ¿tisa? ¡Una buena palisa...! –contestaba él siempre con su pronunciado acento *euskaldun*.

José Cruz Iturbe era un vasco grueso, inocente y algo socarrón. A nosotras, que somos muy parecidas, nos llamaba *begi-urdin*, que quiere decir «ojos-azules». Llevaba años retirado cuando le confesó una vez a mi padre: «¡Hay que ver las vergüenzas que me ha hecho usted pasar! Rebuscar entre las montañas de hierros, como los buitres en el basurero... cuando lo que tenía que haber hecho era ¡fumarse un buen puro con el dueño y pedir que le cargaran un camión!». Se refería a aquellos tiempos en que Chillida, efectivamente, iba a las chatarrerías a buscar hierros pudelados. Claro que no todos le servían ni podían servirle... Buscaba con ojos y oídos atentos. La percepción para él era esencial. Así fue como encontró los antiguos aperos de labranza que de algún modo le conectaron con lo más arcaico de su pueblo vasco. Transmutando aquellas formas artesanales, Chillida volvía a un lugar ya transitado y lo hacía avanzar un paso más a través de su arte.

LAS CHIMENEAS DE CHILLIDA

De aquel estudio recuerdo la historia que contaba mi padre sobre la chimenea que diseñó para allí también. Dos vascos grandullones, padre e hijo, que ayudaron mucho a Pili en mil cosas a lo largo de los años, la construyeron según las órdenes de Eduardo. Cuando vio lo que habían hecho, quedó horrorizado y se la hizo tirar. Volvieron a empezar. Al verla mi padre acabada, se la hizo tirar de nuevo. «¡Vaya!» A la tercera, según él mismo contaba, encontró a los dos tipos, orgullosos, mostrándole lo que habían conseguido: «¡Qué! ¿La tiramos?».

Además de las otras dos que hizo para la casa, en 1971 realizó una última con ladrillos refractarios en el Molino de los Vados, un lugar muy especial para todos nosotros, perdido en pleno monte en la provincia de Burgos.[1] Allí, en un rincón del salón, creó un gran espacio por debajo del nivel del suelo. Mi padre hizo construir en dos de sus costados unos bancales que servían de escalera de acceso y a la vez de asiento para observar el fuego desde distintas alturas y distancias. Eso mismo se consiguió años más tarde, con respecto al mar, con la plataforma y los escalones del entorno del *Peine del viento* en San Sebastián. En el molino, por debajo del fuego fluían las aguas del río Arlanza.

1. Véase la imagen 1 del encarte.

PILI «ARQUITECTA-CONSTRUCTORA»

Excepto todas esas chimeneas –que son auténticas obras de Chillida, aunque nunca las firmara–, las muchas reformas y obras de albañilería para la familia las hizo siempre Pili, con o sin permiso, con o sin arquitecto, dejándose llevar por una intuición cercana a las necesidades del momento, pero dejando generalmente abierta una nueva posibilidad para el lugar; preparando, sin cerrarlo, el futuro por llegar. Mi madre era atrevida, muy atrevida, eso no se le puede negar. De no haber tomado la decisión de hacer un tándem con mi padre, pienso que Pilar Belzunce hubiera podido ser una buena arquitecta. Le gustaban las matemáticas, los cálculos, la estética… y era sensible a las necesidades vitales de las personas. Tenía mucha capacidad de trabajo, disfrutaba estando con gente y sabía colaborar. Sí. Me la puedo imaginar en esa profesión.

En esta foto de una parte del salón de Villa Paz, con la chimenea de granito al fondo, simbólicamente veo a mi padre en lo amplio, en lo duro y en lo recio; a mi madre, en lo bello y en lo sutil. Era una artista engalanando la casa. Siempre había floreros con flores que

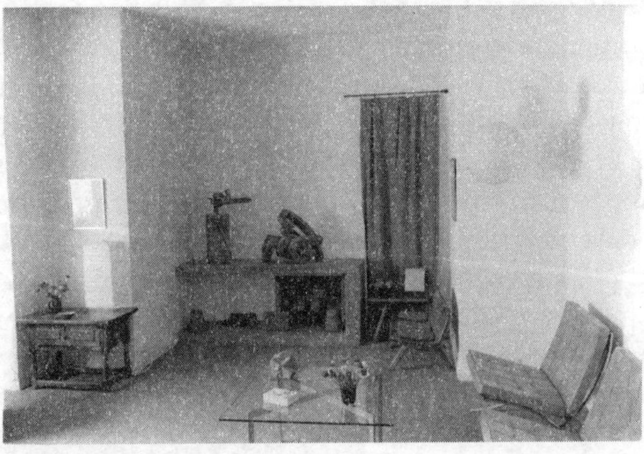

La zona de la chimenea de Villa Paz, San Sebastián.

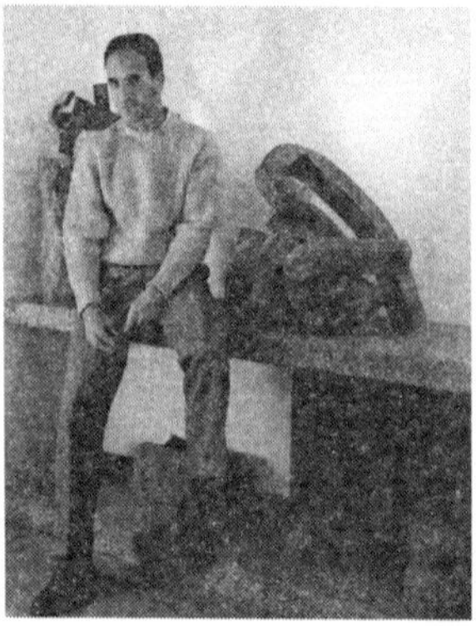
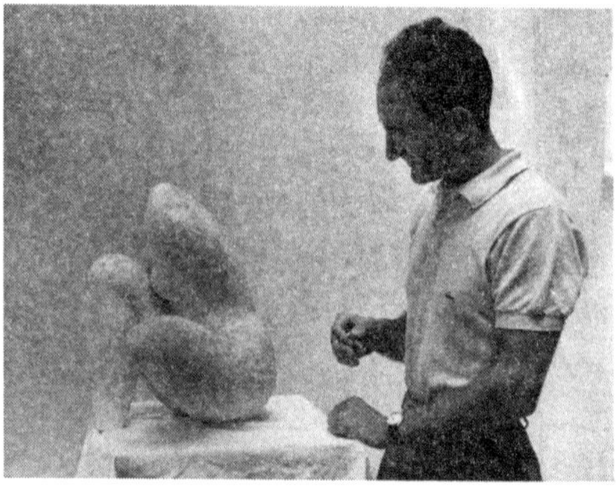

Eduardo Chillida junto a *Modulación del espacio I*, 1963, y junto a *Forma*, 1948.

ella cortaba y arreglaba junto a las obras de mi padre aquí y allá. Y no le valía cualquiera de las flores que veía, ni cualquiera de las ramas verdes que buscaba para acompañarlas. Cada cosa la elegía una a una, dejándose llevar por una intuición muy natural que siempre admiré en ella.

Sobre la chimenea hay dos esculturas antiguas de mi padre, en hierro. Una tiene como base un gran tronco de madera que nos remite a los bosques del entorno, *Yunque de sueños XIII*, de 1962. La otra, *Modulación del espacio I*, de 1963, pertenece a la Tate Modern y siempre tuvo para mí gran significación porque con sus formas ondulantes me hace sentir lo mismo que el torso de mujer con el que convivimos desde pequeños. ¡Aunque qué distinto modo de afrontar su trabajo! La escultura de la mujer en yeso es puro volumen compacto. El hierro, sin embargo, se siente traspasado y aligerado por el espacio.

Hace poco escuché a mi hermano Luis contarle a un grupo de visitantes en Chillida Leku cómo nuestro padre decía que tenía la sensación de que en su obra había pasado muchas veces por los mismos lugares, aunque siempre desde un nivel distinto; como si su trayectoria avanzara en espiral, ahondando cada vez más en los mismos temas. «Todas las obras de arte son en realidad interrogantes, son preguntas. Contienen un porcentaje de respuesta, pero les queda un porcentaje de pregunta a las obras ya terminadas también», me dijo a mí en una entrevista. Por lo que sé, Chillida nunca dejó de preguntarse por el espacio. Y el primer espacio de su vida que le ilusionó fue el que había surgido entre la pierna derecha y el pecho de *Forma*, su primera obra. A partir de ahí vino toda su indagación.

LA SENSACIÓN DE ABANDONO

Imágenes que incluyen sonidos, gestos que hablan. Esta foto en la que Eduardo pasa revista a Pili me divierte. Mirándola, casi le escucho decir: «¡Hum! No habrás olvidado nada, ¿verdad?».

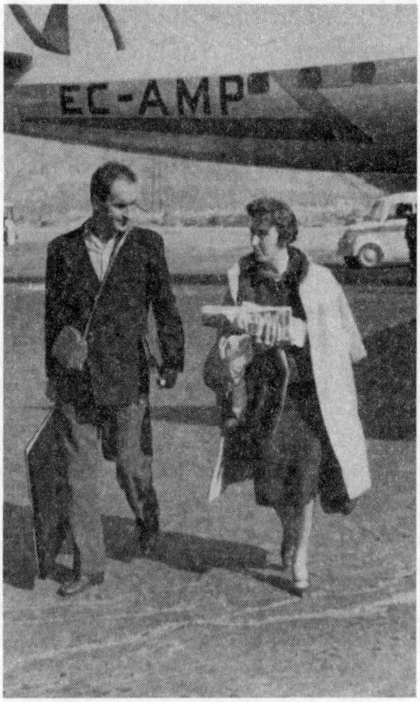

Eduardo Chillida y Pilar Belzunce
en el aeropuerto de Madrid, 1958.

¡Cuántas veces se habrá repetido esa escena en multitud de aeropuertos y estaciones ferroviarias del mundo! Mi madre se sabía importante para él y jamás dudó en acompañarle a todos sus viajes de trabajo, excepto en un par de ocasiones en las que no lo hizo por causa mayor.

Los viajes no solían ser largos, pero sí frecuentes; en tren con *wagon lit* por la noche, desde Hendaya, si es que iban a París, o en vuelo desde Bilbao –con o sin escala en Madrid–, si es que iban a otros lugares. En casa quedábamos todos los hijos y, a su vuelta, les esperábamos como agua de mayo. La despedida para mí era siempre triste (solía llorar a solas en el baño) y la vuelta resultaba reconfortante. Todos nos arremolinábamos en torno a las maletas preguntando: «¿Qué nos has traído?». Ella sabía con precisión dónde estaba lo de cada cual. La ropa y otras cosas de uso cotidiano, aprovechaba para comprárnoslas en París o donde hubieran ido, y así, de chavales vestíamos a la última; incluso demasiado, porque debimos de ser las primeras niñas de Donosti con bikini, y ella la primera mujer.

En cualquier caso, en mi espíritu, más que la alegría por la ropa o por los regalos que nos traían, más que todo... pesaba aún el abandono que como hija había sentido en su ausencia. Nuestra casa era otra sin ellos. Para las mujeres de servicio con las que nos dejaban no debía de ser fácil lidiar con tanto niño. Personalmente, siendo todavía casi un bebé, sufrí una experiencia traumática con una de ellas que prefiero no recordar. Aunque mis padres la despidieron en cuanto lo supieron a través de mis hermanos, en mí quedó esa falta de amor que reinaba en la casa cuando ellos no estaban. Su ausencia se aprovechaba para hacer limpieza de alfombras y sillones en el salón. No nos dejaban pisarlo. Recuerdo la oscuridad de ese espacio vacío, que en general era tan vivido.

PECULIARIDADES CON EL DINERO

Mirando otra vez la foto en el aeropuerto, veo que Eduardo lleva colgando del hombro lo que parece ser una máquina de fotos

Polaroid que tuvimos, una carpeta de grabados en una mano y, en la otra, una especie de cartera. Es seguro que no contiene dinero, porque él vivía sin tener que manejarlo. De eso y de las demás cosas importantes, salvo su arte, se ocupaba Pili. Ella era muy peculiar con el dinero. El dispendio innecesario en las cosas pequeñas le molestaba. Sin embargo, podía comprar cosas caras sin importarle nada. Por ejemplo, joyas para engalanarse, pues era coqueta. Podía estar tranquilamente desbrozando el jardín con un buen anillo o un bonito collar. Tampoco escatimaba en coches. Para ella tenía un coche familiar en el que íbamos todos los hijos a la playa junto a su hermana Ceci y sus hijos. A veces incluso llevábamos, además, al perro. Para Eduardo tenía otro. A él le gustaba la velocidad y disfrutaba conduciendo. Por lo demás, tanto ella como él eran bastante austeros y frugales. Por ejemplo, y en general durante toda la vida, viajaron en clase turista salvo en algún viaje transoceánico de sus últimos años.

Y, pensando en el dinero, una anécdota graciosa acude. Habían bajado a la bahía a pasear y, ya antes de aparcar, se dieron cuenta de que no tenían apenas gasolina para volver a casa. Lo peor de todo es que mi madre –quizás por única vez en su vida– se había olvidado el bolso. Imagino a mi padre todo nervioso, y a mi madre revisando los bolsillos de él por si encontraba alguna de las monedas que a veces le metía por si acaso le ocurría algo estando solo. Nada. Ni un duro entre los dos. Entonces, con total soltura, a Pili se le ocurrió acercarse a la iglesia adonde acudían los domingos. No quiero ni imaginar la vergüenza que debió de pasar mi padre: ¡pedirle algo prestado al hombre a quien solían darle limosna en la puerta!

Otra historia curiosa, que demuestra cómo eran Pili y Eduardo, ocurrió años antes. Un hombre llamado Fanjúl venía semanalmente a Villa Paz a pedir un bocadillo y nunca aceptaba dinero. Todos sabíamos de él. Un día de San Ignacio trajo a casa una tarta con una felicitación para mi hermano Ignacio. Mi padre pidió que a la siguiente semana le avisaran cuando llegara, y estuvieron charlando durante largo rato en su estudio. Creo que se vieron allí más de una vez y es más que probable que la relación con ese hombre le influyera de algún modo. Mi padre sabía sacar enseñanzas de las situaciones y personas más impensadas. Solía contar que un día le preguntó: «Y tú, Fanjúl, ¿dónde duermes?»; y él respondió: «Donde me dan las doce».

Nuestra madre, tan práctica ella, viendo que era un buen hombre, quiso ofrecerle trabajo limpiando coches o ayudando en el jardín. Fanjúl, muy serio, la miró y le dijo: «¿Por qué quieres cambiarme?».

«¡NIÑOS, AL CUARTO DE JUGAR!»

Al principio, a mis padres los fui conociendo a base de sumar relatos que traían de sus viajes por el extranjero. Eran siempre viajes de trabajo alrededor de exposiciones de Chillida, o de alguno de sus amigos de la Galería Maeght, que se programaban por el mundo. Mi padre era poco hablador y su charla se componía mayormente de anécdotas. En general, no era a nosotros sus hijos a quienes nos las contaba sino a los amigos y a la gente que venía a verle a casa. La voz habitual cuando llegaban los invitados a Villa Paz solía ser: «Niños, al cuarto de jugar». O bien, según las circunstancias y el tiempo que hiciera: «Niños, al frontón». Pero a mí me gustaba quedarme, hacerme la invisible en un sillón, callada, y escucharlos. Recuerdo en especial al poeta Gabriel Celaya, que venía siempre con su mujer, la también poeta Amparo Gastón, a quien llamaban cariñosamente Amparitxu. También recuerdo a la pintora Marta Cárdenas y al pintor Rafa Ruiz Balerdi, quienes, por edad, representaban un escalón intermedio entre mis padres y yo. Ver a mis padres desenvolviéndose entre amigos me resultaba enriquecedor. En cuanto me sentí suficientemente mayor, me atreví a salir de mi mutismo, aunque sólo fuera un momento, para hacerme útil: «¿Queréis tomar algo?». Luego, cumplida mi misión, volvía a esa escucha atenta de la que luego se nutren mis historias. Vivir era observar. Aún lo es.

CHILLIDA Y CIORAN

La costumbre de quedarme entre ellos y sus amigos pervivió en mí durante toda su vida. De alguna de esas visitas, estando ya en Intzenea, la casa en la que ambos pasaron sus últimos años, recuerdo un par de anécdotas que contaba mi padre sobre Emil Cioran. Estaban colaborando en un libro de artista. El filósofo le envió el texto y él lo ilustró con ocho litografías en 1982. Una noche, en París, invitó a mis padres a cenar a su casa. Por lo visto había preparado él personalmente la cena. Nada más abrirles la puerta de su pequeño piso, les dijo: «La comida no sé qué tal estará, pero el vino os está esperando desde hace mucho tiempo». Aunque mis padres no eran grandes bebedores, imagino que disfrutarían grandemente aquel reserva que les ofrecía.

Sabiendo lo descreído que el filósofo era en cuanto al mundo y prácticamente todas sus cosas, mi padre le preguntó un día: «Y teniendo las ideas que tienes, ¿cómo es que escribes?». Él contestó: «Porque a veces, cuando termino de garrapatear una frase, me entran ganas de silbar». Lo curioso es que el libro en el que estaban trabajando juntos se llamaba *Aveux et anathèmes* (*Confesiones y anatemas*) y, a resultas de las preguntas que mi padre le iba formulando y las respuestas que el filósofo se encontraba dándole a él, Cioran decidió cambiar el título completamente y lo tituló *Ce maudit moi* (*Ese maldito yo*), que es como se publicó. Chillida le hizo escribir con su caligrafía sobre la piedra litográfica, y en la última página podemos leer: *À Saint Severin, en écoutant à l'orgue une fugue de Bach... je me disait et redisait, voilà la refutation de tous mes anathèmes.*[1]

En cosas como la que acabo de contar, veo el modo en que mi padre participaba en el mundo no sólo como artista sino también como pensador. Reconozco haberme enorgullecido de él muchas veces.

1. En Saint Severin, escuchando al órgano una fuga de Bach, yo me decía y me volvía a decir, he aquí la refutación de todos mis anatemas.

CONOCERLOS A TRAVÉS DE SUS HISTORIAS

Las historias que traía nuestra madre de sus viajes sí que nos las contaba a nosotros sus hijos. Eran relatos que pintaban a mis padres de modos muy distintos a los que yo conocía, y que me hacían entender el mundo de un modo más amplio. Resultaba extraño, por ejemplo, imaginarme a ellos dos en la casa de un pintor, MacDonald, del que se hicieron amigos a través del ceramista de la Fundación Maeght Hans Spinner. Contaba mi madre que, siendo escocés, los recibía ataviado con faldas y los invitaba a sentarse en el suelo. Como no solía llevar ropa interior, le veían «sus partes», que él mostraba con total descaro. Imaginarme a Pili tan tranquila en esa situación me es mucho más fácil que imaginar a mi padre. ¡Con lo pudoroso que era!

De pequeños venía a darnos un beso todas las noches antes de acostarse, cosa que mi madre nunca hacía. A mí me encantaba ese momento. Estando semidormida, sentía cómo me abrigaba y metía bajo las sábanas el pie que por calor yo había sacado. Luego, nos fuimos haciendo mayores y empezó a encontrarnos a mi hermana María y a mí, todavía despiertas, pululando entre la habitación y el baño. El pudor de vernos quizás medio desnudas hizo que rompiera con su costumbre y, aunque nunca lo hablé con él, para mí fue realmente triste.

Otras historias que traía nuestra madre de sus viajes me la pintan a ella como una mujer abierta y moderna presta a ayudar a otras mujeres sin juzgarlas. Nos contaba, por ejemplo, cómo la mujer de un amigo rabiaba al saber que su marido tenía una amante. Como ella no conducía, solía pedirle a Pili que la llevara hasta la casa que su marido le había comprado a «la otra». Quién sabe si sería por verla, por forzar un encontronazo o simplemente por echarle mal de ojo. Para mí, escucharle estas cosas era divertido e iluminador. Sus relatos confirmaban que las situaciones que leía en las novelas eran ciertas, y el mundo se me hacía más grande y más interesante que el que lograba ver desde mi ciudad natal.

Gracias a Pili me fui haciendo también una pequeña idea de cómo eran los círculos de arte en los que se movían. Cuando estaban en París –algo habitual durante toda su vida– solían cenar en La Coupole junto a los demás artistas de la Galería Maeght que estaban en la ciudad en el mismo momento. Antes de terminar la cena, a los postres, solía llegar Giacometti a tomarse un café. Por lo visto tenía cierta fobia a la luz del día y sólo trabajaba de noche, como los vampiros. El acento de esta historia mi madre lo ponía en la pobre modelo a quien Giacometti tenía desnuda en un estudio destartalado sin apenas calefacción. Era sensible al papel de las mujeres y, siempre que podía, las ayudaba con escucha atenta, y con consejos y estratagemas.

OCASIONES ESPECIALES

A pesar de sus frecuentes ausencias durante nuestra infancia, Pili y Eduardo supieron crear para nosotros ocasiones especiales que se repetían cada año y que disfrutábamos juntos. Pienso por ejemplo en la noche de las hogueras de San Juan. Pasábamos días reuniendo leña en el frontón. Cada hermano invitaba a sus amigos y podían quedarse todos a dormir en sacos de campaña junto a los restos de la hoguera e incluso, si hacía frío, por los sillones de la casa. Así nos íbamos conociendo mejor todos. Preparábamos sangría abundante, saltábamos la hoguera, poníamos música...Todo por un día era excepcional.

Lo mismo ocurría con la Nochevieja. Solíamos juntarnos con el tío Gonzalo, el hermano de mi padre, que era muy cariñoso, y nuestros primos; un año en su casa, y otro en la nuestra. Una de esas veces, en Villa Paz, bajamos el tocadiscos del cuarto de mis hermanos y estuvimos todos bailando frente a la chimenea al son de los discos que Pili nos traía de sus viajes. Ese día pudimos ver lo bien que bailaba ella el vals, y comprobamos con nuestros propios ojos que nuestro padre era efectivamente un bailarín dórico, aunque también podía usar un estilo de baile de boxeo muy gracioso.

ABRIRSE AL MUNDO

Repasando la biografía artística de Chillida, veo que, en el último año de la década de los cincuenta, participó en la segunda edición de la exposición de arte contemporáneo Documenta, en Kassel, lo que supuso su primer paso de éxito en el mundo germano. La historiadora del arte Carola Giedion-Welcker empezó a escribir sobre su obra en diversas publicaciones y más tarde escribió para uno de sus catálogos. La cultura alemana era importante para mi padre. Se había nutrido grandemente de su pensamiento, su poesía, su música, su pintura... A la memoria me vienen Hölderlin, Novalis, Rilke, Goethe, Heidegger, Maestro Eckhart, Caspar D. Friedrich, Bach y tantos otros... Solía decir: «Mi obra habla el alemán». Aunque, claro está, también hablaba las demás lenguas del mundo.

Su carrera siguió desarrollándose y pronto dio un salto a Estados Unidos. Siempre creí –porque así me lo hizo creer mi madre– que el hecho de que Aimé Maeght no hablara inglés había afectado a la carrera de mi padre en ese otro lado del Atlántico. Aimé allí no se sentía cómodo ni era tan bien aceptado por los coleccionistas, a quienes no podía atender debidamente. Sin embargo, un día, ordenando la biblioteca de casa de mis padres, encontré el *Who's Who in America* (Quién es quién en América) de 1966. Las entradas de Chillida que aludían a premios y exposiciones en Estados Unidos durante la década de los sesenta eran muy numerosas. Una de las que más me hubiera gustado ver es la de *Three Spaniards: Picasso, Miró, Chillida*, en el museo de Houston en 1961. Pero también me consta que en los setenta, además de abrirse a Inglaterra, Suiza, Suecia, Tokio y otros lugares, siguió haciendo importantes exposiciones allí. Evidentemente, al no hacer múltiples de sus esculturas, por más que trabajara él en su estudio, el número de obras disponibles para exponer era limitado. Los coleccionistas y museos europeos las compraban pronto. El hecho de que fueran obras macizas, de gran dificultad para ser movidas, era un hándicap añadido.

EL BLANCO Y EL NEGRO: OBRA GRÁFICA

¿Alguien puede imaginar a Chillida sin que le vengan a la cabeza el hierro o el blanco y negro tan característico de su obra gráfica? Para mí es imposible. Su primer aguafuerte, *Glissement des limites I*, se asemeja a un *Hierros de temblor* llevado a papel. Lo realizó en 1959 y, a partir de ese momento, durante toda la vida siguió trabajando su obra gráfica en paralelo a sus trabajos escultóricos. ¿Quién podía imaginar entonces que muchos años más tarde uno de sus hijos, Ignacio, sustituiría a Robert Dutrou, el grabador de la Galería Maeght con quien tanto tiempo trabajó?

La relación, no sólo paterno-filial sino profesional, que a partir de 1977 se forjó entre ellos fue rica y profunda. Ignacio, que había abandonado la carrera de Biología, tenía unas manos hábiles, mucha sensibilidad y una formación técnica sólida que adquirió en Madrid, Barcelona y París. Nuestro padre le hacía saber el tipo de negro que buscaba para cada grabado y juntos investigaban los modos de alcanzarlo. Lo mismo ocurría con las líneas o con el

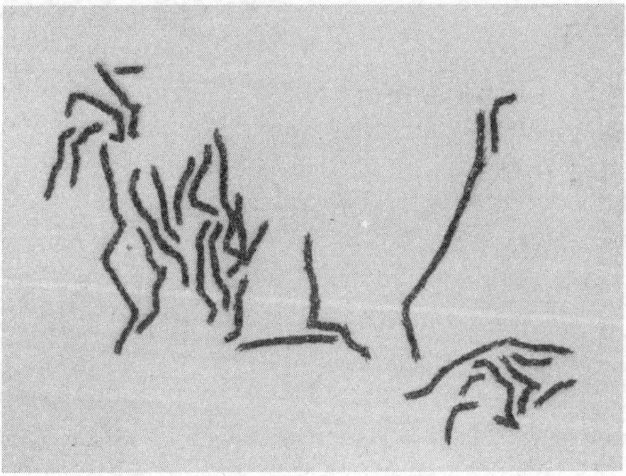

Aguafuerte, *Glissement des limites I*, 1959.

grosor de la mancha. En los grabados de manos, por ejemplo, según me contaba mi hermano, Chillida quería las líneas muy finas, y eso era un peligro constante. Mi padre las dibujaba sobre la plancha, pero durante la mordida del ácido o en cualquier otra de las fases del proceso hasta verlas en papel podían salir más gruesas de lo que deseaba, y entonces las rechazaba. Entre ellos había una compenetración total. Mi padre confiaba en Ignacio a ciegas. Cuando se iba de viaje y algo había quedado sin que él lo viera, llamaba a mi hermano. Este es su testimonio:

> De joven nunca pensé que trabajaríamos juntos. Pero así fue, a diario. Un trabajo que, aunque meticuloso, él conseguía que resultara fácil.
>
> –Iñaki, ¿cómo va el trabajo?
>
> –Yo creo que algo no encaja, *aitá*.
>
> –Entonces, no lo dudes, abandónalo.
>
> La complicidad fue grande.

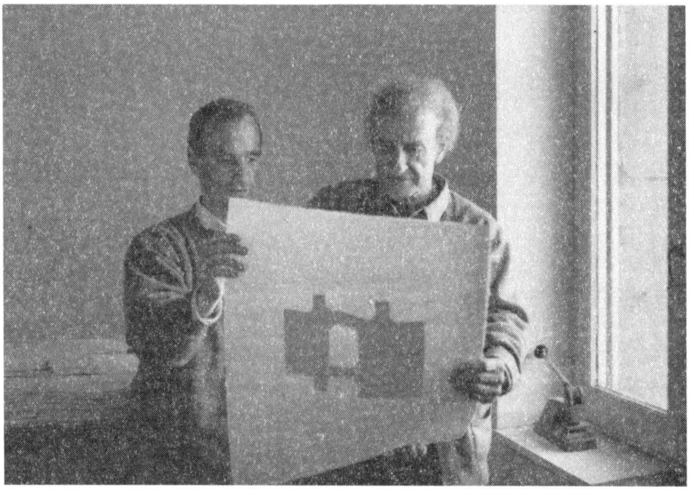

Eduardo Chillida revisando un grabado en el taller Hatz de su hijo Ignacio, 1992.

Al igual que ocurre con las series de esculturas que llevan un mismo nombre, muchos de los aguafuertes, puntas secas, litografías y xilografías que Chillida realizó a lo largo de su vida son «parecidos pero distintos», pues persiguen una misma idea. Todos ellos están recogidos en los cuatro gruesos volúmenes del catálogo razonado de obra gráfica que se fue publicando entre 1999 y 2005, gracias a Maeght, Martin y Dorothea van der Koelen, Ignacio Chillida y algunos otros colaboradores.

IV

Década de los sesenta. Al encuentro de la materia

Cubrir el trayecto entre el pasado lejano y el futuro próximo. Zanjar, velar, desvelar, abrir, cerrar. Alcanzar otras orillas es para mí una necesidad.

Según explicaba el filósofo Víctor Gómez Pin, Chillida era un *technites* de nuestro tiempo, alguien que aunaba la faceta de artista y la de artesano: «Aventurándose en la exploración de un material con escrupuloso respeto de su interna estructura, su densidad, su resistencia... siempre atento al espectro de sus posibles formas. Y a partir de su observación de la materia y de su fidelidad a la esencia de cada material, llegaba a extraordinarias conclusiones en relación al lazo mismo entre la materia y el espacio, conclusiones que le convertían en una suerte de intuitivo geómetra no euclidiano».

Muchas de las materias que fue trabajando entraron en su vida por azar, a partir de episodios que tenían que ver con los sentidos. Algo que había visto, un sonido que había escuchado, lo guiaban a su encuentro. Después venía la «conversación» que iniciaba con ellas. Se interesaba por lo que aún no conocía –y pretendía entender– sobre cada materia en relación a él mismo y al espacio. Así desarrolló de modo extraordinario su percepción, que era para él una de las cosas más importantes de cara al arte.

ABESTI GOGORRA (CANTO RUDO): LA MADERA

En el caso de la madera, ocurrió que, al inicio de los años sesenta, viajaban mis padres en coche cuando él vio una enorme pieza de un antiguo árbol tirada en el campo que le atrajo mucho. Pararon para verla mejor, y mi madre se encargó de imaginar cómo podrían hacer para conseguirla. Y la consiguió. El final de la historia de ese tronco abandonado que se convirtió en un *Abesti gogorra* solía contarlo mi padre y contiene un elemento olfativo. Cuando dejaba su estudio al atardecer, siempre recogía y apagaba las luces; pero, al llegar en la mañana, sentía algo extraño que no sabía determinar: pequeñas cosas que parecían haber cambiado de lugar. Así pasaron unos cuantos días hasta que un olor nauseabundo desveló el misterio: un pequeño pájaro solitario, que por lo visto no había encontrado modo de salir del estudio –aunque lo intentaba–, yacía muerto en el corazón de la obra. Pudo ser el *Abesti gogorra* que dedicó a su amigo Martín-Santos a su muerte, o quizás fue alguna de las otras cuatro o cinco maderas que realizó en ese tiempo y que se vendieron pronto. Hay detalles que tienen importancia y otros que no, cosas que faltan y que no faltan a la verdad, aunque se trastoquen a la hora de narrar.

Es seguro que debí de convivir con alguna de aquellas maderas en mi niñez; sin embargo, era demasiado pequeña para recordarlas. Lo que sí guardo muy vívidamente en mi memoria es la impresión que me causó encontrarme con una de ellas en mi primera visita al Museo de Arte Abstracto Español de Cuenca. Estaba en la misma entrada, recibiendo a la gente, y sentí como si mi propio padre me estuviera saludando con esa calidez que él tenía y que había sabido transmitir a la materia. Posteriormente he podido ver alguna otra madera expuesta en retrospectivas para las que los coleccionistas las prestan temporalmente, como la que tuvo lugar en el Palacio de Cristal de Madrid en 1980.[1]

1. Véase imagen 2 del encarte.

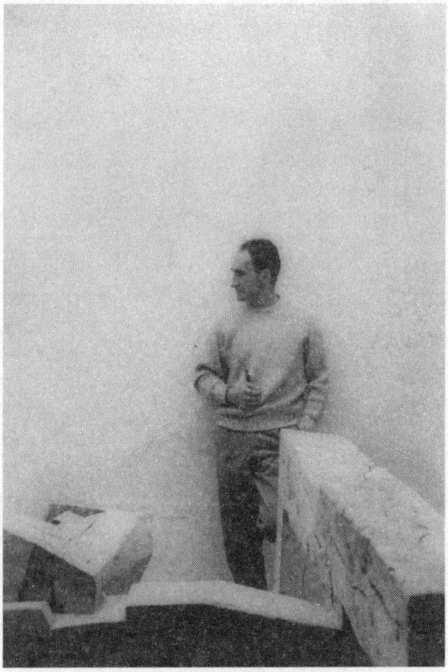

Chillida, en su estudio tras una escultura de madera en proceso, 1963. Foto Budd Studio.

En esta otra foto, realizada durante el proceso de trabajo de una de aquellas maderas, a mi padre se le siente arrinconado contra la pared, y es que, realmente, se sentía arrinconado por esa obra. Era muy grande, ocupaba la mayor parte de su estudio, y a él mismo le costaba moverse para ensamblar las piezas. Seguramente habló de ello con los fotógrafos y, ya fuera, Sidney o Budd –pues no siempre se sabía a cuál de los dos hermanos Waintrob pertenecía cada toma, ya que firmaban ambos con la marca conjunta Budd– supieron sacar jugo y autenticidad al momento.

Su pierna recogida contra la pared, y ese pie que no está tocando tierra, es lo que más llama mi atención. Parece como si a la pierna le faltara un trozo. Su seriedad no la veo afectada, sino acorde con el momento en que la foto fue tomada. Y es que era un año difícil para Chillida, pues estaba atravesando una cierta crisis causada por un deporte que no era el fútbol, del que hablaré próximamente.

CHILLIDA Y BRAQUE: «*LEQUEL DES DEUX EST LE VÔTRE?*»

Esta es la foto oficial que marca un hecho importante en la vida de Chillida: un intercambio de obra con Georges Braque. El artista francés había estado viendo su exposición de 1961 en la Galería Maeght, y quiso comprar *Yunque de sueños II*, que es un hierro montado sobre una base de madera. Quizás le hizo recordar a los pájaros que él mismo pintaba. Enseguida, Aimé Maeght llamó a mi padre para contárselo, y él se negó a que se la vendieran. Dijo que para él era un honor y una alegría poder regalársela. Hasta hoy, sólo sabía que mi padre tenía entonces treinta y siete años y que cuando volvió a París le dijeron que Braque le esperaba a las seis en su estudio. Fue allí, y Braque mismo le abrió la puerta. Estaba toda

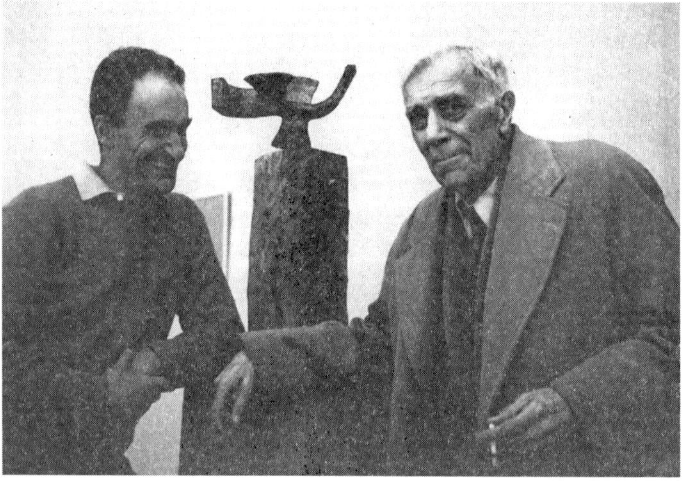

Eduardo Chillida y Georges Braque en 1961 junto a *Yunque de sueños II*.

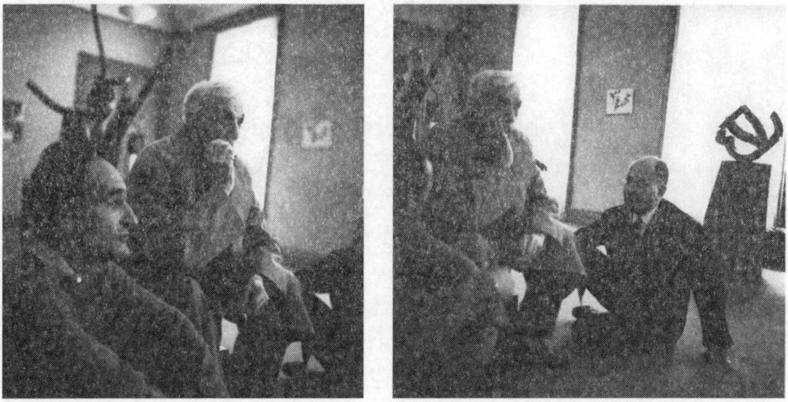

Chillida, Braque y Clayeux conversando informalmente, Galería Maeght, 1961.

la obra del pintor contra la pared menos dos cuadritos a la vista: «*Lequel des deux est le vôtre?*» (¿cuál de los dos es el tuyo?). Mi padre le entendió, claro está, y contestó: «*Celui de droite*» (el de la derecha). Y resulta que estaba ya dedicado: *À Eduardo Chillida avec mon amitié* (A Eduardo Chillida con mi amistad).

Lo que no sabía es que Braque y mi padre habían estado también juntos en la exposición. Hoy, unas fotos menos oficiales que acabo de encontrar me los muestran allí ese mismo día. A ambos lados del pintor, sentados en el suelo muy informalmente, están Louis Clayeux y mi padre. Alrededor de ellos hay esculturas de Chillida. No llegamos a saber cuál es la que mira con tanta atención Braque, pero su interés es evidente. Se les nota a los tres enfrascados en la conversación.

Aunque no se la vea, yo sé que Pili, mi madre, andaría cerca ese día. O quizás, sabiendo que no era esencial en ese momento, aprovechó para salir a hacer algún recado por París, alguna compra necesaria para nosotros sus hijos... Eso nunca lo sabré, pero lo puedo imaginar. Entonces yo tenía tan sólo tres años.

CHILLIDA Y GRECIA: LOS ALABASTROS

Ese intercambio de obras, nada más y nada menos que con Braque, pudo haber hecho sentir a mi padre que ya había encontrado el lugar propio dentro del arte que había estado buscando. Sin embargo, según contaba él su propia historia, el momento de comprobarlo no llegó hasta que, un par de años más tarde, descubrió que al fin podía acercarse de nuevo al arte griego que tanto amaba sin dejarse llevar por su influencia. Desde el principio había notado que ejercía una atracción desmesurada en él. Por eso, cuando visitaba los museos, al llegar a las salas dedicadas a Grecia tenía buen cuidado de no mirar, y se amarraba al mástil al paso de las sirenas.

Chillida había racionalizado su no pertenencia a la luz blanca de Grecia, y se había definido a sí mismo como un hijo de la luz negra de su tierra, lugar donde nacieron sus hierros, sus aceros, sus maderas… Y entonces, un día de 1963, totalmente por sorpresa, se

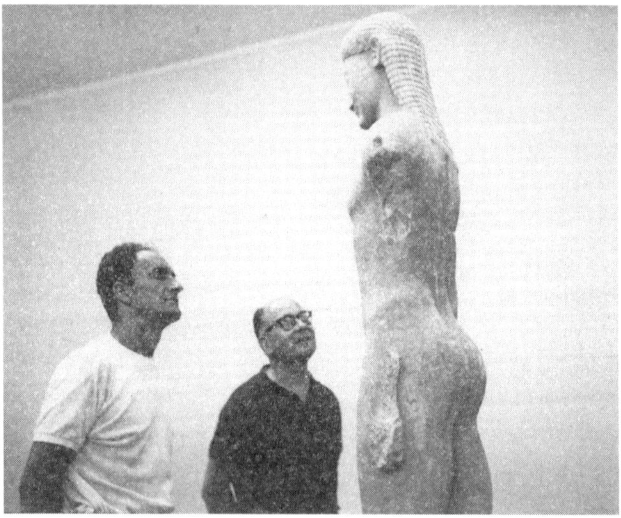

Chillida y Louis Clayeux en Delfos, Grecia, 1963.

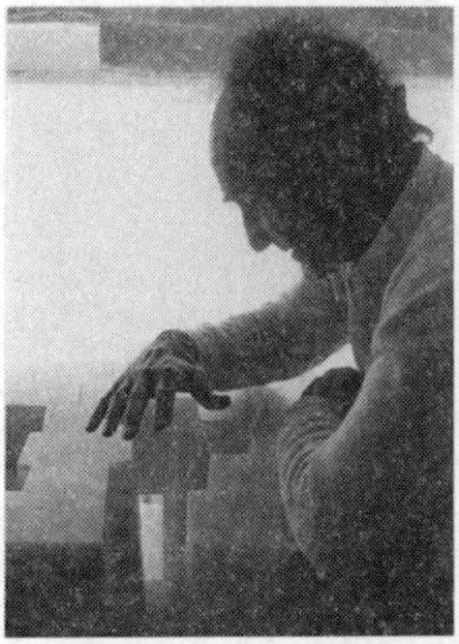

Homenaje a Goethe IV, 1978.

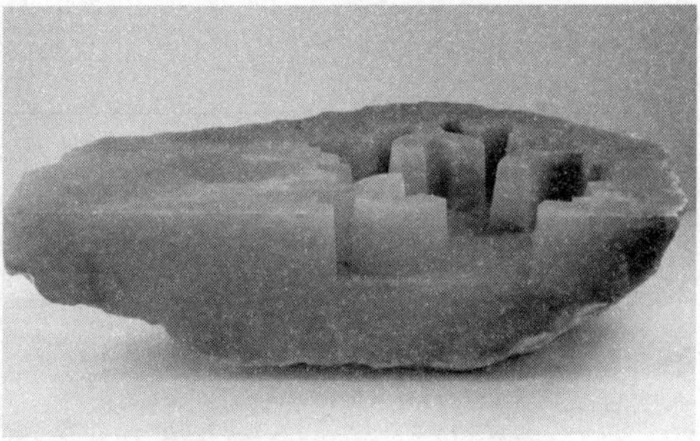

Homenaje a la mar I, 1979.

encontró cara a cara con una mano de la *Victoria de Samotracia*. La acababan de descubrir y la habían colocado en un lugar especial del Museo del Louvre. Estuvo junto a ella durante largo rato y, mientras la miraba, sintió que el hechizo había acabado. Notó que él ya tenía un mundo propio y que podía atreverse a disfrutar de todo lo que le gustaba, sin confundirse ni desviarse de su camino. Para él fue algo muy importante.

Mis padres hicieron entonces un largo viaje a Grecia junto con Louis Clayeux y Jacques Dupin y su mujer, para confirmar su intuición. Disfrutaron mucho, y, un par de años después, en 1965, surgieron los alabastros de Chillida, que son un homenaje a la luz. El primero de ellos fue el *Homenaje a Kandinsky*. Es como un templo atravesado por tres columnas que apuntan al cielo –todo trabajado sobre el mismo bloque–. Ese homenaje, hoy en Chillida Leku, es pura arquitectura hecha en un material apto para que la luz se manifieste en sus aristas. También en alabastro, materia que a mí me encanta, realizó bajorrelieves: *Elogios de la luz*, *Elogios de la arquitectura*, *Homenajes a la mar* y también el *Homenaje a Goethe*. Le gustaba contarnos que Goethe había muerto diciendo: «Luz, más luz».

De entre las fotos que he visto de ese viaje de mis padres a Grecia, la que más me ha impresionado es la de mi madre embarazada

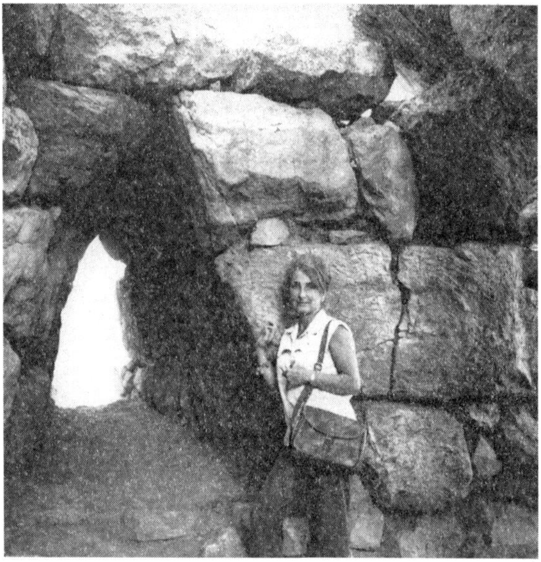

Pilar Belzunce en Micenas embarazada de su octavo hijo, 1963.

de mi hermano Eduardo, su último hijo. Está sola junto a una arcada de piedras y no se la ve luminosa como en otras ocasiones. Se la ve triste. Quizás piensa en nosotros solos en casa. Quizás está decidiendo que definitivamente pondrá remedio para no quedar embarazada ni una vez más...

LA NOCHE EN QUE ME ABRÍ AL ARTE

Tras su inicio con el alabastro, mi padre abandonó por unos años el grabado, es decir, la oscuridad de la tinta. Sin embargo, había hecho ya una serie de ilustraciones al aguafuerte para el libro de André Frénaud *Le chemin des devins* (El camino de los adivinos). Y, casualmente, ese libro fue el que empezó a sacarme a mí de la oscuridad en la que vivía con respecto al arte desde mis primeros años de universidad. Sí. Me enfadé con el arte por múltiples razones largas de explicar. La palabra «artista» no quería ni escucharla. Se convirtió en tabú para mí. Pero entonces un día...

«Los ojos para mirar, los ojos para reír, los ojos para llorar ¿valdrán también para ver?» No conocía aún estas palabras de mi padre, pero la experiencia que viví me hace entenderlas bien. Corría el año 1982, y yo, con mis veinticuatro añitos, volvía a casa de una fiesta. Era una de mis primeras noches en aquella casa nueva de mis padres en la que tan sólo viví unos meses antes de independizarme. Vi la biblioteca nueva, la paz del lugar, los libros... y sentí que había llegado el momento de darle al arte una oportunidad. Fue un rito propiciado por aquel espacio, que inventé y cumplí siguiendo paso a paso mi intuición. Estaba imbuida de una calma extraña que facilitaba la noche y el silencio de la casa. Decidí el lugar donde colocarme, encendí una luz y me dispuse a escoger uno de los fantásticos libros de arte que había a mi alrededor. Sólo una cosa tenía clara: no quería uno sobre Chillida.

Después de un tiempo buscando, elegí uno que llamó mi atención: *Le chemin des devins*, que entonces creí que quería decir «El camino de los divinos». Con aquel libro grande y blanco en mis manos, tomé asiento y comencé a pasar las primeras páginas con lentitud, atenta a la textura del papel y a las muchas sutilezas de aquella edición de bibliófilo. Y de pronto, cuál no sería mi susto, me encontré frente a un grabado original de mi padre, un aguafuerte precioso. No había modo de echarse atrás. Sólo aquellos trazos negros sobre blanco, mi decisión inapelable de avanzar hacia un «encuentro» y yo. No sé cuánto tiempo invertí mirándolo. Mucho. Cada línea, cada temblor intuido en la mano de su autor, me revolvía por dentro de un modo hasta entonces desconocido. Saber que él, mi padre, dormía a pocos metros de mí no hacía sino intensificar la experiencia. Ver su búsqueda y adivinar sus dudas marcadas en aquel papel me produjo algo parecido al pudor.

Fue años después cuando me di cuenta de que aquello había sido un hito en mi vida. Y lo supe porque me lo preguntaron. Sólo por eso. Nunca sabré cómo habría transcurrido mi vida de no haberme sido hecha esa pregunta. Pero me pidieron en la Universidad de Columbia, en un curso sobre desarrollo cognitivo, que relatase una experiencia que hubiera supuesto «un antes y un después», y enfrentada a la tarea, enseguida encontré respuesta: había sido el día aquel. Aunque, curiosamente, el día en que descubrí el arte fue la noche.

Hasta mí vienen las palabras del gran poeta que fue san Juan de la Cruz: «En una noche oscura, con ansias en amores inflamada, oh dichosa ventura, salí sin ser notada, estando ya mi casa sosegada». Ese «salir sin ser notada, con ansias en amores inflamada» fue en mi caso un acto intencional e íntimo de reconciliación con el arte plástico en el momento en que me vi lista para bajar mis defensas y abrirme a una nueva experiencia. Nada que otros no puedan hacer.

A partir de entonces, entendí que mirar con posibilidad de ver es ciertamente un trabajo, y en eso en parte se basan mis esfuerzos educativos de cara al espectador: en transmitir la idea de que la percepción lo es todo, y que nada podrá darte el arte si no eres capaz de dar algo de ti; como poco tu confianza, tu tiempo y tu atención. Ya lo decía Chillida: «Se ve bien cuando se tiene el ojo lleno de lo que se mira». Igualmente importante me parece transmitir la idea de que lo que el arte puede ofrecerte es algo muy individual, muy íntimo, que no se deja atrapar con palabras.

OTRO TÁNDEM HOMBRE-MUJER

La luna llena de febrero me sorprende mirándome desde mi ventana durante uno de mis desvelos. Sólo ella en lontananza, el flexo que apunta a mi mesa, la negrura de todo, y yo. Plena, amarilla y blanca –negándose a que la oculten las ramas–, la luna me habla. He vivido este momento y quiero recordarlo. Luz y oscuridad sobre las cosas, sobre las memorias. Daré luz a lo oculto. Reivindicaré el papel de las mujeres en los éxitos de los hombres.

Guiguite Maeght –como solían llamarla mis padres–, nacida Marguerite Laurence Devaye, tuvo mucho que ver con los inicios de Aimé Maeght como galerista. La relación que desarrolló él con Pierre Bonnard se inició con un paso adelante de ella. Fue un paso de mujer sensible y de gran humanidad. Eso lo sé por mi madre. Resulta que el pintor y Guiguite coincidían en el dentista –o quizás era otro médico, aunque poco importa–. El pintor solía llegar destemplado. Entablaron conversación varias veces y ella se enteró del frío que pasaba en su estudio. Por lo visto se le helaban los pies. En una de esas visitas, Guiguite le llevó al pintor unos patucos que había tejido con sus manos. Bonnard quedó emocionado. Ella también le contó cosas. Le dijo que su marido era litograbador y tenía una imprenta, y al pintor se le ocurrió dejarle obra suya para que se expusiera en el escaparate de la imprenta de Aimé en Cannes. A partir de ahí comenzó una buena amistad entre los tres. Y al cabo de un tiempo, los Maeght crearon su galería.

En 1947, los Maeght realizaron una exposición con todos los surrealistas del momento: poetas, artistas y estetas. Fue muy controvertida y les dio visibilidad mundial. Bonnard puso a cargo de su galería toda su obra, como poco después hizo igualmente Braque, y más tarde muchos otros. Poco a poco, fueron sumando a los artistas más aclamados del siglo XX, a quienes cuidaban con esmero. Así, se convirtieron en la galería europea de referencia.

Guiguite y Aimé tenían caracteres muy distintos. Él, según mi madre, era un fabulador nato. En muchas ocasiones le escuchó contar versiones distintas de su vida, por el mero hecho de divertirse haciéndolo. Y, verdaderamente, ¿a quién podría importarle el pasado de ninguno de los dos, cuando el presente y el futuro que ofrecía esa pareja era tan halagüeño?

LA FUNDACIÓN AIMÉ Y MARGUERITE MAEGHT, SAINT-PAUL-DE-VENCE

En 1964, inauguraron la Fundación Marguerite y Aimé Maeght en Saint-Paul-de-Vence. Una institución privada que estaba pensada a la vez como un museo, un centro de creación y de encuentros y un lugar para su «familia de artistas». Construyeron un bonito edificio moderno donde se organizaban exposiciones, realizado por el arquitecto catalán Josep Lluís Sert, a quien habían conocido a través de Miró. Había también en aquel entorno unos jardines muy amplios poblados de esculturas donadas por sus artistas, varios talleres –de escultura, grabado, pintura, cerámica...–, una casa para ellos, y otra, más grande, para los fundadores, Aimé y Marguerite Maeght, y su familia.

Este lugar en la Costa Azul iba a hacerse muy importante para mis padres y para su amor. Solían pasar el mes de agosto entero con Miró y los Maeght en la casa grande. Aunque mi padre trabajaba, para mi madre aquello era lo más parecido a unas vacaciones que disfrutó en su vida. Liberados de cargas familiares, entre amigos y en verano, quizás se permitían una vida que yo nunca conocí. Los anfitriones montaban grandes fiestas en las que unían a los artistas plásticos con músicos, literatos, pensadores y otras distintas gentes de la cultura. Creo recordar que allí conocieron al músico Edgard Varèse, al arquitecto Frank Lloyd Wright, al fotógrafo Henri Cartier-Bresson y a muchos otros.

Desafortunadamente, yo nunca disfruté de aquello, y mis hermanos mayores, que alguna vez los acompañaron, tampoco tenían edad para entender bien dónde estaban, y se limitaban a jugar por los jardines con los demás niños que hubiera por allí. Lo que sí disfrutamos todos durante muchos años fueron los fantásticos regalos que Guiguite nos hacía por Navidad. Cada año se centraba en uno de los hijos y, en la segunda vuelta en que a mí me tocó, pedí un radiocasete, que me fue concedido, un JVC que me acompañó toda mi adolescencia y primera juventud. Quizás nunca le hice saber suficientemente lo agradecida que le estaba.

Esos regalos navideños llegaban junto a la tradicional felicitación que cada año realizaba uno de sus artistas. Eran obras de arte en sí mismas que mis padres solían enmarcar.

Fijándome hoy en la fecha de la inauguración de la fundación, 28 de julio de 1964, veo que fue exactamente el día del decimocuarto aniversario de boda de mis padres. El discurso inaugural

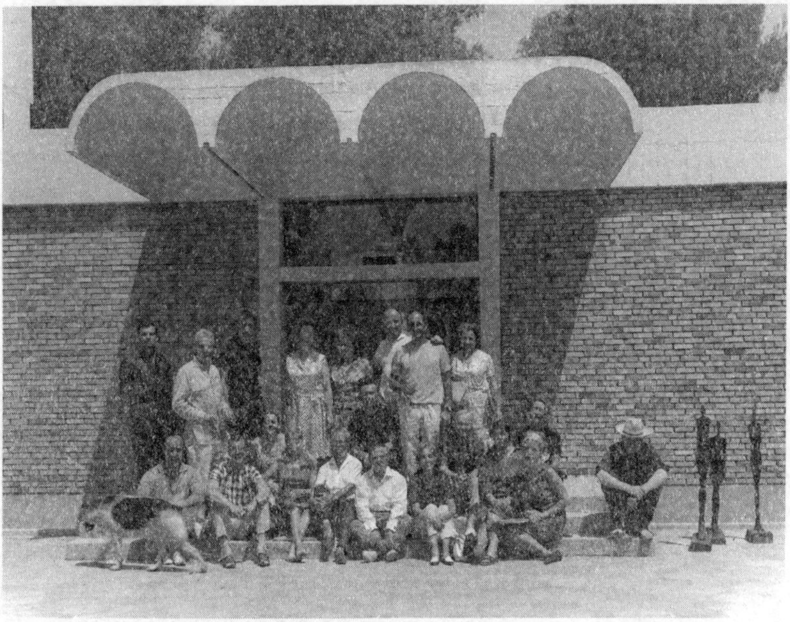

Inauguración de la Fundación Maeght en Saint-Paul-de-Vence, 1964.

corrió a cargo de André Malraux, entonces ministro de Cultura, y durante la jornada cantaron Yves Montand y Ella Fitzgerald.

En una foto tomada ese día vemos a los responsables de la Galería Maeght, a algunos de sus artistas y a sus mujeres. Mi padre está de pie entre la mujer de Miró y Louis Clayeux, que apoya la mano en su hombro. Era crítico de arte y fue director artístico de la Galería Maeght –por consejo de Jean Bazaine– desde 1948 hasta 1965. Promovió a Miró, Kandinsky, Chillida, Palazuelo y, sobre todo, Giacometti. Dimitió cuando se hizo la Fundación Maeght, por considerar que debía haberse hecho en otro lugar menos apartado, cosa que los Maeght no aceptaron. El poeta y escritor Jacques Dupin –de pie en el extremo izquierdo de la foto, junto a Aimé Maeght, vestido de blanco– y Daniel Lelong –sentado junto a Palazuelo, también en el extremo izquierdo– le sustituyeron en su labor.

Casi escondido en la sombra, al lado de Aimé, está Giacometti. Y al otro lado de la columna, Marguerite Maeght. Mi madre se encuentra a los pies de mi padre, sentada entre Miró –un poco más arriba–, Artigas y Josep Lluís Sert. Detrás de ellos, Tal Coat, y en el extremo derecho, un poco alejado de todos, alguien a quien no reconozco, con sombrero. Es bonito que en la foto de familia se incluyeran tres esculturas de Giacometti, ya que toda la fundación es una muestra viviente del arte del siglo XX. De mi padre está allí expuesta *Iru harri* (Tres piedras), de 1968.

PILI, MUJER ENTRE HOMBRES

Durante el tiempo que llevo escribiendo este libro, he tenido oportunidad de comentar cosas con algunos amigos. A todos les ha interesado mucho la figura de mi madre. Viéndola en fotos de joven dudaban que hubiera podido pasar desapercibida entre los

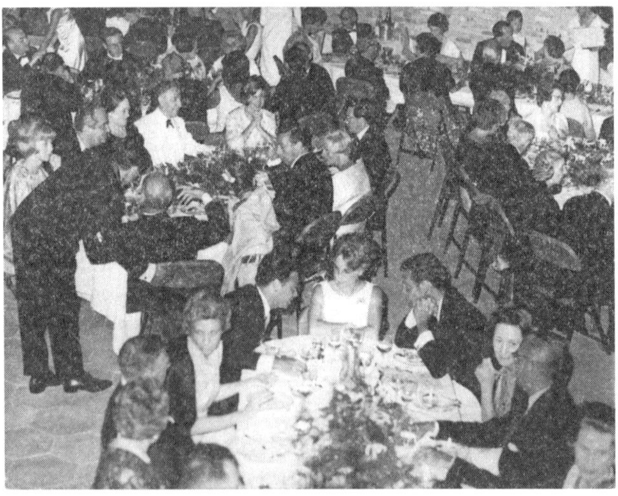

Pilar Belzunce, de blanco en la primera mesa, en una cena de la Fundación Maeght, 1964.

hombres con quienes trataban. En esta foto, a Pili se la ve seria entre sus dos acompañantes, que desde luego no le quitan ojo. Una vez le escuché comentar cuánto le gustaba agradar a su interlocutor, fuera quien fuera. Si estaba con un criador de caballos, se interesaba por la doma, preguntaba por las crines, los meses de gestación, lo que fuera por dejar al otro expresarse en aquello en lo que era fuerte. Debía de ser buena en eso.

En las otras mesas veo muchas personas conversando y divirtiéndose. Seguramente la fiesta terminaría con música. Pero, a no ser que la vida los hubiera cambiado mucho para cuando yo los conocí bien, antes de las doce, como en el cuento de Cenicienta, Eduardo vendría a por Pili y, dejando atrás posibles admiradores y bailes, ambos marcharían. A mi padre no le gustaba trasnochar ni «jugaron» nunca con cosas serias e importantes, como su amor.

En la vida de Chillida podría haber habido sin duda otras mujeres a quienes amar y otros cuerpos en los que inspirarse. También podría haber habido mucha más gente que asumiera las tareas necesarias para dejar libre y liberado todo su talento. Lo curioso es que, en su caso, tantos de esos papeles los cubriera mi madre. Hay quien parece haber entendido: «¡Ah, claro, Chillida es el que es porque tenía a Pili detrás!», dándole a mi madre más crédito aún del que merecía. Cada vez que escucho eso, algo se me revuelve por dentro. Imaginemos que Pili, mujer potente y adaptable, estuviese con otro escultor. Es evidente que ese solo hecho no le llevaría a él a alcanzar la profundidad que Chillida alcanzó con su arte, ni por supuesto le llevaría a hacer la obra innovadora que él hizo. Obviedades. Mis padres eran simplemente un buen tándem que dedicaba por completo su vida al arte.

Chillida es Chillida por mérito propio, pues mérito suyo es incluso haber elegido a Pilar Belzunce como compañera de su vida para amarla, protegerla y honrarla como siempre lo hizo. Será difícil encontrar hombre más tranquilo y más fiel que mi padre. En el funeral de mi madre, la galerista Elvira González comentó que nunca había visto a una mujer tan segura del amor de su hombre como

Pili. Nos contó que las mujeres adoraban a nuestro padre y nos habló en especial de Juliette Gréco, a quien por lo visto le costaba creer que aquel hombre tan estupendo no le hiciera más caso a ella sólo porque tenía una mujer. Y es que es verdad, la seguridad de mi madre en sí misma era tan grande como su discreción. En las reuniones, exposiciones, cócteles, etc., hablaba con todo el mundo, muy sonriente, y después siempre encontraba un lugar, aunque fuera apartado, donde sentarse, porque no le gustaba nada estar quieta y de pie.

El amor y la atracción que sentía mi padre por ella duró toda la vida. Aún le veo en sus últimos años mirándola semienfadado y diciendo: «¡Ah! ¡No sé cómo te puedo querer tanto!». Pienso que algo parecido podía haber dicho ella, porque nuestro padre era un hombre tan poco apto para las cosas terrenas como excelso para sus tareas, y podía resultar bien pesado: «¡Pili!, ¿dónde está mi pipa?», «¡Pili... que vamos a llegar tarde!». No importa dónde estuvieran, si la veía en mala postura, le daba un toquecito en el coxis para que se hiciera consciente de ello: «¡Ensilladura lumbar!», decía. Y ella se erguía sobre su estatura para contentarle.

SOLA EN ESTADOS UNIDOS: EL GRANITO

La vida de mi madre estuvo plagada de contrastes y de pequeños y grandes atrevimientos que ella vivía de forma natural. Dije que sólo un par de veces había dejado de acompañar a nuestro padre a sus inauguraciones, por causa mayor, y es cierto. Una de ellas es la que nos ocupa ahora y no quiero que nadie piense que lo que voy a contar era habitual. Respondió a una circunstancia única. Y mi madre, sintiéndose preparada, supo reaccionar rápidamente y salir de la sombra por necesidad.

La siguiente foto se me hace extraña. Mi madre está sola en mitad de un proceso de trabajo que pertenecía normalmente a mi padre. La escultura de granito que están descargando pertenece también a la serie *Abesti gogorra*, y tiene para mí especial importancia

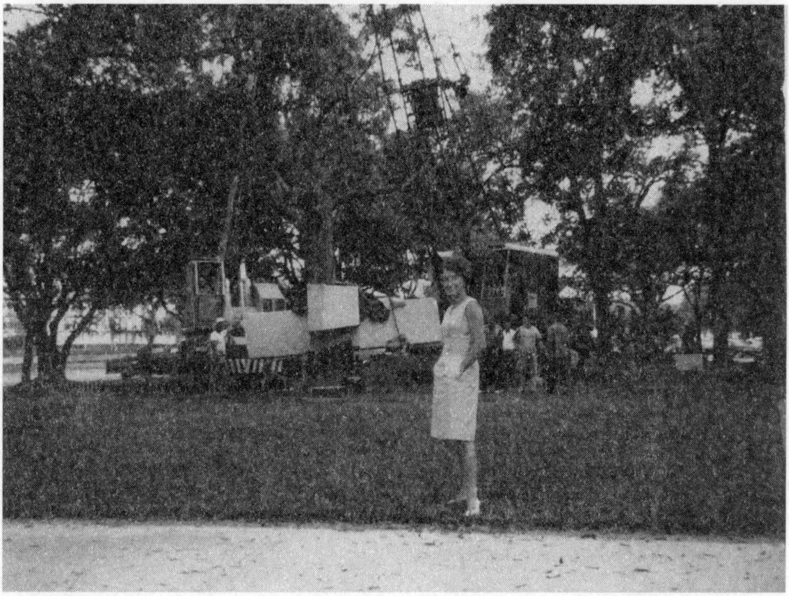

Pilar Belzunce posando frente a las piezas de la obra *Abesti gogorra V* recién llegadas a Houston, Texas, en 1966.

por las muchas historias que la rodean. Fue el primer monumento público de Chillida a gran escala. Y en 1966 se situó en los jardines del Museo de Bellas Artes de Houston, Texas, a raíz de su primera retrospectiva en Estados Unidos. Se expusieron cincuenta esculturas y 31 dibujos y *collages* que más tarde viajaron a los museos de Utica y Saint Louis.

A menudo, en eventos importantes, había visto a mi madre elegantemente ataviada con un traje de Balenciaga, contenta y sonriente como la vemos en esta otra foto. Pero en esta ocasión, no es a Chillida a quien aplauden, ni es él quien dice unas palabras al micrófono, sino ella, Pilar Belzunce. Por lo visto nuestro padre iba a ser operado o acababa de ser operado, ¿del riñón, del estómago, de la espalda? No lo sé con precisión porque, como parte del batallón de los hijos pequeños, esa información se me ocultó en el momento;

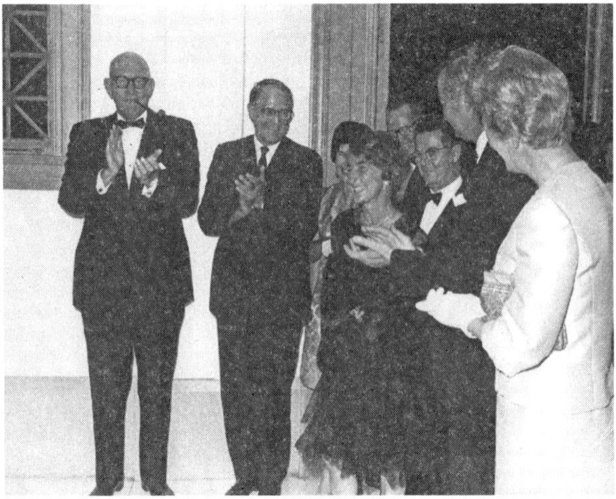

Pilar Belzunce inaugurando la retrospectiva de Chillida en el Museo de Bellas Artes de Houston, Texas, 1966.

y para cuando supe algo sobre ese viaje a Estados Unidos de mi madre sola, hubo cosas que me interesaron mucho más que las dolencias de mi padre.

Como emisaria, Pili tenía una triple función: recibir las piezas de la escultura de granito que habían sido enviadas desde España, supervisar su ensamblaje y colocación, e inaugurar la exposición en el museo. Durante el montaje de la escultura –que había que ensamblar correctamente–, hubo infinidad de problemas que quedaron recogidos en una larga carta que Pili envió a Eduardo. Había viajado con ella el cantero con quien mi padre había realizado la pieza. Pero, comparado con él, a Pili le pareció un patán machista e insensible a quien ella debía soportar a solas, y de quien muchas veces se avergonzó. La carta deja ver muchas quejas y una gran tristeza por parte de Pili. Por lo visto, a la hora del ensamblaje de la obra, el cantero y ella tuvieron divergencias, y mi padre –imagino que telefónicamente– primó la opinión de él por encima de la de ella, sin pedir demasiados datos. Mi madre, que se había atrevido con tanto, sola en Texas, se sintió vejada. ¿Cómo conseguiría Pili perdonar a Eduardo?

El año 1966 se llenó de significado para mí cuando me enteré de que también el gran grupo musical The Beatles, que se encontraba en ese mismo momento en Arkansas, estaba pasando un mal momento. La coincidencia de fecha y la cercanía espacial con mi madre llamaron mi atención al ver un documental sobre esos artistas que estaban revolucionando no sólo la música sino los pensamientos y actitudes de gran parte de la juventud de entonces. Resulta que John Lennon había hecho unas desafortunadas declaraciones comparando el éxito que tenía su grupo en Estados Unidos con el que allí parecía tener también Dios. Evidentemente, esto incomodó mucho a los más puritanos. Tanto fue así que se prohibieron las ventas de los discos de los Beatles y se instalaron catorce puntos de recogida en las calles de Arkansas pidiendo que la gente entregara sus ejemplares para que pudieran quemarse públicamente.

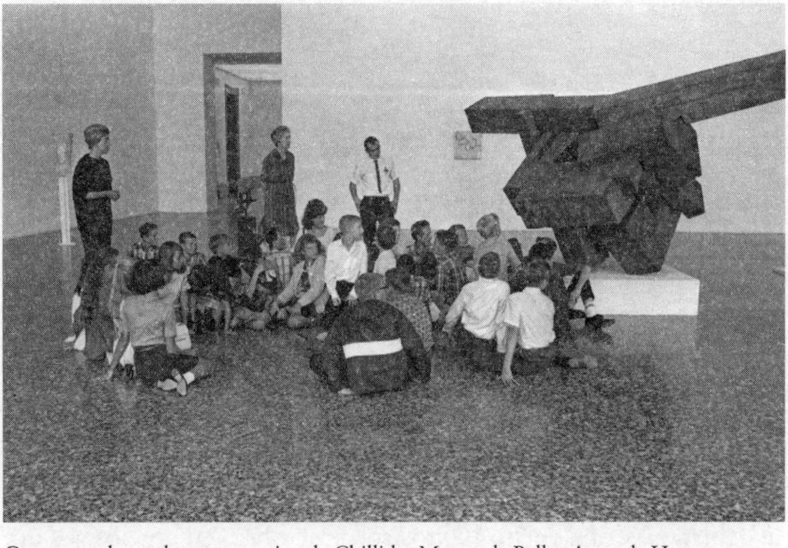

Grupo escolar en la retrospectiva de Chillida, Museo de Bellas Artes de Houston, Texas, 1966.

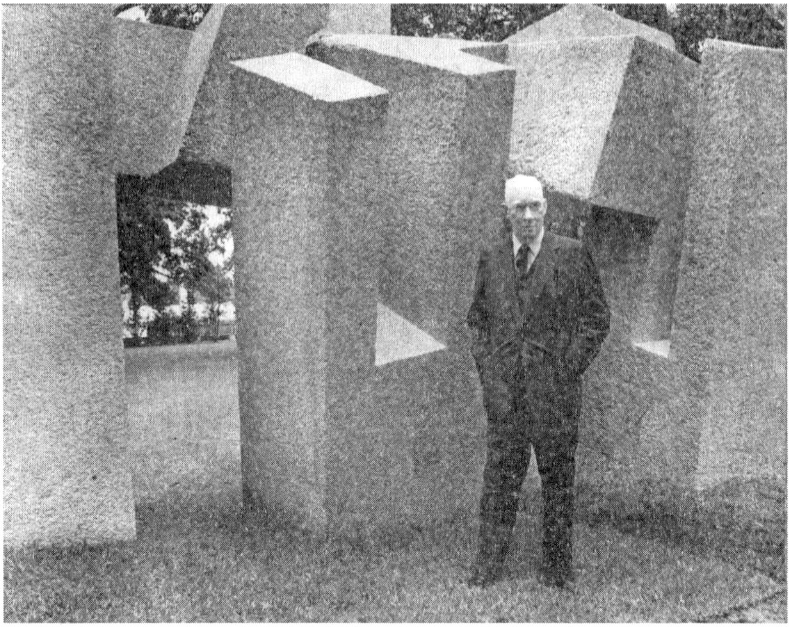

James Johnson Sweeney frente a *Abesti gogorra V*, primera obra pública a gran escala, Houston, Texas, 1966.

De pronto vi la instalación de esa primera obra monumental de mi padre en los Estados Unidos de América como un acontecimiento que iba más allá de la cronología de su arte. Era parte de la Historia, con mayúscula inicial. Y me hizo sentir, más claramente que nunca, la importancia que han tenido las distintas artes a la hora de abrir brecha en las mentes de la gente.

Aquí vemos la escultura acabada junto al entonces director del museo de Houston, James Johnson Sweeney, quien antes había sido curador del Museo de Arte Moderno y director del Museo Solomon R. Guggenheim de Nueva York, donde también exhibió a Chillida. Él fue uno de sus mejores valedores en Estados Unidos y a él le debemos varios buenos textos sobre su obra. Lo gracioso es que hace pocos años, mientras veía *Boyhood*, una película en tiempo real del cineasta Richard Linklater, de pronto vi una escena en la que Ethan Hawke juega con sus dos hijos al escondite entre esas enormes formas chillidescas. Era la primera vez que veía esa escultura siendo vivida y disfrutada. La sensación me produjo gran regocijo, porque siempre es un placer ver el interés que el trabajo de nuestro padre sigue despertando en la gente.

Ese mismo año, Chillida recibió el premio Wilhelm Lehmbruck de la ciudad de Duisburgo, y poco después se publicaron sus primeros aforismos, que son pequeñas muestras de su pensamiento condensado en palabras.

AFORISMOS

De Chillida se ha dicho que era un geómetra heterodoxo. En su obra no hay ángulos rectos. Sólo si uno se fija bien lo notará, pero es una de sus características principales. «El ángulo recto es poco tolerante porque sólo dialoga con otros ángulos rectos», solía decir. «La virtud está cerca del ángulo recto, pero no en él.» Es una intuición que desarrolló pensando en el *gnomon* de los griegos, que es el ángulo que forma el hombre con su sombra. Le dieron un valor de noventa grados, pero, evidentemente, como mi padre decía, eso es una simplificación, puesto que el hombre vivo se mueve y fluctúa en su verticalidad. Por eso los ángulos de Chillida oscilan entre 87 y 93 grados. Para dar cuenta de ese factor importante y poder hacer uso de esa libertad.

Hago una pausa de escritura y me enfrento a la filosofía de mi padre:

> «Más vale ciento volando que pájaro en mano.»
>
> «Hay espacios a los que la razón no llega. Estos espacios son sólo accesibles para la percepción, la intuición y la fe, esa hermosa e inexplicable locura.»
>
> «Desde el espacio con su hermano el tiempo, bajo la gravedad insistente, sintiendo la materia como un espacio más lento, me pregunto con asombro sobre lo que no sé.»

«Se pregunta cuando no se sabe, no hay pregunta honrada cuando se sabe la respuesta.»

«¿No es el mundo de la geometría únicamente coherente cuando el punto no tiene medida? El punto, para que todo funcione, necesita no tener medida y, sin embargo, ocupar un lugar. ¿Se puede ocupar un lugar sin tener medida?.»

«¿No será la no dimensión del presente lo que hace posible la vida, como la no dimensión del punto hace posible la geometría?.»

«Conozco la obra antes de hacerla... conozco muchos datos sobre esa obra en la que vivo, pero no admito ninguno que me quite la libertad y la acción del presente.»

¡Esa obra en la que vivo...! Qué bien entiendo lo que dice mi padre, yo que llevo años «viviendo» este libro. Las azaleas que me trajeron mis cuñados hace ya dos primaveras han vuelto a florecer.

EL ARTE Y EL ESPACIO: HEIDEGGER Y CHILLIDA

En 1969 Chillida realizó siete *litocollages* para el libro *Die Kunst und der Raum* (*El arte y el espacio*) de Martin Heidegger, editado por la Galería Erker Press de Saint Gallen, Suiza, en su versión para bibliófilos.[1] El filósofo llevaba tiempo buscando a un artista con quien colaborar, y cuando eligió a mi padre después de un intercambio de ideas y conversaciones, este le hizo escribir en la piedra litográfica.

Una de las cosas más curiosas relacionadas con el espacio de ese libro se la escuché contar varias veces a mi padre. Por lo visto se le ocurrió hablando con Heidegger y con el editor Franz Larese: «En aquel momento le pregunté a Heidegger directamente, delante de todos los que estaban metidos en la edición del libro, que me gustaría saber en qué tamaño de papel había escrito su obra filosófica.

1. Véase imagen 3 del encarte.

Me miró extrañado, y me dijo: "Nunca me había preguntado nadie esto". Yo le dije que en mi caso era lógico. Soy escultor y estoy muy condicionado por el espacio». Heidegger le contó entonces a Chillida que escribía en un formato pequeño de cuartilla, y mi padre declaró que creía que el libro lo deberían hacer en ese formato que había elegido intuitivamente desde joven para escribir *Ser y tiempo* y todas las obras que había escrito. Para el editor, que pensaba hacer un libro lo más grande, lo más caro y lo más espectacular posible, era un golpe mortal. Pero todo el mundo se calló y Heidegger aprobó rotundamente la idea de hacer el libro en el tamaño en el que él había escrito desde el principio. «Era su relación directa con el espacio. Era una prueba de la relación con el espacio de un pensador como Heidegger.»

En el marco de un proyecto de investigación financiado por la Universidad de Antioquía (Colombia), la profesora Ana María Rabe demostró en 2017 que la relación de Chillida con Martin

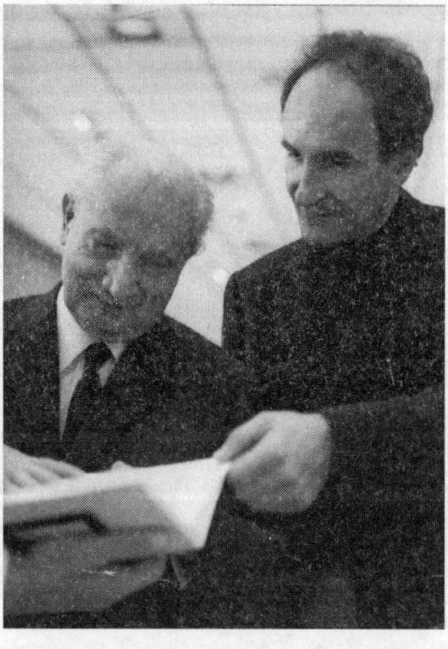

Martin Heidegger y Eduardo Chillida, Saint Gallen, 1969.

Heidegger fue más allá de lo que supone editar un libro o ilustrar un texto. Como ella suponía –y nadie antes en el ámbito científico e investigativo había planteado aún–, Chillida había tenido un impacto intelectual importante en Heidegger en relación con la pregunta por la relación entre arte y espacio y los conceptos de vacío y lugar. Los propios nietos del filósofo, Arnulf Heidegger, que administra el legado de su abuelo, y su hermana Almuth ayudaron a Rabe a transcribir en 2015 unos apuntes manuscritos de Heidegger sobre Chillida que ella había descubierto en un archivo en Alemania. Los resultados, que publicó en la revista *Pensamiento* en 2017, han suscitado mucho interés en los círculos hispanoamericanos heideggerianos. Y me consta que tiene más material sobre la relación entre Chillida y Heidegger, que descubrió en distintos lugares.

EXPONERSE ES ARRIESGAR

Algo que veo en una foto que no conocía me inquieta. Por doquier veo significados dobles. El cristal tras el que se encuentra mi padre ofrece una visión a la vez que borra otra. Vemos París con sus levantes negros de pizarra sobre los edificios nobles, algunos coches antiguos y dos calles que se entrecruzan. Una de ellas es la Rue de Téhéran, donde él se encuentra, en el interior de la Galería Maeght.

Seguramente son las cinco líneas verticales de las puertas de cristal. Tras ellas, la seguridad y la vulnerabilidad de mi padre se me hacen presentes a un tiempo. Su aparente tranquilidad no me engaña. Está dentro de la galería junto a las obras que va a mostrar al mundo. Pronto llegará gente a verlas. Y las juzgará. También lo juzgarán a él. Porque lo que expone dentro Chillida –en ese lugar interior que el reflejo de la calle oculta– no son sólo obras que él ha hecho. No. Lo que expone ahí dentro es la intimidad de su propia persona. Él es el oso en la jaula a quien vienen a ver. Al menos eso es lo que siento mirando esa foto.

Exponerse es arriesgar, y cuanto más se expone uno, evidentemente, más arriesga. La valentía, para mi padre, tenía directamente

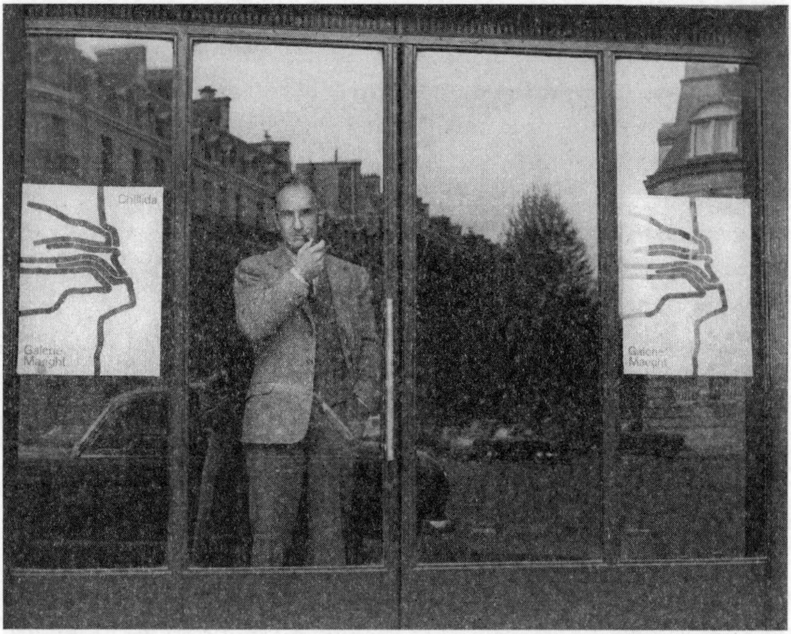

Eduardo Chillida en el interior de la Galería Maeght de París antes de la inauguración de su exposición, 1964.

que ver con el miedo, y así nos lo hacía saber: «Valiente es quien con miedo afronta los peligros, no quien no los ve; ese sería un insensato o un temerario», solía decir. ¿Cuántas exposiciones llegaría a hacer Chillida antes de que yo hubiera cumplido tan sólo diez años?

Reconozco que, a primera vista, esas fueron las impresiones que la foto me produjo. Sin embargo, hay algo más. Pregunté quién la había hecho, y nadie me supo decir. Y así, fijándome mejor, me pareció reconocer a mi madre reflejada en el cristal. Como siempre, cerca de él. Detrás del artista, y también delante de él. Protegiéndole y entendiéndole. Infundiéndole valor. Sus piernas abiertas se afirman sobre la acera en busca de equilibrio. Ambos saben que se están mirando, y, en esa mirada mutua, reconozco el tándem que formaban.

Chillida tenía a Pili a su lado. Ella era la red de seguridad del trapecista. Presta a animarle y salvarle en sus caídas, pero jamás interfiriendo en el vuelo de ese pájaro solitario que era Eduardo. Mi madre lo respetaba y era asimismo su confidente y su apoyo durante sus desvelos.

–Pili, ¿estás despierta?

–Esta... ba dormida... Ahora estoy despierta... –solía contestarle.

Y Eduardo le hablaba entonces de esas ideas que le llegaban en el momento en que sus sueños se convertían en conciencia, y la oscuridad de la noche iba tornándose en luz.

SEGUIR EL VUELO DE LOS GRANDES

«Hay que seguir el vuelo de los grandes y no hay otra opción. ¿Que en esa aventura te puedes descabezar, te puedes partir el cogote? Evidente. Pero se escribe, se hace escultura o se hace pintura "pericolosamente". Yo creo que esa es la única aventura importante del arte. Lo demás es quedarte en un mundo de profesionales más o menos valiosos que aparecerán en las historias de la literatura, en las historias de la pintura. Pintores hay muchos, pero ¿cuántos nombres se retienen de cada siglo?», decía el poeta José Ángel Valente en la conversación con el cineasta Gonzalo Suárez que grabé para mi segunda película. Quería que hablaran de la materia común de las distintas artes, y son muchos los aprendizajes que saqué de ellos: conceptos e ideas luminosas como lo que significa «entrar en lo inexplicable», «el don de ligereza», «la posición accipiente» o «el pájaro solitario». En 2023, a instancias mías, La Fábrica publicó la conversación completa en un libro titulado *El gato y el pájaro: José Ángel Valente y Gonzalo Suárez con Eduardo Chillida de fondo*. Se trata de un libro muy personal cuya salida me ilusionó por lo que aporta a los estudiosos y amantes del arte y de la cultura. Incluye un QR con la versión audiovisual.

Si de joven tuve mis grandes prejuicios contra el arte, fue porque no todos los artistas siguen la metáfora del vuelo del pájaro

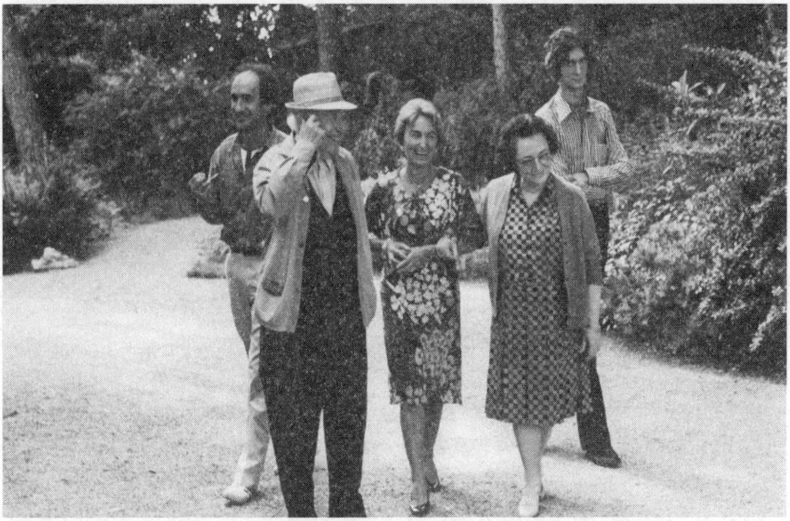

Eduardo Chillida, Marc Chagall, Pilar Belzunce y Marguerite Maeght, Saint-Paul-de-Vence, 1976.

solitario. Muchos –demasiados– siguen la estela que dejan «los grandes», sin hurgar suficientemente en su interior hasta labrarse unas alas propias con las que despegar.

Aquí vemos a mis padres junto a Marc Chagall y Marguerite Maeght paseando por la Fundación Maeght. Un día, por lo visto, estando sentados los dos artistas en un banquito, se les acercó un hombre deshaciéndose en halagos hacia el pintor. Chagall estaba encantado. En un momento dado, el hombre le llamó *maître* –que en francés quiere decir «maestro», pero que suena igual que *mètre*, que quiere decir «metro»–. Mi padre solía contar cómo, con la cabeza baja y un gesto de humildad bastante ensayado, le contestó al hombre: «*Pas mètre... centimètre*» (no metro, centímetro), aunque en su expresión se leía que en verdad estaba pensando: «*Pas mètre... kilomètre*» (no metro... kilómetro).

Lo mismo me parece entrever en algo que solía decir en casa mi padre, en plena época de madurez, con bastante guasa: «Chillida ya no es Chillida, Chillida es uno cualquiera». Él conocía su valor y con ello quería decir seguramente que no era ya el joven escultor que apuntaba maneras entre los grandes, sino que era uno cualquiera «de los grandes». Así y todo, tenía un carácter sencillo, sin un ápice de esnobismo ni elitismo. Los premios y halagos que iba recibiendo en cierto modo le avergonzaban, aunque es seguro que también le darían placer. La vanidad, la competitividad y el ego de los artistas es algo que los demás alimentamos y que ellos necesitan de algún modo para avanzar. Aceptar un premio y no recogerlo le parecía a mi padre poco ético, y no aceptarlo cuando se lo habían otorgado tampoco le parecía bien.

Decía Gonzalo Suárez: «La pintura puede concitar el arte en un cuadro, pero no necesariamente por ser pintura es arte, ni tampoco lo es por fuerza un cuadro abstracto». Pensando ahora en el número de ciudades del mundo en las que expuso individualmente Chillida, los textos de grandes críticos y pensadores del siglo XX que escribieron sobre su obra y la cantidad de premios internacionales que le otorgaron, no puedo dejar de recordar que, quien está llamado a formar parte de la historia, es siempre a costa de trabajo y de sacrificio. No es del todo fácil vivir la vida que mi padre vivió, llena de renuncias, continuos viajes y retos personales cada vez más exigentes. La entrega y la exigencia con que le vi dedicarse a su tarea artística es de algún modo similar a la que pedimos hoy en día a los deportistas de élite. Mi padre más bien interpretaba esa entrega como algo parecido a un sacerdocio.

A este respecto, Pili explicaba en una entrevista en el documental *Chillida, el Arte y los Sueños* que, a su parecer, todo artista era ante todo una persona ingenua, «porque pensar que una persona es capaz de dar su vida y dar todo lo que es capaz de dar, y dejar todo lo que haga falta dejar, por seguir una idea y por hacer una línea y por poner un color y por poner una forma... ¡que tú no sabes si la gente lo va a apreciar después o no...!».

CHILLIDA Y EL DEPORTE

Hasta ahora nunca me había parado a pensar en lo traumático que debió de ser para mi padre ver truncada la vida que había elegido para él como futbolista, en su primera juventud.[1] Mis hijos, que son muy «forofos» de la Real Sociedad, me mostraron una entrevista en la que hablaba de esa pena. Sin embargo, Pili, tan cercana a él en todo, en ese caso no pudo apoyarle. Nunca fue a verle al campo. Mientras aún jugaba y le llamaban «el gato» –porque le creían capaz de cambiar su trayectoria en el aire–, ella ni tan siquiera entendía cómo perdía así su tiempo, y más bien se alegraría del golpe de fortuna que quebró esa trayectoria mediante una lesión irrecuperable.

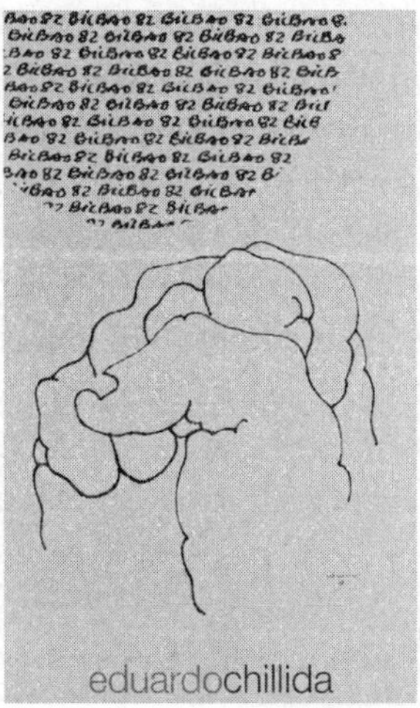

Póster para el Mundial de Fútbol celebrado en España, 1982.

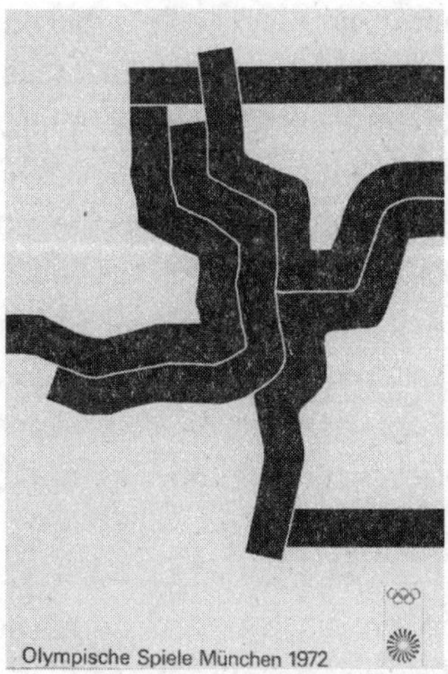

Póster para los Juegos Olímpicos de Múnich, 1972.

1. Véase la imagen 4 del encarte.

Estos pósteres que le pidieron para los Juegos Olímpicos de Múnich en 1972 y para el Mundial de Fútbol en España en 1982 coronaron durante años mi casa de San Sebastián. Aunque Chillida dedicaba su vida al arte y al pensamiento, el deporte siguió siendo para él un pilar importante. No era un hombre de amigotes, bares y nocturnidades. Él llevaba una vida tranquila con Pili y gozaba con sus hijos viendo en la televisión las grandes citas deportivas: los Juegos Olímpicos, el fútbol, el tenis, el boxeo, el ciclismo, el motociclismo, la Fórmula 1... Así, el gusanillo del deporte y la competición prendió en muchos de nosotros –quizás en mí la que menos–, y dos de mis hermanos dedicaron gran parte de su vida a ello.

Mi hermana Carmen, que llegó a quinta de España en tenis femenino, cuenta:

> Mi parcela de intimidad con *aitá* fue sin duda a través del deporte. Estaba encantado de que jugara al tenis y en cuanto oía que subía al frontón al salir del cole, subía un rato para asesorarme porque él había jugado muy bien de joven. Llegó el momento en que empecé a competir y a él le gustaba verme. A mí, en cambio, me presionaba mucho y le tuve que decir que no quería que viniera. Un día jugando en el tenis de San Sebastián lo descubrí viendo el partido desde la primera curva de la subida a Igueldo. Ya cuando pasó el tiempo, dejó de preocuparme y en algunas ocasiones venía a verme y lo disfrutábamos juntos. Conmigo, como con todos, supo conectar en alguna faceta de nuestras vidas compartiéndola, como hacen los buenos padres. En su caso, su dedicación a cualquier cosa que no fuera su trabajo era escasa pero intensa.

Hoy en día Carmen sigue jugando campeonatos sénior por el mundo y a todos nos enorgullecen sus victorias.

Si dejar obligadamente su primer sueño deportivo fue duro para Chillida, dejar posteriormente el golf fue también un sacrificio muy valorable. Sentía hacia ese deporte una atracción fatal. Ignoro cómo empezó esa pasión; quizás con la visita de aquella prima suya que era primera figura en Argentina... Pero lo cierto es que en dos años bajó a cuatro de hándicap y eso supone mucha dedicación. Llegó a padecer una hernia de disco y se hacía estirar la espalda con un médico francés en Hendaya. Aun así, continuaba jugando. Quién sabe qué reto se habría autoimpuesto. Era muy competitivo. Solía contar mi madre cómo volvía de dolorido tras jugar en el campo antiguo de Lasarte. Por la mañana, sin embargo, se levantaba, se tocaba la espalda y decía: «Pili, ¡milagro! Me encuentro fenomenal», y continuaba con su afición. El tiempo en su estudio lógicamente se redujo, y con Pili empezó a haber mucha fricción: «¿Eduardo, no te das cuenta de que te está haciendo daño en tu trabajo?».

Era la época en que trabajaba sus maderas. A veces pienso que quizás en ese tiempo pudo incluso fantasear con llevar una vida más relajada, sin tanta exigencia, viajes y compromisos... Pero todo quedó en fantasía. Un día, aprovechando que el club en el que

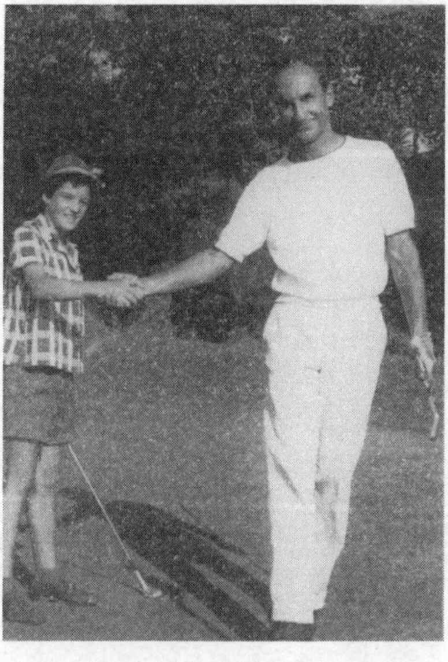

Eduardo Chillida despidiéndose del golf en 1964.

jugaba se trasladaba a Hondarribia, para sorpresa de todos los que estaban con él, dijo: «Este es el último *swing* de mi vida». Cogió su bolsa de palos y se la regaló al *caddy*. Esa fue su decisión. Al nuevo club, donde jamás jugó, le regaló años más tarde una estela en homenaje a su amigo y vecino fallecido, el arquitecto Rafael Elósegui, con quien solía jugar.

En una de mis películas, Chillida habla de lo que aprendió sobre la velocidad, el espacio y el tiempo en la portería del fútbol, y cómo le sirvió después para su labor como escultor. Explicaba que, a diferencia del campo, que es un espacio bidimensional, entre las porterías y el área se creaba un espacio tridimensional, un diedro, que es donde ocurrían los fenómenos más activos del fútbol. Desde esa demarcación individual tan concreta, él, como portero, había tenido que desarrollar unas intuiciones espacio-temporales muy rápidas y muy inmediatas que después le sirvieron para manejarse adecuadamente con la materia al rojo vivo que trabajaba. Sus ayudantes elogiaban la pegada tan fuerte y precisa que tenía mi padre; igual que la que tendría sin duda cuando pegaba a la bola de golf. ¿Quizás aprendería también algo del giro casi imposible que se le pide a la espalda en ese deporte, y lo trasladaría al modo en que hacía doblegarse al hierro en la fragua?[1] Pegada, torsión, contracción, extensión... Pura tensión interna que se libera alcanzando un fin preciso.

El cuerpo era la materia del Chillida deportista y lo siguió cuidando con esmero cuando se hizo escultor. Era frugal en sus comidas, caminaba a diario y siempre dedicó un tiempo matutino al ejercicio físico moderado. De niños, disfrutaba jugando con nosotros a pala en el frontón en Villa Paz. Se encontraba en un espacio exterior, plagado de margaritas, al que se accedía por unas escaleras entre árboles. Cuando mis hermanos mayores empezaron a cumplir años, mandaba la pelota por encima de la valla hasta la casa del vecino, para recuperar resuello mientras ellos iban a buscarla. Evidentemente, se divertía y le gustaba ganar. Junto al frontón

1. Véase la imagen 5 en el encarte.

colocaron una estructura de hierro con barra de ejercicios, anillas y dos columpios, y cuando él terminaba de trabajar, nos animaba a hacer volteretas y saltos. Mi madre nos miraba tumbada al sol. Ella seguramente hubiera deseado tener una piscina en ese espacio, pero, dado que estaba cerca del estudio, temía que entre todos molestáramos el trabajo de nuestro padre y nunca la hizo. Sólo una vez nos regaló una muy simple y redonda, con un pequeño armazón metálico y un plástico azul dentro, que mediría alrededor de un metro de altura. La colocó sobre la hierba e hizo las delicias de todos nosotros por un tiempo corto.

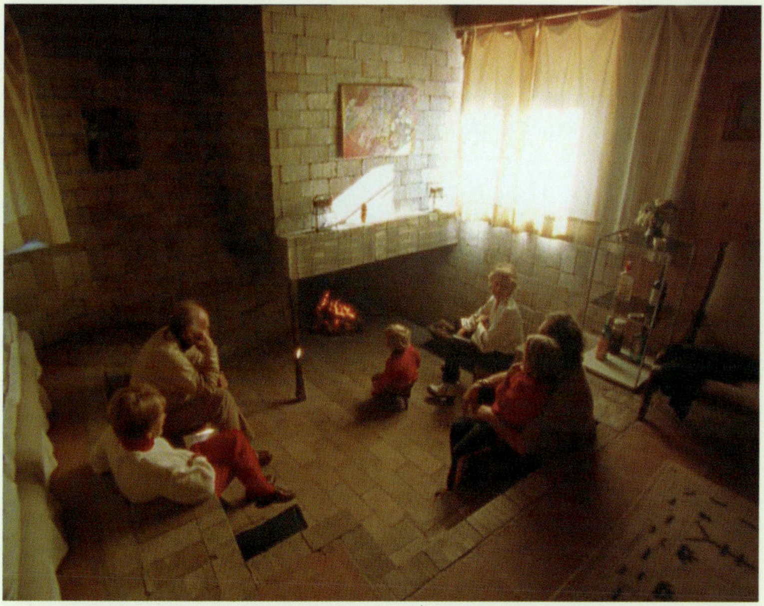

1. Chimenea realizada por Chillida en su molino de agua de Burgos en 1971. En la foto, él y Pili con su hija Susana y su familia tras un rodaje, 1998.

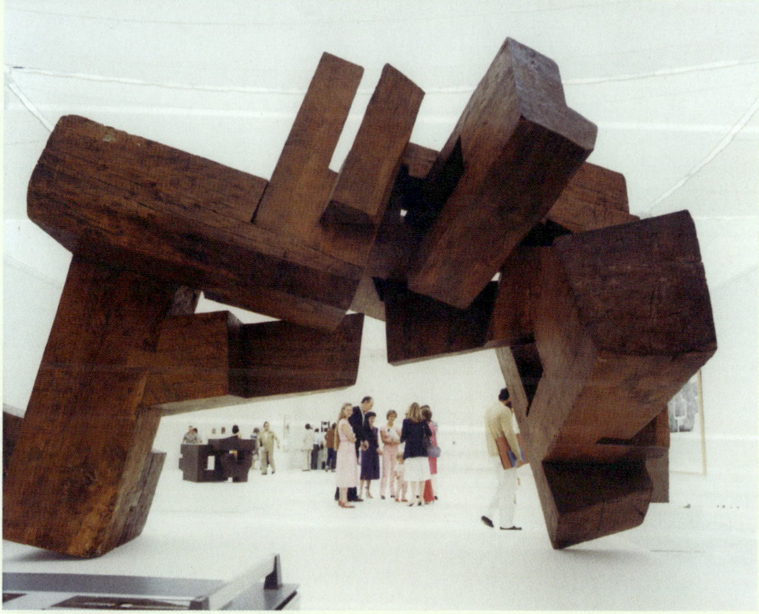

2. *Abesti gogorra I*, realizado en 1961, en una retrospectiva de Chillida en el Palacio de Cristal de Madrid, 1980.

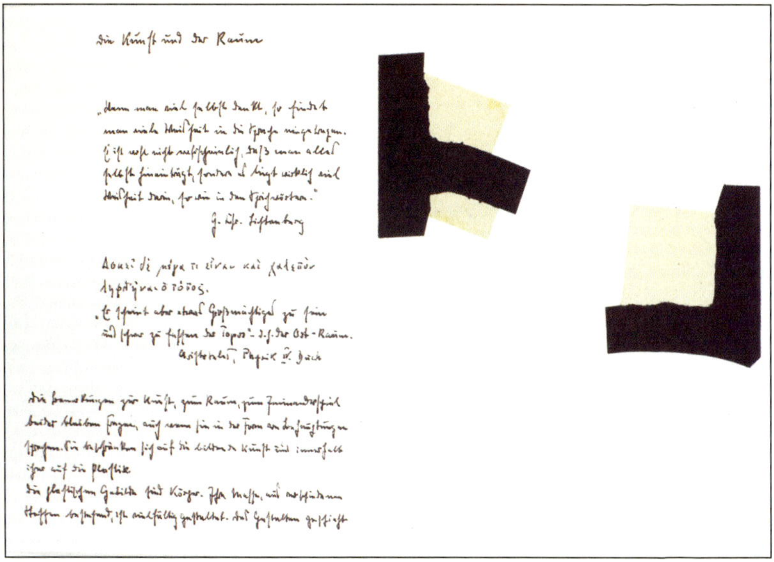

3. Primera y segunda página del libro de bibliófilo realizado por Heidegger y Chillida: *Die Kunst und der Raum*, Galería Erker Press, 1969.

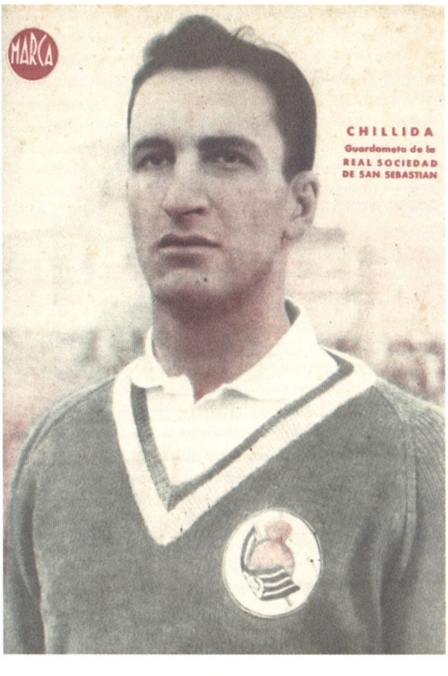

4. Portada de la revista deportiva *MARCA*: Chillida guardameta de la Real Sociedad de San Sebastián, 1943.

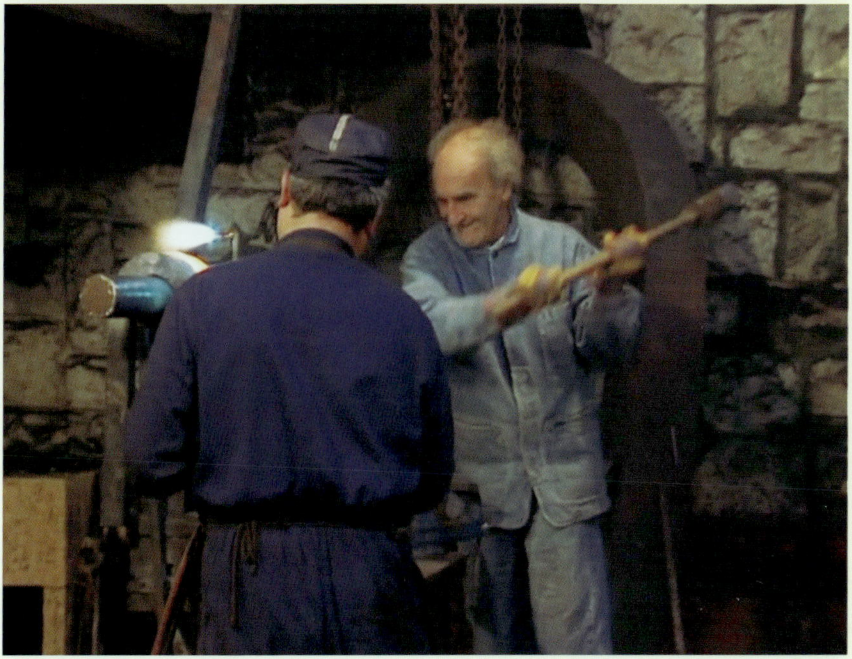

5. Fotograma de *De Chillida a Hokusai: Creación de una obra.* Chillida trabajando con la maza en su taller, San Sebastián, 1992.

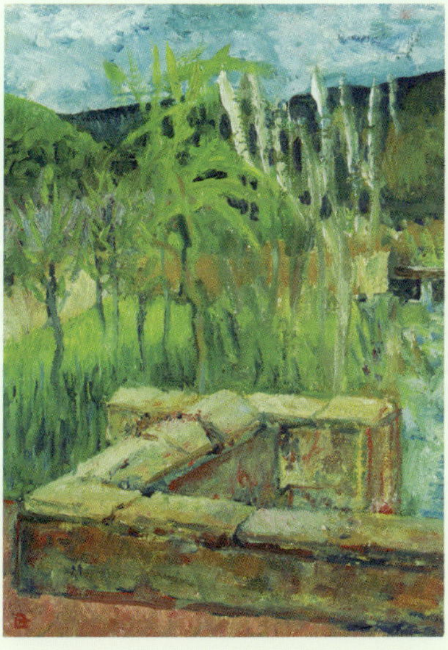

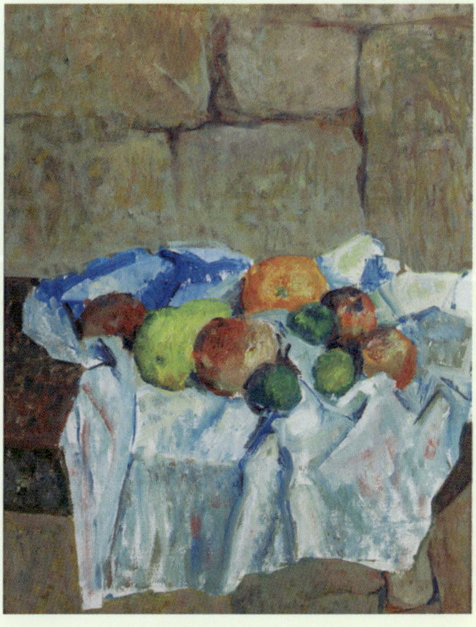

6 y 7. Pinturas de Chillida hechas en el Molino de los Vados, Burgos.

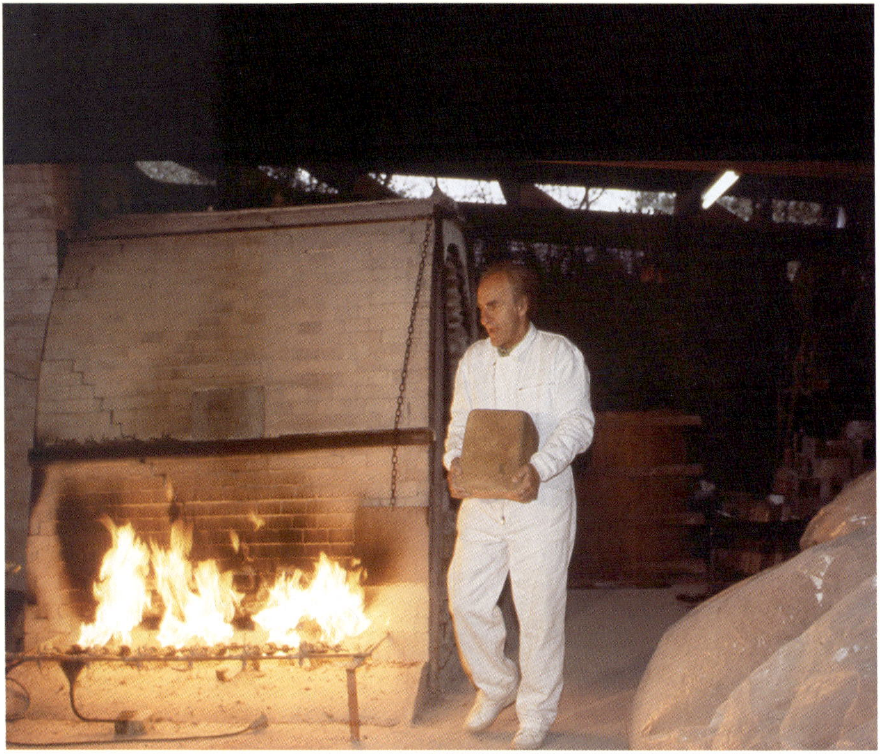

8. Chillida llevando una *lurra* al fuego del horno de Grasse, 1996.

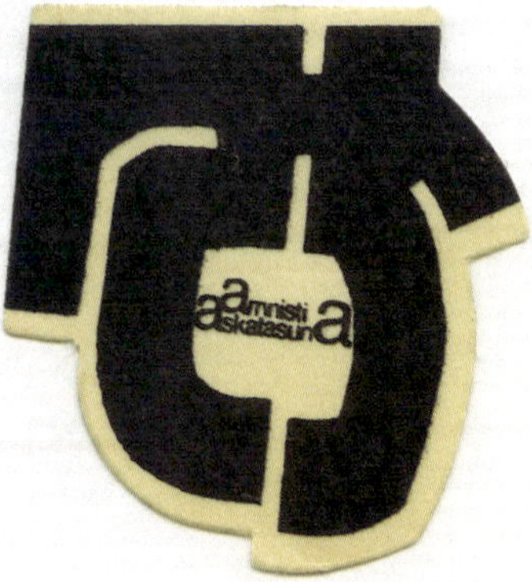

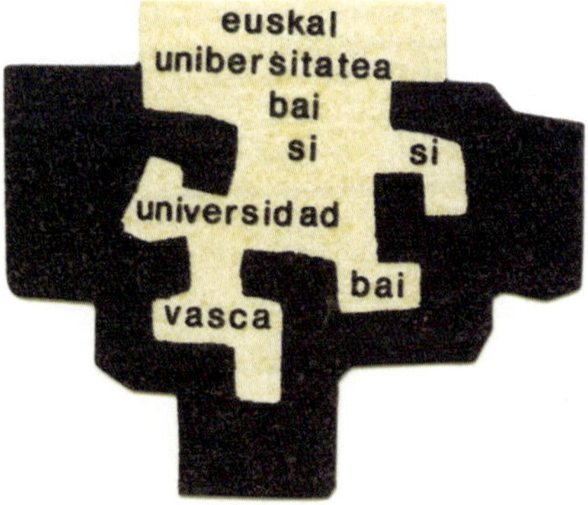

9 y 10. Anagramas: pro Amnistía, 1976, y pro Universidad Vasca, 1975.

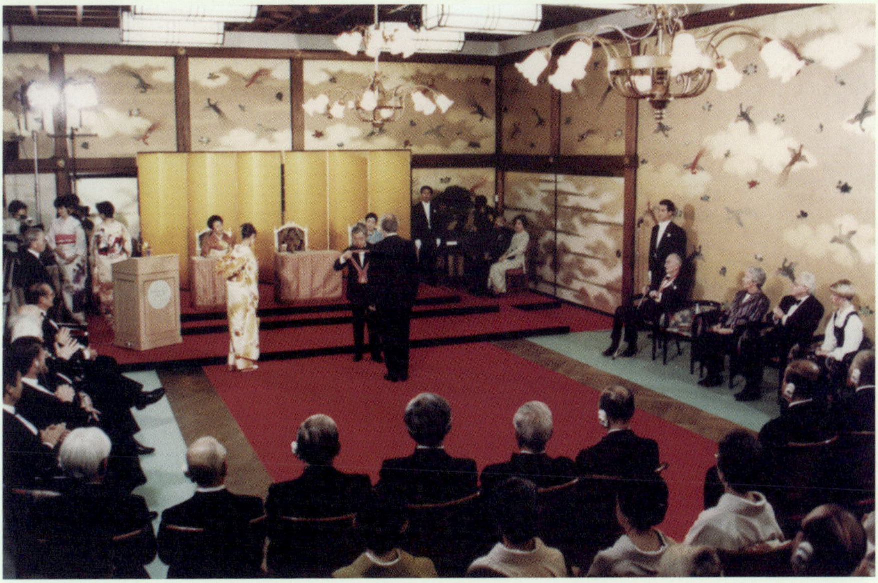

11. Chillida recibiendo el Praemium Imperiale de Japón, en 1991.

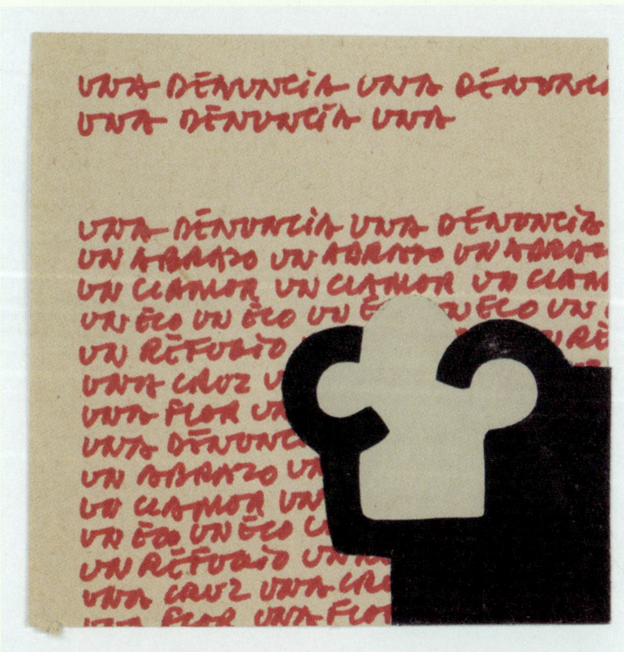

12. Póster por los derechos humanos.

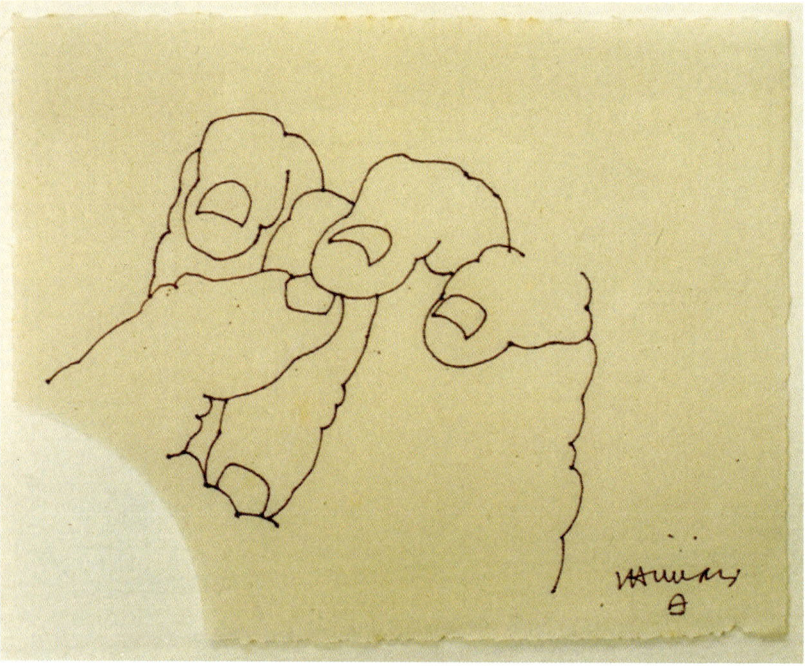

13. Dibujo de mano, *Esku*, 1984.

14. *Gravitación* blanca, 1994.

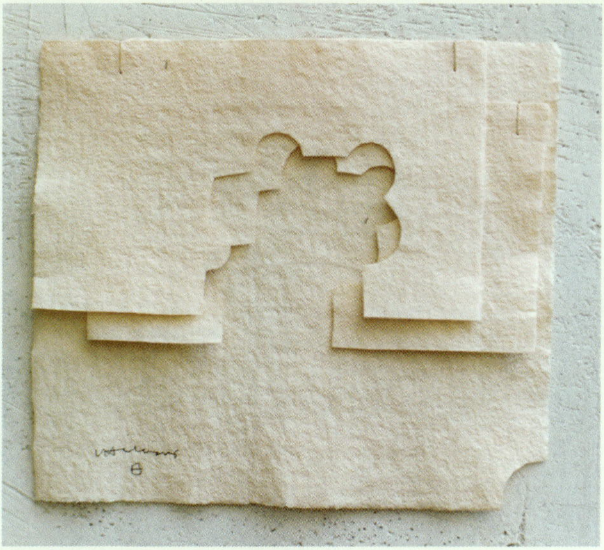

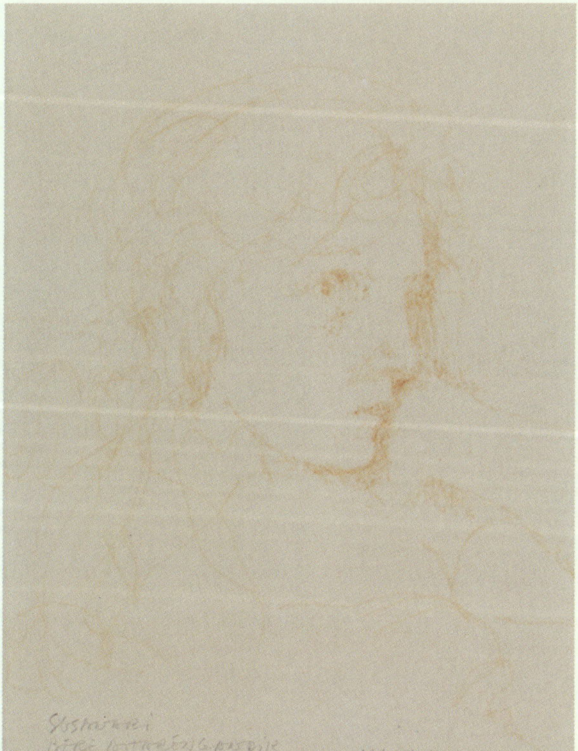

15. Retrato de su hija Susana Chillida, *c.* 1971.

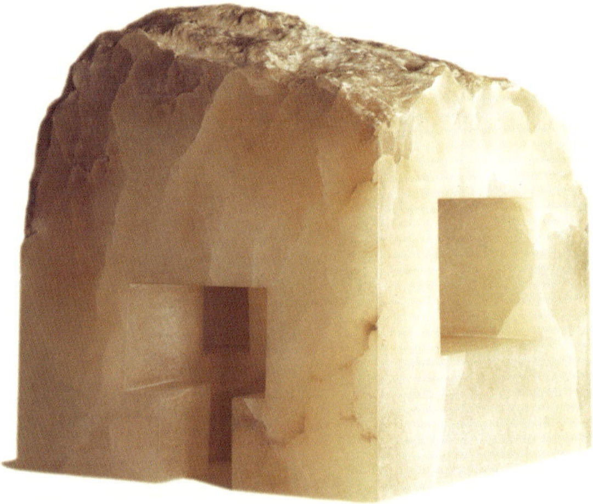

16. *Mendi huts* (Montaña vacía), 1984.

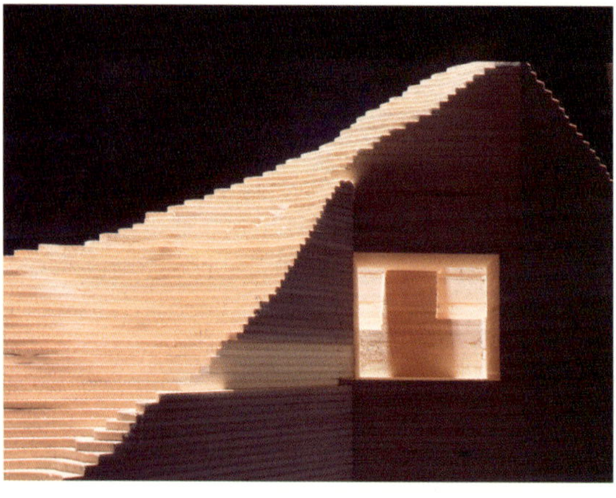

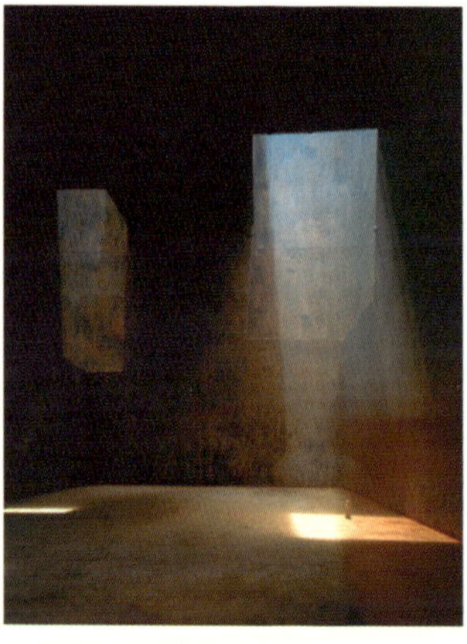

17 y 18. Maquetas en sección del *Proyecto montaña Tindaya* en madera y hierro, tal como se vería el espacio interior de la montaña.

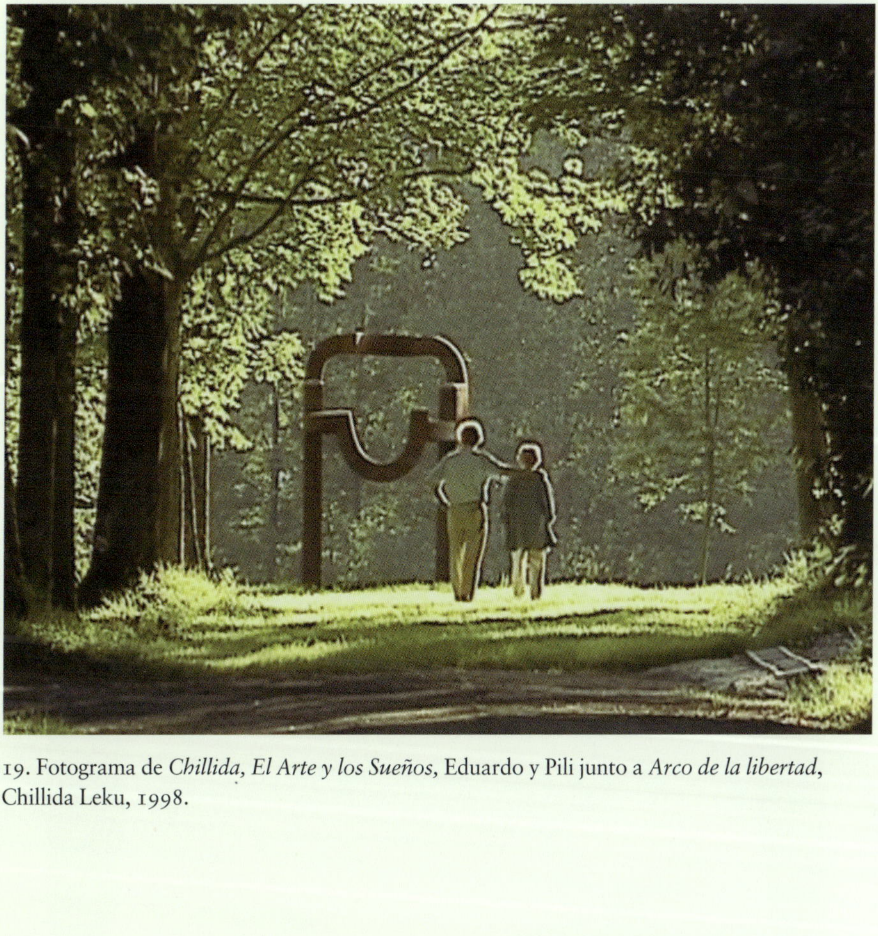

19. Fotograma de *Chillida, El Arte y los Sueños,* Eduardo y Pili junto a *Arco de la libertad*, Chillida Leku, 1998.

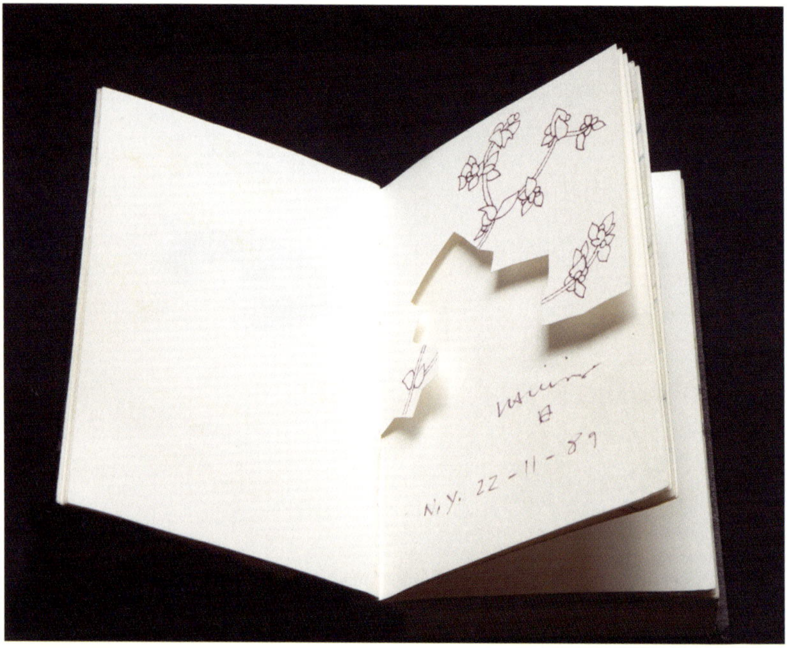

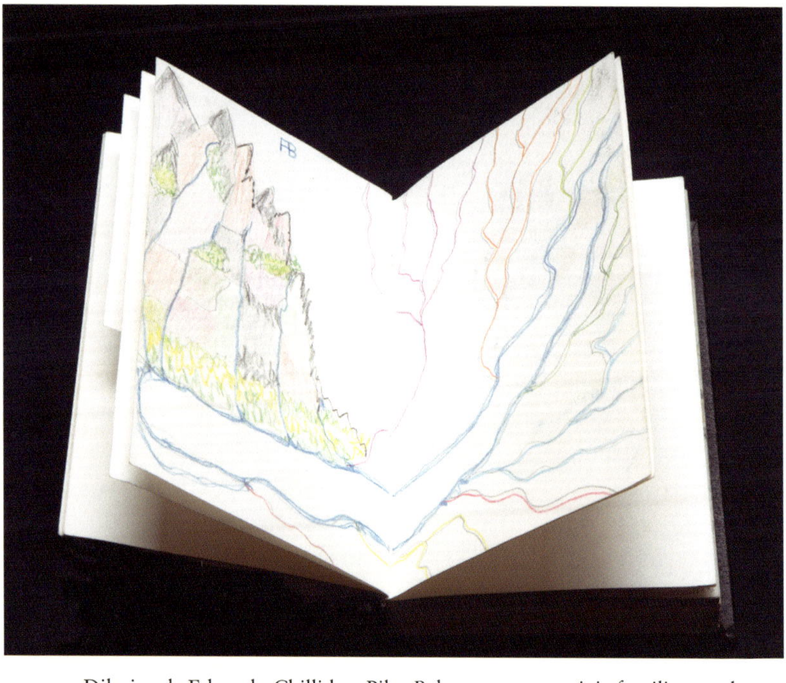

20 y 21. Dibujos de Eduardo Chillida y Pilar Belzunce tras un viaje familiar por los parques naturales de Estados Unidos, 1989.

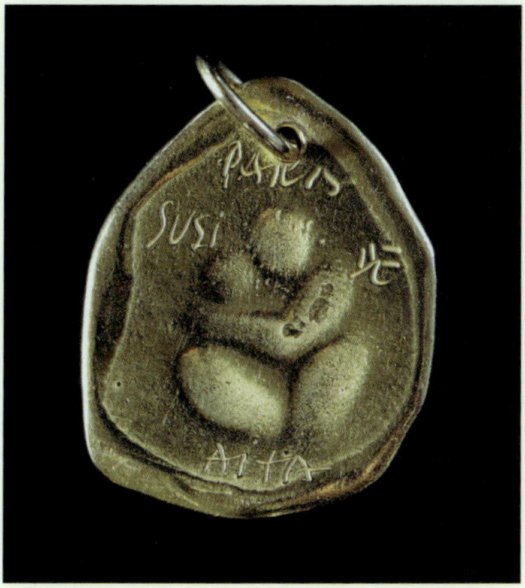

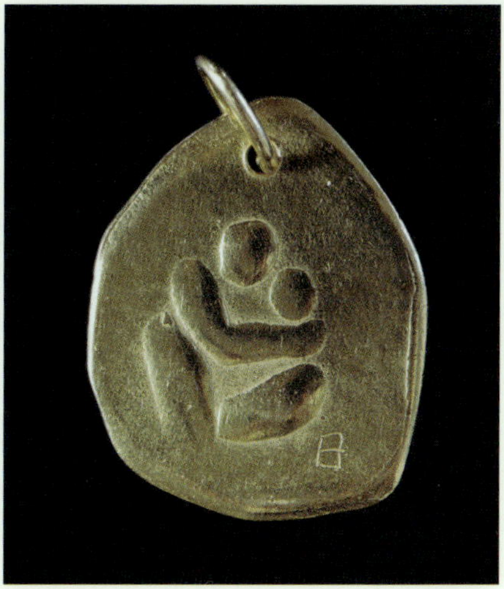

22 y 23. Anverso y reverso de una *Maternidad* de oro avejentado realizada a la cera perdida por Eduardo Chillida para su hija Susana.

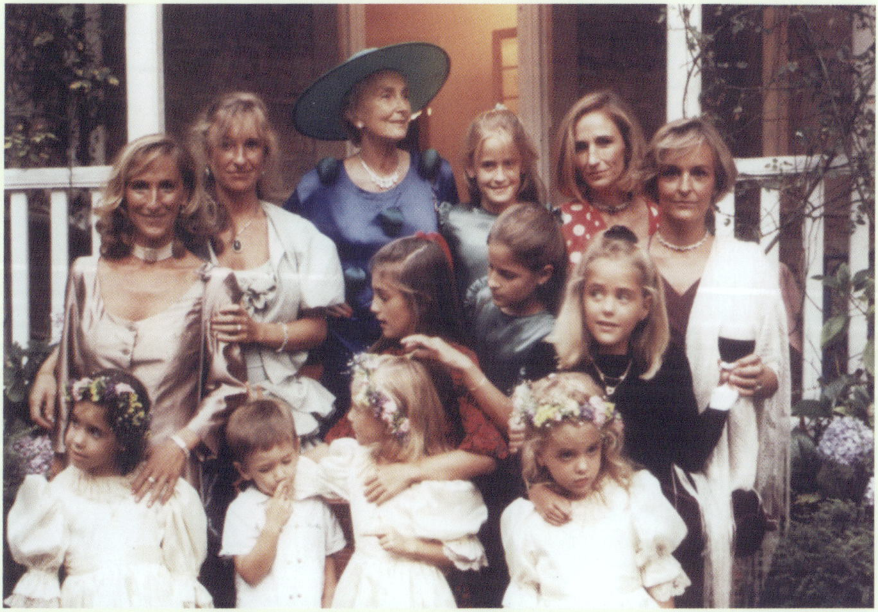

24. Pilar Belzunce, con sus hijas y nietas, vestida de Agatha Ruiz de la Prada en la boda de su hijo Eduardo, 1991.

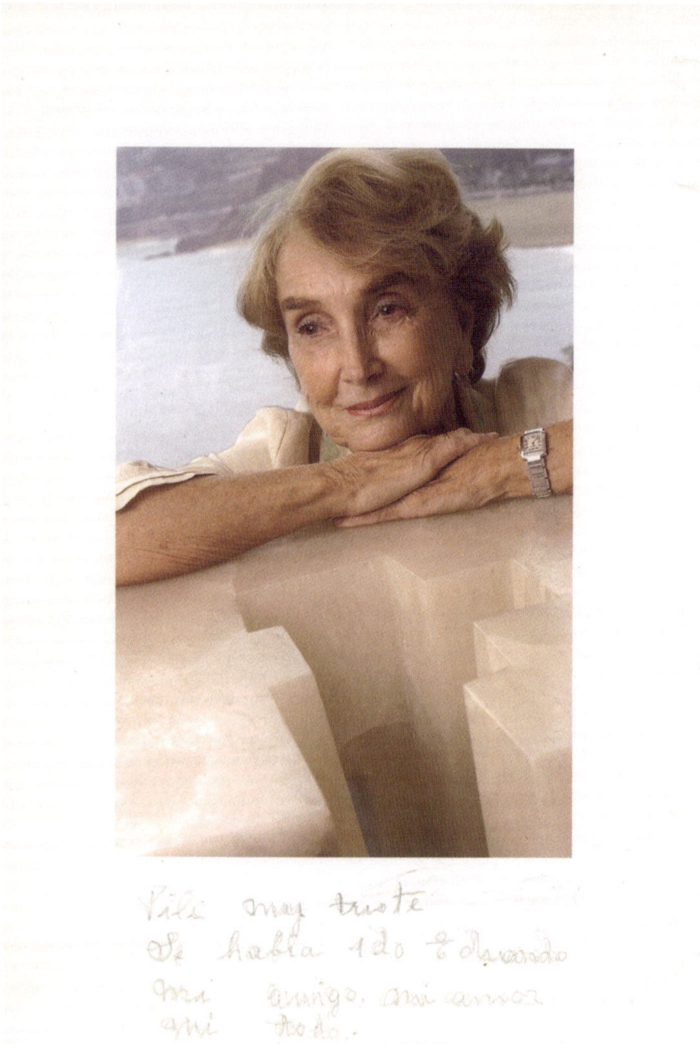

25. Pilar Belzunce, tras la muerte de su marido, apoyándose en una obra de Chillida en alabastro, 2002.

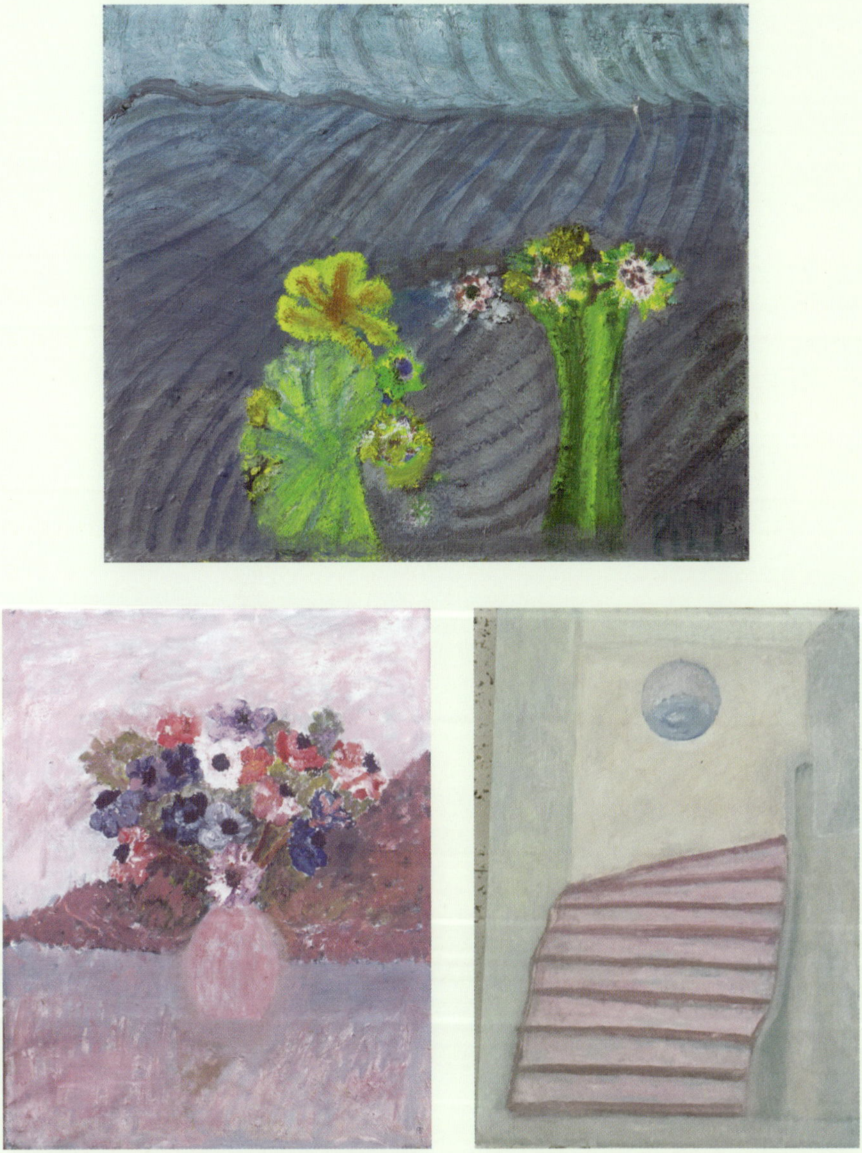

26, 27 y 28. Tres cuadros de Pilar Belzunce.

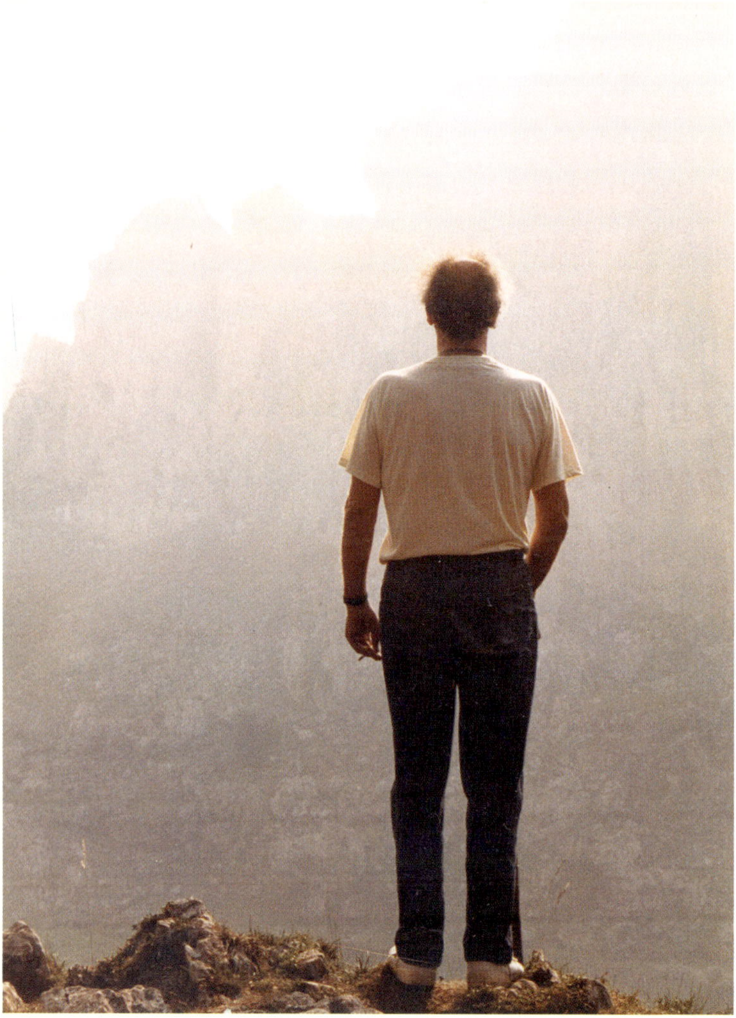

29. Eduardo Chillida fotografiado por su hija Susana «a lo Caspar Friedrich», Picos de Europa, 1985.

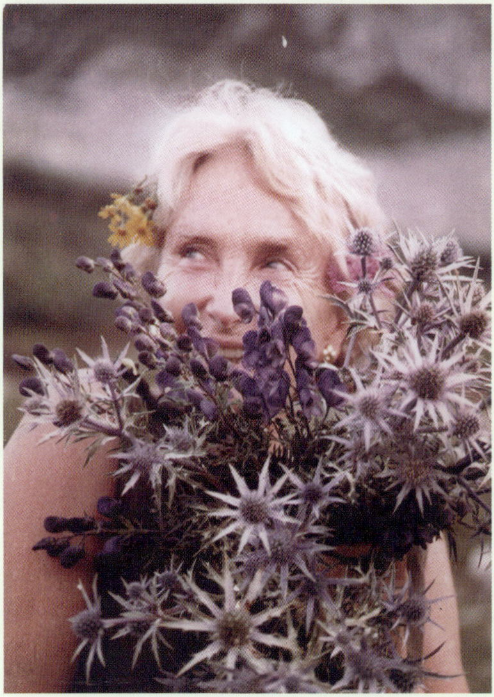

30. Pilar Belzunce retratada por Susana Chillida en los Picos de Europa, 1985.

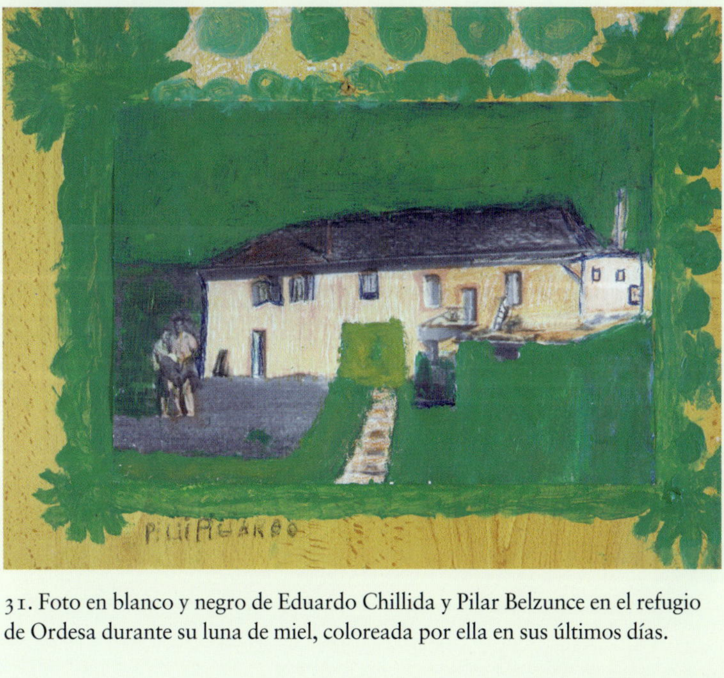

31. Foto en blanco y negro de Eduardo Chillida y Pilar Belzunce en el refugio de Ordesa durante su luna de miel, coloreada por ella en sus últimos días.

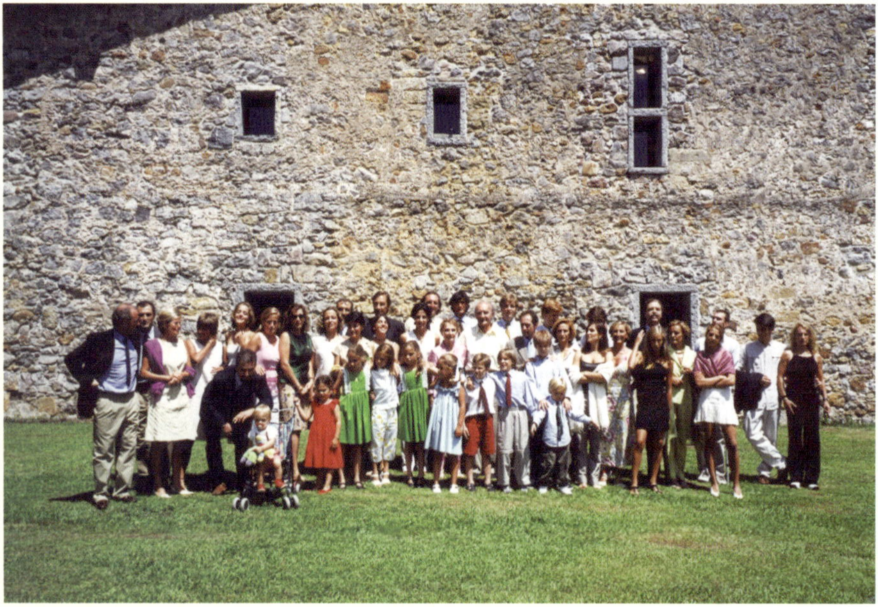

32. Familia Chillida Belzunce frente a la fachada del caserío Zabalaga en las bodas de oro de Eduardo y Pili. Chillida Leku, 28 de julio de 2000.

V

Década de los setenta. Retos y dificultades

Despertarme cuando el día está nuevo y asomarme a la ventana desde donde veo las montañas da un punto de referencia a mi estar en la tierra. Respiro y la luz que empieza a variar mientras escribo me va haciendo consciente de las horas. Para mi padre, igual que para mí, el arte y la naturaleza lo eran todo.

HARVARD, 1971

Chillida no creía en la enseñanza del arte. Pensaba que únicamente se podían enseñar pequeñas cosas como el modo de coger un lápiz o utilizar otras herramientas. Aun así, siendo un convencido autodidacta, en 1971 aceptó dar un curso de arte en la Universidad de Harvard. Cuando le contactaron, contestó lo mismo que tantas veces había contestado a otras universidades: que no creía en la enseñanza del arte. Lo curioso es que Harvard insistió aduciendo que, justamente por eso, querían su presencia. Y ese reto le gustó. Aunque suponía pasar casi seis meses fuera de casa, sabía que contaría con Pili. Desde el principio quedó claro que su programa consistiría en no tener programa y que lo único que podía hacer con los alumnos, gente de postgrado, era enseñarles cómo él aprendía. Contaba que solía hacerles mirar por la ventana de la clase –era el antiguo estudio de Frank Lloyd Wright– y por ejemplo les mostraba las cosas en las que se había fijado mientras hacía el trayecto por la mañana: los caminos individuales que cada persona iba dejando sobre la nieve en el campus… o la escala de las personas vistas desde esa distancia. Creo recordar que todos cuantos andaban le parecían a él *giacomettis*, al igual que la gente que deambula por la plaza de San Marcos de Venecia. Pidió que le permitieran no hacer evaluaciones y también este requisito se lo admitieron. De hecho, mi padre dejó que fueran los propios alumnos quienes se pusieran la nota final. Lo curioso es que un par de ellos se suspendieron, porque entendieron que no habían estado a la altura de las circunstancias ni aprovechado suficientemente la libertad que les había dado Chillida. Al cabo de un tiempo, unos y otros vinieron a San Sebastián a visitarle.

CHILLIDA Y JORGE GUILLÉN

En esa estancia en Estados Unidos intimó con Jorge Guillén, que daba también clases en la universidad. Desarrollaron una buena amistad, aunque siempre se trataron con el máximo respeto. Entre ellos se hablaban de usted. Varias veces escuché a mi padre contar cómo un día le habló del proyecto conjunto que había hecho con

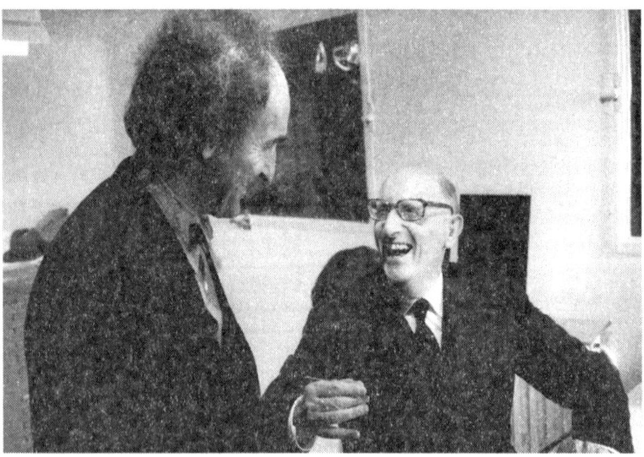

Jorge Guillén y Eduardo Chillida preparando el libro *Más allá*, 1973.

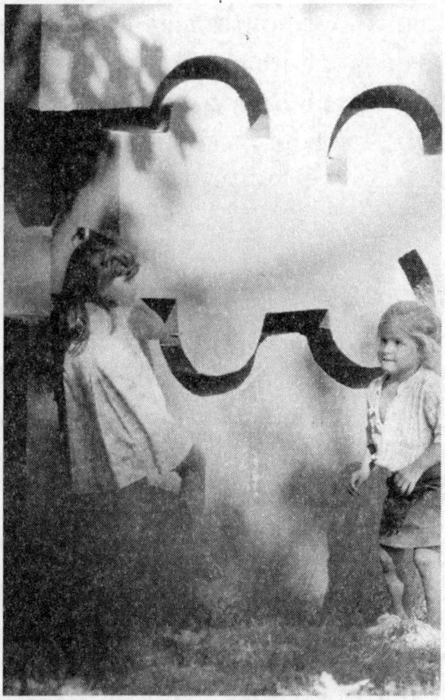

Naiara y Luisa, nietas de Chillida, junto al *Homenaje a Jorge Guillén.*

Heidegger. Por lo visto, le contó con orgullo que había conseguido que el filósofo escribiera en la piedra litográfica. Ese día, antes de despedirse, Guillén se puso muy serio y le dijo: «Le advierto, Chillida, que yo también tengo muy buena letra...». Por supuesto, su velada sugerencia fue bien captada, y así, al cabo de dos años, colaboraron juntos en otro libro de bibliófilo, *Más allá*, con texto de Guillén y dieciséis xilografías de Chillida. Por lo que sé, Guillén era un hombre entrañable y muy divertido a quien me hubiera gustado conocer.

Además, en 1981 mi padre realizó un *Homenaje a Jorge Guillén*. Una obra en hormigón que durante años coronó la entrada de Intzenea, la segunda y última casa que mis padres habitaron en San Sebastián. Junto a ella he visto crecer a mis hijos y yo misma, de joven, fotografié a mis sobrinos disfrutándola. Para mí fue muy triste que a la muerte de mi padre alguien decidiera llevársela a Chillida Leku. Fue como si mi madre y todos cuantos vivíamos en la casa ya no importáramos. Una ausencia que durante años sentí al llegar a San Sebastián.

UNOS A BOSTON, OTROS EN CAMBRIDGE

Sobrevivir tantos meses fuera de casa, en la Universidad de Harvard, para Pili fue el episodio doméstico más duro que se vio obligada a pasar en su vida. Tuvo el acierto de llevar consigo a mi hermana mayor, Guiomar, que ya había terminado el bachillerato, y a Luis y Eduardo, los más pequeños. Estando los dos mayores internos, en San Sebastián habíamos quedado solas mis hermanas, Carmen y María, y yo, una reducción de la familia muy considerable. Carmen se ocupaba de las cuentas con la cocinera –y de todo lo demás– con la supervisión de un tío nuestro algo loco. Todavía me veo en las escaleras de Correos recibiendo algún que otro paquete con ropas y largas cartas que nos mandaba de vez en cuando nuestra madre.

Para todos ellos fue un alivio tener cerca a Teresa Guillén. Era una mujer muy amable que vivía con su padre y les dio sabios consejos para instalarse y afrontar fácilmente las muchas tareas a las que nunca antes se habían enfrentado. De belleza, de orden y de limpieza mi madre sabía mucho, pero a los aparatos domésticos les tenía pavor, y la cocina era para ella *terra incognita*. Debía de sentirse allí más o menos como cualquiera de nosotros nos sentiríamos en la NASA. Preguntada por su relación con nuestros padres, Guiomar aporta recuerdos de infancia y de aquel tiempo.

> La conexión con *aitá* de pequeña fue muy especial porque todavía éramos pocos y yo le hacía mucha gracia con mis fantasías y mi afición a la pintura, que él alentaba mucho ya con cuatro años. Decía que combinaba muy bien los colores y hasta gané una vez un premio. Todo esto duró hasta que intenté pintar con más realismo y ahí acabó mi historia

con la pintura. Siendo ya mayor, empecé a hacer corbatas para él del tipo de una que sabía que le gustaba y estaba ya muy vieja. Las hacía combinando colores siempre de la misma potencia o valor. Eran más estrechas de lo normal y las ribeteaba a ganchillo por ambos lados. Le gustaron mucho y a partir de entonces fueron las únicas que usó el resto de su vida. Lástima que todavía no había hecho ninguna cuando fuimos a Harvard.

El disfrute de nuestros padres en solitario que viví durante aquellos meses ningún otro hermano lo ha podido disfrutar. Hasta entonces, en San Sebastián, como viajaban muchísimo, apenas los veíamos. Allí, de la noche a la mañana pasé de no poder entrar en la cocina en Villa Paz porque no nos dejaban a convertirme en cocinera, para asombro de mis padres, que también me ayudaban. *Aitá* se especializó en sopa de verduras, *amá* era la encargada de las ensaladas, y todo fluía. Esos momentos y la colada semanal con *amá* fueron mágicos. Casi tanto como las lavadoras y secadoras que había en los bajos del edificio de las que salía la ropa limpia, seca y prácticamente sin arrugas. Nos divertía mucho plancharlas con las manos y dejarlas bien dobladitas.

Fue un tiempo muy enriquecedor, pues desde el primer momento fuimos acogidos con gran cariño. Enseguida hicimos amigos españoles que vivían allí, como Teresa Guillén y su padre, Moncha y Josep Lluís Sert, colaborador predilecto de Le Corbusier e íntimo de Miró, y no quiero olvidarme del matrimonio polaco amoroso que se ocupó tanto de nosotros, Sabine y el también arquitecto Joseph Zaleski. Nos invitaban continuamente todos ellos a sus maravillosas casas y a las de sus amigos en el campo durante los fines de semana. Eran unas arquitecturas muy especiales, tipo Mies Van de Rohe.

Por lo que sé, lo más difícil para todos resultó enfrentarse con una operación de riñón repentina que hubo que practicarle a nuestro padre. Él y Pili se fueron a Boston y Guiomar quedó a solas con Luis y Eduardo en Cambridge. No había cumplido aún veinte años y estaba en un país extranjero, pero se las arregló muy bien sola. Incluso viajó a Boston con los pequeños para visitar a nuestros padres un día y ver con sus propios ojos la dichosa piedra que él había expulsado. Desde entonces, la valía de Guiomar quedó más que probada. Como tantas otras mujeres ocupadas, Pili la había entrenado para ser la pequeña madre de sus hermanos desde que era una niña. La valoraban mucho y contaron con ella para otras mil cosas durante la vida. Siempre ha tenido mucho gusto estético. En su estilo gracioso y apreciativo, nuestro padre decía de ella que era muy elegante y tenía un «morro muy fino». También valoraba en Guiomar su capacidad para aglutinar a la familia.

Mi hermano Luis, piloto de competición, aporta un testimonio que tiene que ver con su trayectoria deportiva a la que ha dedicado mucho tiempo y esfuerzo (aún sigue haciéndolo). Por lo visto un día en unos grandes almacenes se perdió, para total consternación de Pili, que hasta llamó a la policía para encontrarle.

> Después de dar varias vueltas por el edificio, como no lograba encontrarles, decidí volver andando a nuestra casa, que estaba en el

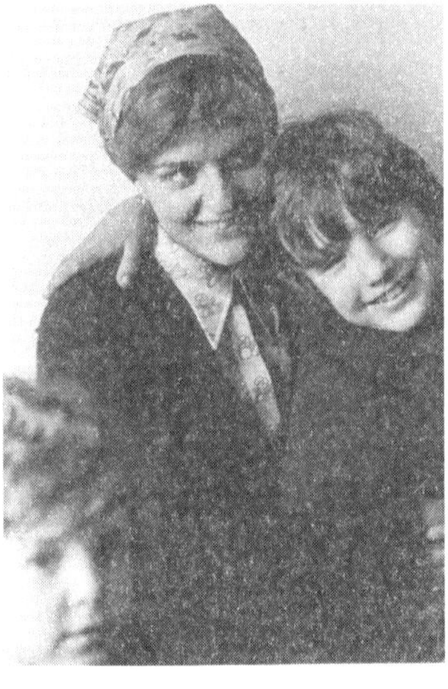

El «equipo de apoyo» en Harvard: mis hermanos Guiomar, Luis y Eduardo.

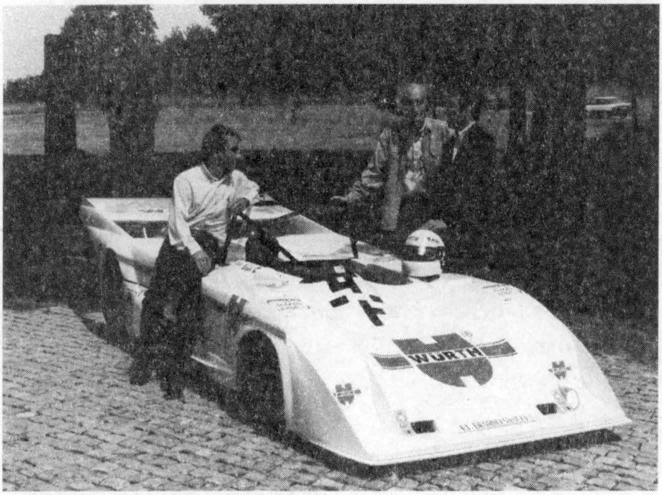

Luis Chillida junto a su padre Eduardo Chillida en la presentación de su coche de competición, Chillida Leku, 1997.

campus. Estaba muy lejos y era pequeño, pero fui capaz de orientarme y llegar hasta el Centro Carpenter, que es donde mi padre impartía sus clases. Cuando le dije que me había perdido, él me felicitó diciéndome: «No te has perdido, sabías dónde estabas y adónde ibas». Desde entonces, siempre estoy muy atento a dónde estoy y a dónde voy. Esto y otras muchas cosas que he compartido con mis padres han sido claves en mi vida.

Efectivamente, en ralis raid como el Dakar, en los que Luis participó una vez en moto y dos en coche, es muy importante la resistencia y la orientación. Recuerdo muy bien cómo Pili y Eduardo solían despertarse de madrugada para seguir sus andanzas por el desierto en la televisión, y en sus vehículos nunca faltó la pegatina con el logo *Donosti Taldea* (Equipo San Sebastián) que nuestro padre realizó para él. Por lo visto, mi madre le decía: «No corras, pero gana». Luis compite también en montaña y en circuitos, donde prima la velocidad.

Sobre esto versa su segundo testimonio:

> Cuando mi padre nos pedía ir a buscar algo a su estudio o a cualquier otro lugar, siempre nos cronometraba, y la siguiente vez tratábamos de mejorar el tiempo. Creo que lo hacía con la intención de educarnos en el espíritu de la superación. No es de extrañar que sea un apasionado de las carreras. Mi padre se centraba en la búsqueda de los límites; era algo que compartíamos. Con la diferencia de que cuando yo los superaba, acababa muchas veces lesionado o fuera de pista, y sin embargo él en su trabajo lo solucionaba escuchando el presente o comenzando la obra de nuevo.

EL MOLINO DE LOS VADOS

La siguiente foto podría parecer una simple foto de naturaleza. Sin embargo, en primer término, pequeña ante la grandeza del lugar, hay una figura humana. Me es fácil reconocer a mi madre por su pelo rubio, su tipo, su postura, y esa forma de vestir, práctica pero elegante, con un collar largo. Inconfundible. Resulta gracioso y lógico que con dos dedos quiera agrandar la imagen para verla más de cerca, como haría con cualquier aparato digital hoy en día. Pero es un simple papel fotográfico el que retiene esta memoria antigua. En su parte trasera reza: «Pili 1971, Molino de los Vados».

No llego a distinguir sus zapatos, pero puedo intuir que serán unos de esos a los que mi padre llamaba «zapatos de hombrecito». Me los estoy viendo a los dos en Donostia, cualquier día de lluvia de cualquier año, a la hora en que a él le gustaba pasear –a eso de las ocho de la tarde–; mi padre mirando por la ventana para ver si escampaba, y mi madre arrebujada en un sillón para ver si él la dispensaba de tener que salir. El resultado era casi siempre el mismo: «¡Hala, Pili, no seas nena, ponte tus zapatos de hombrecito y vamos!». Y ella se levantaba con pereza pero contenta, y a su paseo nos uníamos, bien pertrechados, cualquiera de los hijos que quisiéramos y anduviéramos por allí.

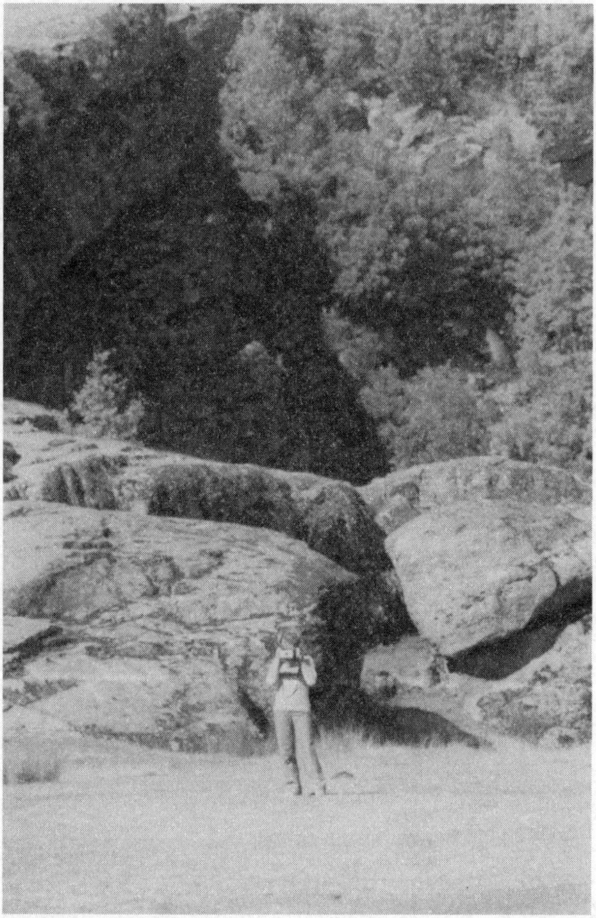

Pili en la pradera del Molino de los Vados, provincia de Burgos, 1971.

A mí me sigue encantando caminar por la playa bajo la lluvia, pero evidentemente ella mayormente lo hacía por mi padre, y a partir de su muerte lo dejó de hacer. Cuánto he aprendido sobre mi madre en estos últimos años; cuántas versiones que me había hecho de su vida –incluso las he publicado– he tenido que revisar a partir de su viudedad, primero, y de su enfermedad, después. Cosas que consideré «negativas» se han convertido en «positivas», y otras han resultado al contrario. Todo está a merced de nuevos conocimientos y puntos de vista que adopto. Las emociones y acciones que se activan vuelven a transformarlo todo una y otra vez.

Durante tiempo llamé abnegación a su capacidad de entrega a la causa de mi padre y su arte, pero ¿no es bien cierto que la causa de mi padre era también «su» causa? Las cosas que hacía por él pocas veces las hizo por sumisión sino porque, definitivamente, eran parte necesaria de «su» misión, la que ella se había asignado. Si es que alguna vez lo vi como algo machista, hace ya tiempo que no lo veo así.

Pero volvamos al molino. En la instantánea que alguien hizo de Pili está la naturaleza que mis padres adoraban; en la que ella estaba captando estaría la casa que ambos crearon en la provincia de Burgos. Llevaban meses, sino años, buscando con afán un lugar de calma, con clima seco y no demasiado alejado de San Sebastián, que aportase salud a sus pulmones y a sus huesos. Todos participamos en la búsqueda y se barajaron emplazamientos como el pantano de Yesa, donde había un pueblo abandonado. Finalmente, fue el crítico de arte José María Moreno Galván, que tenía otro molino por la zona, quien les descubrió el lugar en 1971: una pradera extensa con un molino de agua bajo cuya estructura simple corría el río Arlanza.

Allí, a varios kilómetros del pueblo más cercano (Castrillo de la Reina), sin luz eléctrica ni agua corriente, mis padres crearon el pequeño «edén» que todos disfrutamos fuera invierno o verano. Utilizábamos una nevera de barco y el agua la traíamos desde un manantial. Convertir aquello en un hogar fue una aventura que acometieron con ganas y ayuda de sus hijos mayores. Yo estaba en plena adolescencia y prefería quedarme con mis amigos en Donostia. Sólo ayudé en la plantación de un montón de árboles, pero no me involucré en la búsqueda de restos de antiguas edificaciones de pastoreo ni cargué con sus hermosas piedras para construir el porche monacal o las sencillas arcadas sobre el río que completaron la casa en la que años más tarde me casé.

Mis padres solían asentarse allí durante largas temporadas veraniegas junto a mis hermanos más pequeños, y los demás acudíamos de vez en cuando. Por la mañana, por la tarde, por la noche, pasaban rebaños de ovejas, de vacas, de caballos, y amigables pastores con sus perros. Teníamos quinqués, butanos, velas... y la gran chimenea hecha por mi padre, que era un verdadero «lugar de encuentros» junto al fuego. Además, los montes, las rocas, el río con su puente románico y la gran pradera nos acompañaban. El cielo allí era inmenso. Cada noche paseábamos por la pradera bajo el orbe plagado de estrellas.

Inmerso en la naturaleza, mi padre disfrutaba junto a nosotros y nos iba conociendo mejor. También nosotros a él. Leía, paseaba y a veces pintaba. Eran los suyos cuadros pequeños y contundentes, hechos sin pretensión alguna, que hoy mantienen la memoria de un lugar. Muchos años después, en Chillida Leku, mi hermano Ignacio montó una exposición temporal, de título *Divertimento*, en la que mostró esa faceta desconocida de nuestro padre.[1]

El molino fue un lugar importante para Chillida de cuya existencia sólo sus amigos más cercanos saben, pues solían ser invitados a pasar algunos días con ellos. Hacer excursiones por aquella zona tan rica en cultura nos encantaba a todos. Covarrubias, con su colegiata donde escuchamos tantos conciertos inolvidables, sus edificios medievales y el Torreón de doña Urraca; el Monasterio de Santo Domingo de Silos, cuyo claustro es una joya del románico, o la abadía donde se pueden escuchar cantos gregorianos. También hay muchas pequeñas ermitas románicas perdidas por el campo, y un monasterio en ruinas –el de San Pedro de Arlanza– que es una maravilla. Chillida fue uno de los personajes públicos que lucharon para que no fuera hundido por un pantano que la Hidrográfica del Duero planeaba hacer en la zona. Eso se consiguió. Pero, cosas del destino, después de muchos años fue su propio Molino de los Vados, tan solitario, el que terminó por ser derrumbado y más tarde anegado, al igual que el precioso valle en

1. Véanse las imágenes 6 y 7 del encarte.

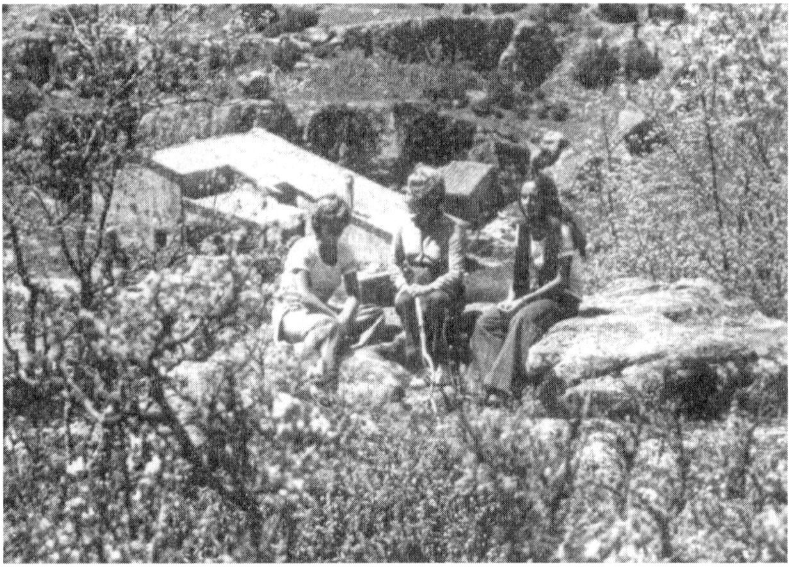

Pilar Belzunce con sus hijas Guiomar y Carmen y al fondo el Molino de los Vados, 1972.

donde tanto disfrutamos toda la familia. Afortunadamente nuestro padre nunca lo vio.

CALAMITY JANE

Con el conocimiento que da la edad, miro ahora las fotos que mi padre hacía allí y veo lo difícil que resulta meterse en la piel del otro mientras se es muy joven. ¿Supe acaso atisbar la tristeza que para él supondría dejar su Leica, la Leica que luego hice mía? Hasta que la vista empezó a fallarle y dejó de poder enfocar bien las fotos, le gustaba treparse a los peñascos altos y desde allí, con el teleobjetivo, pillarnos a todos en plena acción.

Me río ahora, seguramente igual que se reiría entonces él mismo, viendo a mi madre en pijama con su eterna batita blanca, recogiendo la hierba que acababa de cortar y poniéndola en una carretilla desvencijada. Junto a ella, el muro de piedra seca que levantaron para separar el molino de las vacas, caballos y ovejas que campaban a sus anchas por el entorno. Les habían dado permiso para cercar una pequeña parte. Mientras realizaban el muro –con ayuda de mis hermanos y de Mariano, el entrañable lugareño encargado de su cuidado– ocurrió algo curioso. Un árbol pequeño ya existente estaba justo en el ángulo de cierre. Mis padres no querían cortarlo. Entonces, dándole una forma curva muy chillidesca, lo esquivaron dejándole espacio, y el arbolito quedó felizmente donde estaba. En la pradera. Para compensar el espacio perdido y completar la forma estética del muro, en la parte frontal hicieron otra curva equivalente, pero en sentido contrario. Una era cóncava y otra convexa. En el espacio de la cóncava, que miraba hacia la casa, plantaron otro bonito árbol al que dejaron también espacio para poder crecer feliz.

En otra fotografía de las que mi padre le hizo a Pili, la vemos con un gorrito veraniego, manejando con sus músculos bien dibujados una de las mangueras más gruesas que he visto en la vida. El agua que sale con fuerza dibuja un arco blanco frente al muro de piedra.

Esa faceta suya de «currante» Pili la ejerció igualmente en todas las casas que tuvieron. Cualquier hermano mío la recordará pasando el cortacésped en Villa Paz, o quitando la roña a las sillas del frontón antes de pintarlas cada vez que era necesario. Eran tareas quizás consideradas más de hombres, pero a ella nunca le importó ese tema, no se le caían los anillos fácilmente. Eduardo solía llamarla *Calamity Jane*, y la creía capaz de todo. Se la imaginaba dirigiendo una fila de caravanas a la conquista del lejano Oeste y se la pintaría en pijama atizando a los caballos.

Una anécdota de cuando éramos pequeños acude: solía llevarnos temprano a la piscina del tenis de San Sebastián donde aprendíamos a nadar, y más tarde se reunía con nosotros en la playa. Una vez, al volver a casa sola, se quedó sin gasolina y tuvo que recorrer media ciudad en pijama, andando muy dignamente para ofrecer cierto decoro al momento.

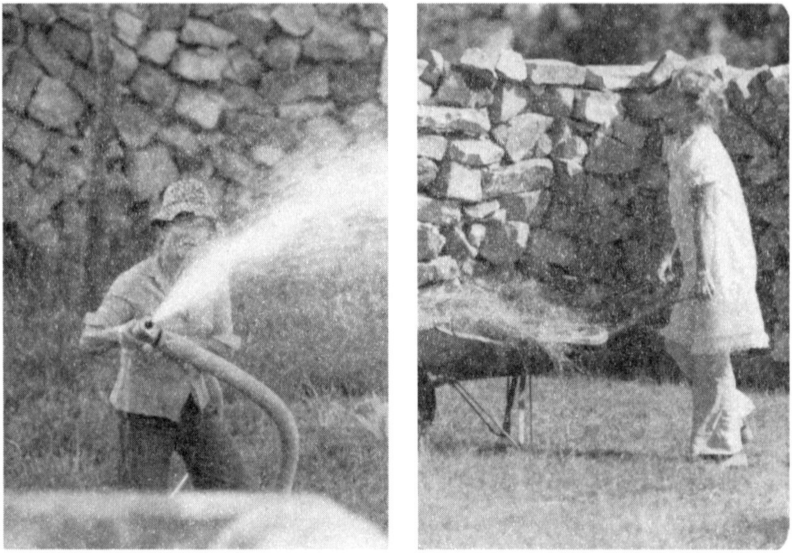

Pilar Belzunce haciendo distintas tareas en el Molino de los Vados.

Hoy me pregunto sobre esa especie de indulgencia que se permitió toda la vida. Le gustaba leer de arriba abajo el periódico en la cama y andar en pijama por la casa –o incluso fuera de la casa, como hemos visto– hasta bien avanzada la mañana. Me es difícil achacar esa costumbre a la pereza, porque perezosa no era. ¿Sería el pijama un signo de identidad propia? ¿Un fetiche del amor que se debía a sí misma? ¿Un lujo? ¿Una reivindicación?

La presentación de sí misma, en términos de indumentaria, Pili la llevó siempre de forma totalmente personal, sin dejar que nada ni nadie le influenciara. Ni tan siquiera Eduardo. Y esa misma idea nos la quiso transmitir a nosotros sus hijos. Ella pensaba que la seguridad en uno mismo se asentaba en parte en esa libertad y nunca dejó que las críticas de nuestro padre nos afectaran. Él, a quien nada le importaban las modas, solía pronunciarse cuando veía algo que no le funcionaba estéticamente. Las botas en punta que usaba mi hermano Luis le ponían de los nervios, y de nosotras le molestaba, por ejemplo, una raya en el pelo mal dispuesta con respecto a la forma del óvalo o un corte de cintura que no favoreciera la proporción del torso con las piernas. Nuestra madre indefectiblemente nos defendía con un «estás monísima» o «estás guapísimo». Así, yo aprendí a jugar entre esos dos patrones. No me doblegaba a los gustos de él, pero tenía modos de saber lo que opinaba incluso aunque no dijera nada con palabras. Su sillón de Villa Paz estaba frente a las escaleras por las que bajábamos para salir a la calle. Él se quedaba leyendo allí hasta la hora de irse al estudio. Si, al escucharnos a mi hermana María y a mí, levantaba la cabeza y sonreía, era que estábamos guapas; si por el contrario la levantaba y la volvía a bajar al libro, ¡malo!... es que no le gustábamos. Mi hermana a veces volvía a cambiarse; yo no recuerdo haberlo hecho nunca, aunque ahora cuando veo fotos de mí con ropa que no favorece mi cuerpo, entiendo mejor que antes de qué hablaba.

Pili era libre y liberal en todo, no sólo en la ropa, también en las costumbres. Pienso en mis escotes o los de mis hermanas, el tamaño de mis minifaldas cuando iba en moto, o las noches en que no dormía en casa el último año antes de casarme. Mi padre, que además de pudoroso era un poco pacato en algunas cosas, se escandalizaba: «Pero ¿ya le has dicho algo a esta chica?», me solía contar mi madre que le decía; y Pili lo callaba con un simple: «Pero ¿no ves que a ella le parece bien lo que hace?». Mi madre tenía pocos criterios preestablecidos y pienso que por eso nunca encajó del todo en ningún tipo de sociedad, ni vasca, ni nacional, ni extranjera; aunque tampoco lo buscó ni lo deseó. Pili era «uno» con Eduardo; una *rara avis* que aportaba a mi padre todo lo que a él le faltaba.

Otra foto de mi madre en el molino me la muestra junto a un bastón de monte apoyado en la pared, sentada de espaldas en el porche. Veo su moño recogido en alto, recuerdo un dibujo muy delicado que le hizo mi padre, y escucho las voces de ambos recitando de memoria a san Juan de la Cruz: «en sólo aquel cabello / que en mi cuello mirar consideraste, / mirástele en mi cuello, / y en él preso quedaste, / y en uno de mis ojos te llagaste». Los dos eran unos románticos y unos místicos bastante graciosos.

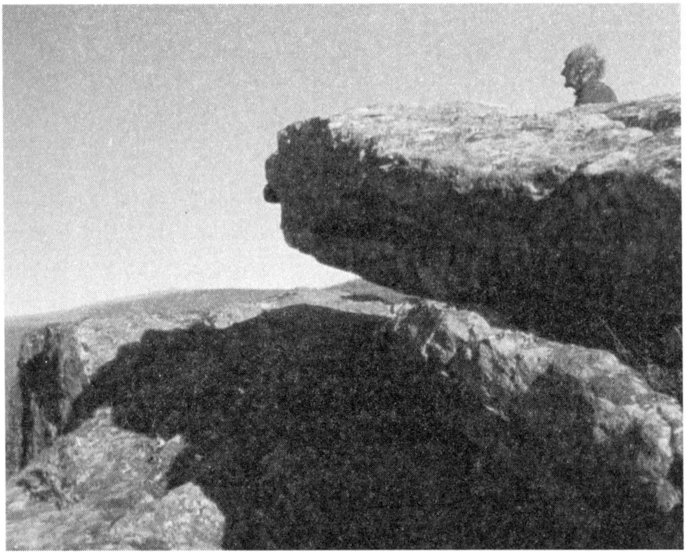

Chillida en la cima de una montaña de roca en Burgos, 1998. Fotograma de *Chillida, el Arte y los Sueños.*

Por cada frase sobre mi padre que publiqué, por cada imagen que entregué, hay cientos de memorias revividas. Por ejemplo, veo que, en *Chillida, el Arte y los Sueños*, nada de lo que aquí he contado sobre el molino encontró cabida. Sin embargo, quise que se escuchase el sonido de los cencerros, que viéramos los pasos de mi padre en la noche caminando junto al río Arlanza, y que nos deleitáramos con su disfrute en aquellos parajes solitarios. Personalmente, adoro la imagen de su cabeza junto a una enorme roca en plena contemplación del paisaje. Era un modo de dejar constancia de la veneración que siempre sintió mi padre hacia la naturaleza. Quien pensara que con su proyecto último, *Montaña Tindaya*, estaba queriendo violarla, definitivamente erraba.

UN *COLLAGE* PARA CALDER: EL PAPEL

«Gracias al espacio existen límites en el universo físico y yo puedo ser escultor. ¿Existen límites para el espíritu?», escribió mi padre.

En esta foto, Alexander Calder parece enseñar a Chillida la cueva de su boca, su oquedad, su vacío. Y mi padre la observa divertido. Eran amigos. Hace poco encontré un *collage* dedicado a él que nunca llegó a su destinatario. Está hecho sobre una hoja de papel

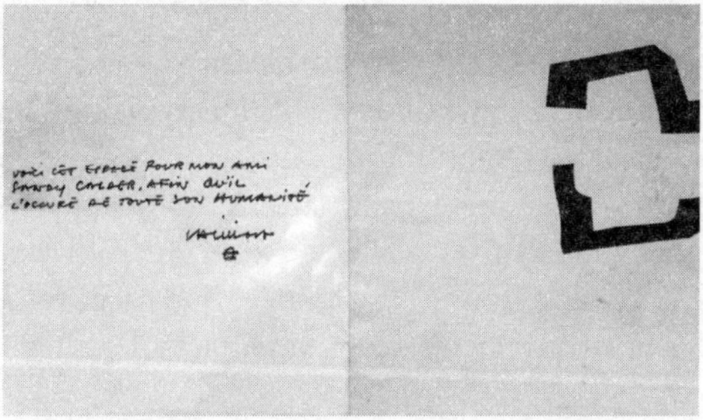

Collage dedicado a Calder.

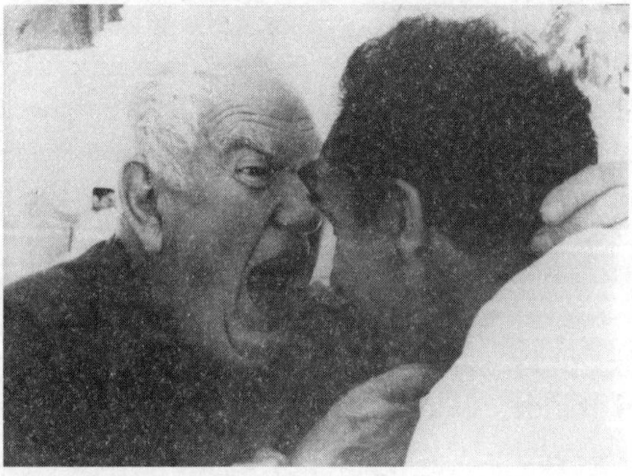

Alexander Calder y Eduardo Chillida, Saint-Paul-de-Vence, 1970.

doblada. La dedicatoria escrita a mano reza: *Voici cet espace pour mon ami Sandy Calder, afin qu'il l'occupe de toute son humanité. Chillida.*[1] En la parte de atrás, a lápiz: «ATTENTION ORIGINAL». También se lee «TELÉFONO», pero no hay ningún número de teléfono apuntado. Quizás eso es lo que faltó, un número donde avisar a su amigo del envío. Aunque también veo un pequeño borrón de tinta en la firma, y esa sería razón suficiente para que mi padre desechara la obra y realizara seguidamente otra –parecida pero distinta– que seguramente sí envió. Todo en cada pieza artística era para él importante: la composición dentro de la hoja, el formato, la textura, el color del papel...

Me lo imagino cortando cuidadosamente los dos pequeños papeles que conforman ese espacio que desea que su amigo ocupe. En lo que toca a la amistad, Chillida era impulsivo. También generoso. Es un *collage* simple y sentido que ahora soy yo quien admira. Entro y salgo a voluntad del espacio que debió ocupar Calder. Nada me aprisiona. Vuelo por lo blanco y, abrazada por las formas negras, descanso y reflexiono. «Así el arte, que no es refugio sino intemperie, no orienta. Quizás desorienta hacia delante», escribió mi padre.

Intuyo que mi padre debió de hacer este *collage* en las postrimerías de su estudio primero de Villa Paz, que le había quedado pequeño. Fue un momento importante. Mi madre compró la casa de al lado e hizo que construyeran un estudio más amplio repitiendo el mismo esquema de estudio de arriba/estudio de abajo. Creo recordar que él sentía cierto temor ante el cambio. Pero Pili se las ingenió como siempre para acompañarle en el tránsito y todo salió bien. Entre el nuevo y el antiguo estudio, separándolos, había únicamente una barrera natural de laurel que impregnaba todo con su fragancia.

Mi hermano Pedro, que ya era pintor, ocupó por un tiempo la parte de arriba de ese antiguo estudio y, cuando empezaron las

1. He aquí este espacio para mi amigo Sandy Calder, para que lo ocupe con toda su humanidad.

obras para convertir aquella pequeña casa de tejado a dos aguas en mi hogar, mi hermano generosamente marchó. Pero muchas cosas quedaron. Huellas de la presencia de nuestro padre en la biblioteca y en la chimenea que mi marido y yo mantuvimos; huellas en pósteres y objetos que no fueron trasladados… y en algún lugar, por alguna razón, este *collage* del que ahora hablo. Mi madre me permitió quedármelo y yo pensé en enmarcarlo; pero de momento aún no lo he hecho.

LURRAS: LA TIERRA CHAMOTA

La tarde va cayendo, cambian los colores y las montañas lejanas del norte se visten tenuemente de azul. Al poco, lo que era placentero y sutil –sus siluetas recortadas contra el cielo y el campo que me separa de ellas– se torna triste. Frente a mi ventana termina la magia de la luz. Cambio entonces mi posición, me muevo y busco el oeste. Los perfiles de otras montañas, indistintas sus formas, contrastan todavía con el cielo naranja que se apaga. Un ciprés marca su posición frente a ellas.

Una vez escuché que la escultura era una de las artes más exigentes para el espectador. Habiendo crecido entre obras de Eduardo Chillida, la afirmación me resultó chocante. Claro está que para verlas tienes que implicarte –como se implica el escultor al hacerlas–, pero eso siempre me pareció normal. ¿Cómo vas a preciarte de haber visto una escultura si no la rodeas? «La escultura debe siempre estar atenta a todo lo que alrededor de ella se mueve y la hace viva», escribió mi padre. Para mí, rodear una escultura sin quitarle los ojos de encima es casi como asistir a un baile. Toda ella se mueve y se transforma a mi paso. Hay algunas que son verdaderamente distintas en cada una de sus cuatro caras. Por eso nunca he entendido cómo en algunos museos ponen las estatuas pegadas a la pared. ¿Acaso piensan que es más importante el pecho que la espalda? ¿O acaso es más importante el norte que el sur, o el este que el oeste?

Desde niña me acostumbré, al igual que mis hermanos, a convivir con esculturas, a rodearlas y palparlas; también a verlas expuestas en exposiciones diversas. Encontrarme con ellas inesperadamente en otros lugares, sin embargo, resulta algo bien distinto. Me veo, por ejemplo, entrando en casa de una amiga cuya madre había comprado una *lurra*. Allí, entre cosas diversas, esa escultura hecha de tierra cocida, me pareció un objeto llegado de muy lejos en el tiempo. Lo sentí como algo misterioso y casi prehistórico.

Ese tipo de tierra que mi padre usaba era muy distinto de la arcilla blanda de modelar que tanto le había disgustado de joven. La descubrió mientras se encontraba trabajando en el taller de grabado de la Fundación Maeght, un verano allá por el año 1973. Contaban allí con el tórculo más grande de los que había en aquel momento en el mundo. De pronto, escuchó un sonido que le pareció hermoso y que le distrajo de su labor. ¡Bum, bum, bum! Se asomó a la ventana para ver de dónde provenía, y vio cómo el ceramista Hans Spinner, con quien aún nunca había trabajado, preparaba un bloque de tierra para Miró. Mi padre sintió que ese sonido era una llamada. La percepción y la intuición lo guiaron. Bajó y pidió que le dejara tocar esa materia que tenía una sonoridad tan hermosa. Y también el tacto le gustó.

Se trataba de tierra chamota, lo que significa que es una tierra que ha sido previamente cocida, machacada y después preparada con agua para que los artistas puedan trabajarla. De ahí la textura dura que a mi padre tanto agradó. A partir de ese momento, Chillida comenzó a trabajar con Hans y, una vez más, encontró un modo novedoso de trabajar esa materia, escuchándola. Lo que le interesaba era la materia como tal. En particular, la calidad tan compacta que alcanzaban los «panes de tierra» con los que Hans la almacenaba en su taller. Esos panes eran del tamaño aproximado de un ladrillo grande. Imagino a mi padre mirándolos largo rato. Él solía decir que trabajaba siguiendo un «aroma» que le hacía conocer la obra que iba a hacer, aunque no supiera aún su forma. Sabía lo suficiente: sabía que no iba a modelar esa tierra, que era exactamente lo compacto de esa materia lo que él debía utilizar. Juntó entonces

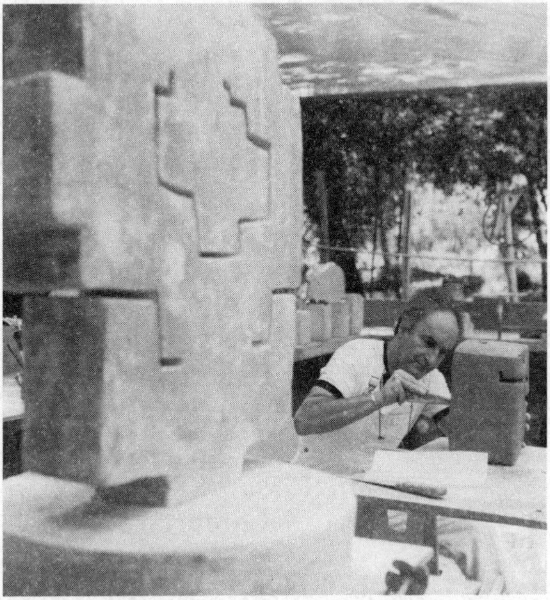

Eduardo Chillida trabajando sus *lurras* realizadas en tierra chamota, Saint-Paul-de-Vence, 1978.

varios panes entre sí hasta llegar a la medida de obra que deseaba hacer. Después, mediante incisiones y otro tipo de manipulaciones con distintos tipos de herramientas, encontró un modo propio de entenderse con ella.

A mi madre le oí contar que el tamaño máximo que una *lurra* podía alcanzar dependía de la brazada y la fuerza del artista para levantarla y voltearla durante el proceso. Y añadía orgullosamente que Eduardo podía utilizar hasta cuatro o cinco panes.

El momento más importante del proceso, en cualquier caso, era cuando metían las *lurras* al horno: ese era el momento de la verdad.[1] El fuego es un elemento vivo y caprichoso, de modo que por más cuidado que pusiesen, a veces les jugaba malas pasadas y el

1. Véase imagen 8 del encarte.

color que salía no era el que él buscaba. Me pregunto qué hubiera sido de mi padre sin el fuego. Sin ese elemento tan completo, ni las esculturas de hierro o acero ni las tierras hubieran podido existir. Sin fuego, Chillida hubiera quedado definitivamente cojo y ciego.

Le gustaba mucho trabajar las tierras al aire libre en ese ambiente mediterráneo, y tener a Pili cerca. A menudo se acercaba por el taller Miró, que también estaba trabajando con Hans, a quien nuestro padre llamaba «mi hermano alemán». Y no era extraño que en los descansos de los artistas aparecieran por ahí Aimé Maeght y Guiguite, su mujer. El ambiente era ciertamente familiar entre todos ellos.

LE CIMÈTIERE CHILLIDA: ESCENAS Y GRABACIONES

El cineasta Laurence Boulting tuvo el acierto de rodar el proceso de las tierras para su película sobre Chillida en 1985. En una escena se ve a Hans y a su mujer Noel, en plena noche, cenando con mis padres junto al horno mientras esperaban con cierta impaciencia el resultado final. Larry era carne de cine. Hijo de uno de los *crazy Boulting brothers*, tenía por padrinos a Lawrence Olivier y Olivia de Havilland. Él se dedicaba mayormente al documental. Cuando vino por primera vez a San Sebastián a hablar de la idea con Chillida, venía como productor, en calidad de mensajero de otro de los directores que trabajaban con él. Pasaron un par de días charlando y, antes de irse, mi padre le dijo: «Ok. Haremos la película. Pero quiero que el director seas tú». Él veía en profundidad a las personas y sabía infundirles fuerza y confianza. Habiendo tan buena química entre ellos dos, no es de extrañar que la película resultara un éxito y ganara más de un premio.

Otra de las escenas que montó es también significativa por lo que muestra de mis padres. Una escultura está llegando a Zabalaga con una grúa y hay que posarla. Mi padre dice dónde y cómo la quiere. Pili, antes de que se vaya la grúa, intenta convencer a

Eduardo de que pruebe otra colocación que a ella le parece mejor. Él no quiere hacerlo y, aunque ella insiste, no lo hacen. Terminan todos riendo, pero imagino la pequeña frustración de Pili por no haberlo conseguido.

Yo, por mi parte, grabé una entrevista con Hans Spinner al cabo del tiempo. Me contó que mi padre no daba por buena ninguna obra que no le gustara plenamente, y a él eso le parecía realmente atípico entre artistas. Por lo visto, en la trasera de su taller tenía una zona a la que llamaba *le cimètiere Chillida* (el cementerio Chillida), donde recogía las *lurras* que tendría que machacar de nuevo, a pesar de estar acabadas. «Lo mejor es enemigo de lo bueno», decía mi padre con frecuencia.

Si por él hubiera sido, una gran parte de sus dibujos tampoco existirían. Solía hacer muchos, y después elegía los que más le gustaban y tiraba los otros, o hacía que Pili los tirara. Así fue hasta que Louis G. Clayeux, el director artístico de la Galería Maeght, aconsejó a mi madre que jamás hiciera caso. Le explicó que era normal que los artistas perdieran interés por lo que ya habían hecho, pero que todo constituía parte de su trayectoria y que debía guardarlos. Y Pili le escuchó y lo hizo.

LA IGLESIA DE SANTA MARÍA

Con el aria que escucho por la radio vienen recuerdos de voces que he escuchado en la Iglesia de Santa María de Donosti junto a mis padres, voces que venían del coro en días especiales. Aún nunca he utilizado el material que rodé allí. Un *travelling* por el pasillo central marcaba mi intención de cineasta: dejar constancia de un lugar que fue también un lugar de Chillida al que acudía semanalmente y sin falta, ocupando siempre un mismo banco en la segunda fila, a la izquierda del altar. Dejo que vengan memorias de las cuales son testigo las vidrieras altas. En el altar, junto a todo lo sagrado, el padre Elgarresta, a quien Eduardo admiraba por su humildad. A pesar de ser hijo de una potencial soprano, mi padre tenía mal oído. También el padre Elgarresta, quien además cantaba fatal. No obstante, semana a semana, Eduardo lo veía acercarse al micrófono y acompañar con su timbre desacompasado las canciones que los fieles cantaban. La vergüenza que debía de sentir aquel hombre le emocionaba. Y la que sentían ambos cantando les unía.

¿Quién decide lo que es y no es contradictorio en una persona? Puede parecer contradictorio estar en la vanguardia del arte y asistir a misa los domingos; sin embargo, mi padre lo hacía, aunque nunca fue un santurrón ni abusaba de creencias y ritos. Las creencias, especialmente las religiosas, se nos inculcan familiarmente cuando no podemos aún defendernos de ellas ni contrastarlas; van de la mano del amor y del miedo. Mi padre se tomó más tarde el trabajo de estudiar otras religiones, pero no encontró razón para abandonar la suya. Quizás seguía habiendo un punto de miedo en ello. También mucha racionalización, como se deja ver en la contestación que le dio a mi marido ante su extrañeza frente al cumplimiento que hacía del deber dominical. Le dijo que era un hombre tan afortunado y tan libre que sentía que debía sujetarse a algo superior a él: la comunión con sus iguales.

Santa María para mí era un lugar de encuentros donde sabía que el domingo a la una del mediodía podía reunirme con mis padres; y por esa razón solía acercarme de vez en cuando siendo ya mayor. Después nos gustaba bajar al puerto y comprar quisquillas y karrakelas que nos tomábamos juntos. Un domingo en que yo no estaba, alguien se acercó a mi padre a la salida de la misa y le dijo misteriosamente: «Chillida, me debes una gabardina». Cuántas implicaciones y cuánta historia pegada a nuestras vidas tras esa simple frase. Era el hijo del *gudari* del partido nacionalista vasco que le había salvado la vida a su padre –mi abuelo– tapándole con su gabardina en aquella noche en que se ajusticiaron a tantos presos del bando nacional recluidos en la cárcel de Bilbao. Como ya he contado anteriormente, esta historia y la deuda con los nacionalistas vascos que mi padre adquirió tuvieron mucho que ver con su trayectoria personal.

¿EDUARDO VA A FIRMAR?

Durante el décimo aniversario de la Fundación Maeght, en 1974, veo una repetición de la «foto de familia», que parece haber crecido considerablemente, aunque Louis Clayeux y Giacometti ya no están. Echo también de menos a Marc Chagall, a Adami, a *madame* Kandinski, a Tàpies, que entró más tarde en la galería, a Alechinsky y a algunos otros. Me fijo en un detalle: Pili lleva ya en su cuello, al igual que en la foto de la portada de este libro, una de las muchas placas de oro que mi padre realizó para ella. Un regalo de amor que a veces rubricaba con un simple: «Para Pili, mi amiga de siempre». En otra foto, más informal, resaltan las sonrisas de Pili y Eduardo, la de Palazuelo, y las de Miró y su esposa Pilar Juncosa. Mis padres fueron muy amigos de ellos y se tenían mutua confianza.

Durante el proceso de mis documentales, tuve oportunidad de preguntarle cómo se había sentido, siendo él tan joven –casi todos los demás artistas le llevaban más de veinte años–, junto a gente tan «grande». Al principio no me entendió. Quería que me dijera a quién admiraba y recuerdo que me nombró a Miró. Dijo que era pequeño por fuera pero grande por dentro, como san Juan de la Cruz. Todo un piropo viniendo de su boca. Le parecía un hombre íntegro y le daban mucha rabia las críticas absurdas a su trabajo como algo infantil. A día de hoy, y de la mano de Hauser & Wirth, Chillida Leku abrió sus puertas a Miró para compartir su espacio con él, en 2022, como también lo hizo el año anterior con Tàpies.

En tiempos de la dictadura en España, la opinión de los intelectuales sobre los distintos temas en juego tenía mucho peso y era muy buscada. Había manifiestos a los que los artistas se adherían, poniéndose en un punto de mira no siempre seguro en aquella época. Recuerdo cómo Pilar Juncosa, la mujer de Miró, solía llamar a mi madre y preguntarle: ¿qué va a hacer Eduardo?, ¿va a firmar? Y las más de las veces firmaban ambos.

Una vez supimos, por medio del dueño de la panadería donde comprábamos, que, durante la noche, gente del vecino barrio de

Intxaurrondo había estado haciendo guardia frente a la entrada de Villa Paz, por si acaso las declaraciones de Chillida traían consigo represalias. A alguien le escuché una vez decir que mi padre era un «intocable», pero lo cierto es que, cuando años más tarde se proclamó tan abiertamente en contra del terrorismo, llegamos a pasar un poco de miedo por ese lado también, aunque de eso nunca hablamos.

En aquellos tiempos tan convulsos, mi padre trabajó junto a mucha otra gente por el derecho a la lengua y a la bandera vascas, por la primera amnistía, por el rechazo a una central nuclear en Deva y por la creación de una universidad en el País Vasco. Los logos y anagramas que diseñó y donó entonces forman parte integral del imaginario de las poblaciones vascas. La gente los llevaba como pines en la ropa o como pegatinas en los coches, y algunos de ellos siguen aún en uso. El blanco y negro de Chillida se hizo pronto reconocible... El caso del anagrama por la amnistía a los primeros presos vascos fue para él muy triste. Mi padre se había entregado a esa causa con la inmensa esperanza de lograr el fin de una etapa que nunca debió comenzar. La amnistía se consiguió, pero al ver que la lucha armada continuaba, él y otra mucha gente se desvincularon por completo del tema.

Aunque sé que todas estas cosas mi padre las hizo de corazón, ¿quién nos dice que no fueran también un modo de devolverle la gabardina al hijo del *gudari*?

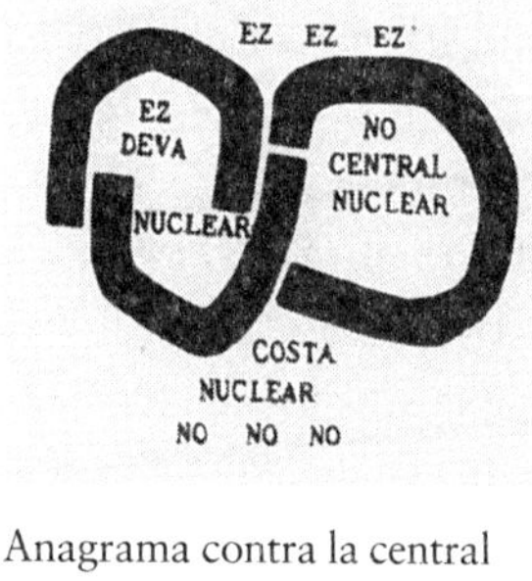

Anagrama contra la central nuclear de Deva, 1975.

Mirando los logos y anagramas de esa época veo fuerza y tensión. Eso me lleva a pensar que, quizás, hasta el uso exclusivo que hizo del blanco y del negro en su obra puede tener algo que ver con la dualidad vasco-española que arrastró toda su vida.[1] Para unos, Chillida era «demasiado» vasco; para otros, «demasiado» español, y quizás para casi todos, «demasiado» internacional. Y eso siempre me resultó curioso.

Creo que más que «intocable» mi padre en general resultaba «inclasificable». Como buen poeta del presente que era, fue un hombre coherente con lo que la vida le iba mostrando, y actuaba según su conciencia del momento, sin preocuparse de llevar una línea constante y comprensible para los demás.

EL BESO DE AIMÉ

Encuentro una foto que elijo por el cariño con que Aimé Maeght, ya bastante mayor, besa a mi madre. Al fotógrafo, Hans Spinner, le hubiera costado muy poco deshacerse por completo de la figura de mi padre que aparece parcialmente a la derecha de la imagen. Sin embargo, no lo ha hecho y entiendo muy bien la razón: todos sabían que Pili era una prolongación de Eduardo, y ese beso era de algún modo para los dos. En la cara sonriente de mi padre leo la felicidad que ese beso le produce; es, efectivamente, como si Aimé se lo estuviera dando a él.

Colgando del cuello, veo sus sempiternas gafas y, en sus manos, su también sempiterna bolsa con el tabaco y una de sus muchas pipas. Una memoria antigua acude. A la muerte de mi padre, mis hermanos me entregaron una cartita que habían encontrado en su estudio en la que yo le prometía a mi padre que, como regalo de cumpleaños, iba a dejar de fumar. Ignoro si lo dejé o no –lo he dejado y vuelto muchas veces–, pero recuerdo el trabajo que le costó a él, tan voluntarioso como era, dejar el tabaco definitivamente. Solía

1. Véanse las imágenes 9 y 10 del encarte.

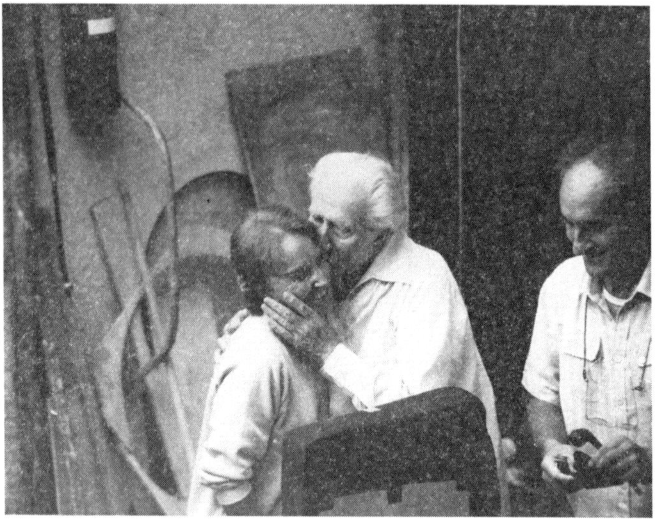

El galerista Aimé Maeght besando a Pilar Belzunce en presencia de Eduardo Chillida, 1978.

cambiar el cigarrillo por la pipa, o bien decidía que iba a estar un año entero sin fumar y, en cuanto el año se cumplía, volvía a empezar. Una vez se montó un lío enorme en Nueva York en casa de unos coleccionistas. Deseoso de fumar, se escabulló de la reunión y en un pasillo solitario encendió un cigarrillo. Antes de que le diera tres caladas, ya habían saltado todas las alarmas antiincendios de la casa. Todavía puedo ver su cara, entre pilla y avergonzada, disculpándose ante la concurrencia. Y un día, al fin, ya con sesenta y pocos años, dijo «este es el último cigarrillo de mi vida», y así fue.

Vuelvo a la fotografía. El torso de mi padre está cortado parcialmente y, sin embargo, siento que nada le falta como artista: su cabeza está completa y también su corazón y sus dos manos. Una vez, en su estudio, mi padre formuló una pregunta que me dejó perpleja: «¿Tú qué crees que tendría más valor: un dibujo planteado por Leonardo y hecho con las manos de un taxista o un dibujo planteado con la cabeza de un taxista y hecho con las manos de

Leonardo?». Creo que notaba que al principio de mi primer documental me estaba interesando en demasía por la parte física del proceso de realización de la obra que me habían encargado documentar. Su pregunta fue para mí una lección.

En el beso que Aimé le da a mi madre veo también cuánto la valoraba. Tiempo tuvo de conocer sus capacidades, y la fiereza con que defendía los intereses de Eduardo y de sus hijos. En el modo en que ella apoya su risa en la mano del galerista leo también las muchas aventuras que vivieron juntos.

MADRID: *LA SIRENA VARADA*

Si San Sebastián y París fueron importantes para mi padre, Madrid también lo fue. Era la ciudad en la que Chillida se había formado de joven y un lugar de encuentros en el que solía recalar con Pili camino de otros lugares. Aprovechaban para ver exposiciones y encontrarse con los amigos que fueron haciendo durante años. En mis recuerdos, la ciudad está asociada a personas con las que he tratado personalmente o cuyos nombres he escuchado en casa a menudo: José Antonio Fernández Ordóñez, Alberto Portera, las galeristas Juana Mordó, Luisa Iolas-Velasco, Nieves Fernández, Elvira González…, los artistas Sempere, Paco Muñoz, Antonio López… Sé que habrá infinidad de otras personas y lugares importantes para ellos, pero temo intentar dar más nombres y resultar injusta olvidando a muchos.

Madrid era para ambos, por supuesto, el Museo del Prado que visitaron tantas veces y el Museo Nacional Centro de Arte Reina Sofía cuyo primer logo realizó él y que se inauguró en 1986 con una exposición conjunta –organizada por Carmen Giménez– de Chillida, Saura y Tàpies, junto con Baselitz, Twombly y Serra. Era también las múltiples galerías de arte en las que expuso o compró obra, la ciudad en donde le nombraron académico de Bellas Artes y aquella donde quedaron instaladas varias de sus esculturas públicas. La verdad es que mi padre siempre convivió bien con el hecho de ser vasco y español a la vez. Desde niño se había nutrido con la cultura española; sin su literatura, sin su pintura, sin su música... probablemente Chillida no hubiera sido quien fue.

En 1973, Eusebio Sempere creó, junto con José Antonio Fernández Ordóñez, el Museo de Escultura al Aire Libre que une el paseo de la Castellana con la calle Serrano a la altura de Juan Bravo. A Sempere le debemos una de las obras del museo, así como la hermosa cascada de agua, las barandillas que acompañan al viandante en su ascenso o descenso por las escaleras que unen ambas calles y los pequeños bancos que colocó para favorecer el descanso entre las obras de arte.

La escultura de hormigón de Chillida *Lugar de encuentros III* debía ser colocada en suspensión bajo el puente de Juan Bravo, que da protección a las obras allí expuestas. Pero se encontró con dificultades inesperadas con el Ayuntamiento de Madrid. Adujeron problemas de peso que podían afectar a la seguridad del puente, y aunque los ingenieros negaban absolutamente esa posibilidad, la escultura quedó varada y sin hogar durante un tiempo. De ahí que posteriormente fuera llamada de modo popular *La sirena varada*. Muchos intuyeron que, con todavía Franco como dictador en España, el hecho de que Chillida fuera vasco era la verdadera razón «de peso». Aunque, por supuesto, nadie lo pudo admitir públicamente en aquel tiempo.

Quiso entonces Aimé Maeght, desafiando toda lógica, colgarla de su propia galería de París, en la 13 Rue de Téhéran. En la primera reunión en que propuso a su equipo tal cosa, alguien dijo: «Habrá que consultar con el arquitecto...». Y Aimé le contestó: «*Surtout pas!*» (¡Eso sí que no!). Mi madre hubiera podido decir lo mismo. Para alegría de todos, y salvando todas las dificultades imaginables, la exposición se hizo. De hecho, fue una de las que más disfrutó mi padre: una única obra de hormigón, de seis toneladas y media de peso, suspendida en mitad de la sala desafiando a la arquitectura y a la gravedad.

La historia de esa escultura de Chillida siguió alargándose y dificultándose al igual que los tiempos que corrían. Como medida de presión amable, Miró ofreció gratuitamente al Ayuntamiento de Madrid una obra suya para el Museo de Escultura al Aire Libre si la obra de Chillida se colgaba tal como mi padre quería. Pero la oferta fue desoída y los dos artistas hicieron entonces un intercambio: *Lugar de Encuentros III* se trasladó a la Fundación Miró de Barcelona, donde se colgó adecuadamente, y Miró le regaló a él un gran cuadro dedicado. Al llegar la democracia a España, el alcalde de UCD se puso en contacto con mi padre para anunciarle que por fin podrían colgarla en el sitio para el que había sido inicialmente pensada, pero mi padre le tuvo que decir la verdad, que ya no era suya. Miró, generosamente, no sólo la dejó marchar a pesar de todo, sino que cumplió con su oferta inicial y, muy contento, donó la obra que había prometido al museo de Madrid. Todo un lío que acabó bien: Chillida le regaló a él un hormigón algo más pequeño y todos quedaron en paz.

¡UN RECONOCIMIENTO EN SU TIERRA!

Fue un 7 de septiembre de 1974 en el Museo de San Telmo de nuestra ciudad. Chillida tenía cincuenta años y era la primera vez que recibía un reconocimiento en el País Vasco. Pocas veces he visto a mi padre tan contento y tan expresivo en unas fotos como ese día. Mis ojos quieren ver cosas en cada detalle. Hay más instantáneas que completan el momento en un álbum de mi madre. En todas ellas siento el cariño que Chillida muestra a quien, a su vez, se lo devuelve. ¿Por qué tanta ilusión en su cara? ¿Por qué esa expresión pilla y algo tímida? ¿No es cierto que entre sus brazos y los de quien le condecora con la *txapela* se forma una especie de escultura que recuerda al *Peine del viento*? Se siente algo de forcejeo amistoso entre ellos. No llego a entender si mi padre se ha querido quitar la *txapela* –no le gustaba nada ponerse cosas en la cabeza por miedo a perder más pelo– o si, por el contrario, quiere sentirla más claramente. ¿O es quizás que mide su altura? ¿O incluso que achata su estatura en gesto de humildad? ¿Será la suya una introspectiva mirada al joven que fue en otros tiempos y a la persona que él se siente en ese momento? Su cara, bien sonriente, se inclina hacia abajo. Su «oponente» trata de hacerle elevar la barbilla tocándosela.

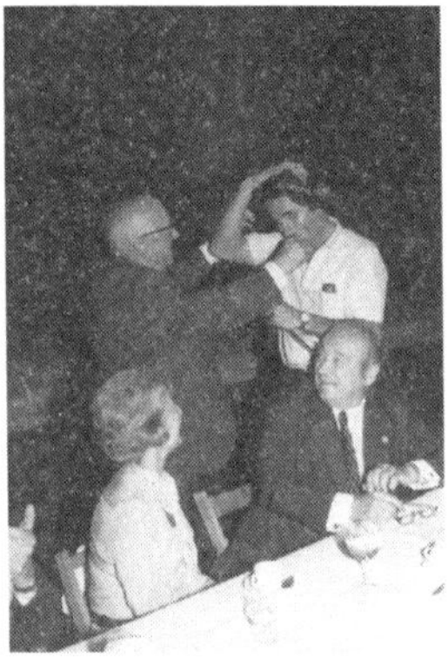
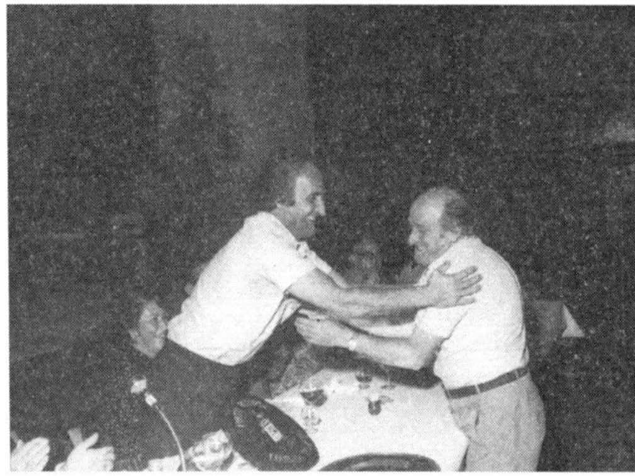

Eduardo Chillida recibiendo un homenaje en el Museo de San Telmo, San Sebastián, en presencia de Pilar Belzunce, 1974.

Presente en la escena, sentada, su sempiterna Pili sonriendo. Ambos visten de blanco en contraste con los oscuros trajes de quienes le condecoran encorbatados. Informalidad frente a formalidad. ¿Tal vez Chillida se hace «uno» con la gente a su alrededor que no recibe medallas y quiere que le vean como lo que es en su corazón, un vasco, aunque no tenga la lengua? Veo mucha felicidad en la foto.

En mi primer documental, *De Chillida a Hokusai*, lo mostré recibiendo el Praemium Imperiale de manos del emperador de Japón, vestido de esmoquin con una banda roja en alguna parte de su cuerpo, una inclinación respetuosa y una sonrisa ancha entre el boato de kimonos.[1] También le vi bajo unos enormes Chagall, junto al resto de ilustres galardonados de las artes, al recibir el Wolf Prize en 1987, y en otras muchas ilustres ocasiones. Pero nada de eso me emociona tanto como su actitud mientras le otorgan y colocan sobre su cabeza la gran boina vasca con su nombre inscrito, en esa ocasión. ¡Un reconocimiento en su tierra!

En cualquier caso, su primera exposición en el País Vasco aún tardaría en llegar. Tuvo lugar en 1981 en el Museo de Bellas Artes

1. Véase la imagen 11 del encarte.

de Bilbao y fue también una ocasión gozosa para mi padre. Las obras que se mostraron formaban parte de la exposición que había realizado el año anterior en el Museo Guggenheim de Nueva York.

Por nuestro País Vasco mi padre hizo todo cuanto se podía hacer y me apena que no llegara a vivir el fin de la lucha armada que tanto deseó; él, que durante el largo mes de uno de los muchos tristes secuestros que hubo proclamó valientemente por la radio un mensaje que me enorgullecía: «Un hombre, cualquier hombre, vale más que una bandera, que cualquier bandera».

Otras palabras que dejó inscritas con su puño y letra en un póster por los derechos humanos también me enorgullecen, con ese orgullo ajeno que hago propio: «Una denuncia, un abrazo, un clamor, un eco, un refugio, una cruz, una flor…».[1]

PEINE DEL VIENTO, DONOSTIA-SAN SEBASTIÁN: UNA AVENTURA ÉPICA

El extremo de la ciudad de San Sebastián donde están localizadas las tres piezas de acero cortén enclavadas en las rocas que conforman la escultura *Peine del viento* fue testigo del amor de mis padres desde que se conocieron con trece y quince años. Ese lugar, entonces una simple rotonda de asfalto al final del Paseo del Tenis, los vio crecer. Allí posiblemente se despedirían en soledad cuando Chillida decidió estudiar Arquitectura en Madrid tras su lesión de rodilla, y allí entreverían juntos el futuro incierto que les esperaba cuando decidió abandonar la carrera para irse a París y dedicarse a la escultura.

Tras su vuelta definitiva de París, ya casado, Chillida forjó muchos sueños que siguió compartiendo con su mujer y, de entre todos ellos, el mayor fue poder colocar algún día una obra en «su lugar» para donársela a la ciudad. Su idea era colocarla en la hermosa roca exenta que vemos en la foto antigua. En veinticinco años,

1. Véase la imagen 12 del encarte.

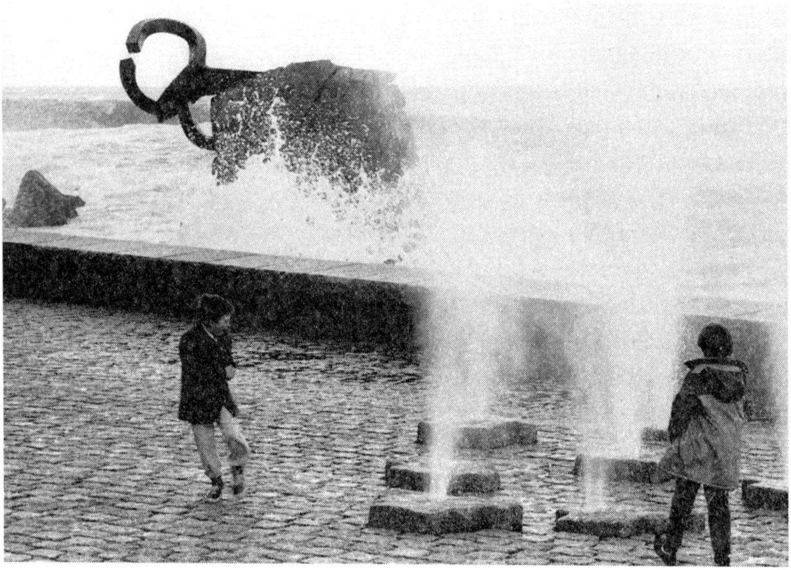

Niños jugando en la plaza del *Peine del viento* en San Sebastián, 1984.

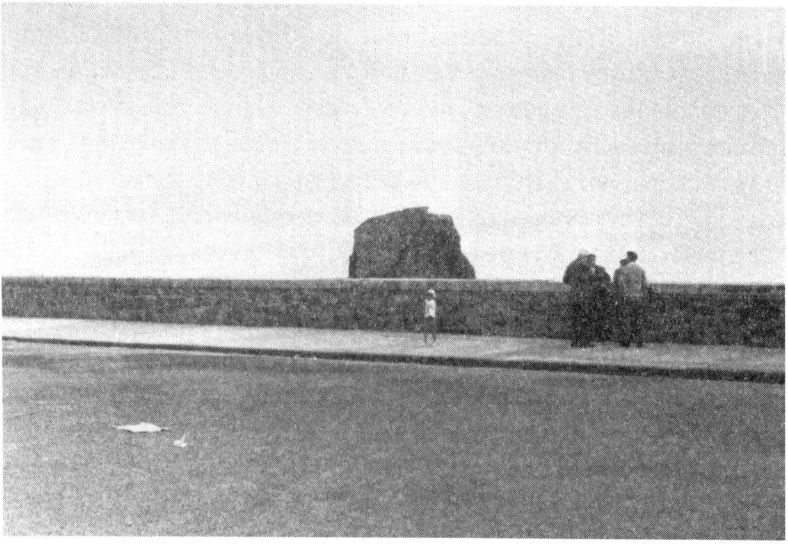

Mismo lugar antes de la existencia del *Peine del viento*.

realizó catorce esculturas de nombre *Peine del viento* pensando calladamente en ello. Pero cuando llegó el momento de acometer el proyecto, en 1974, Chillida se sintió libre de sentir aquel espacio tan amado como si fuera la primera vez que lo miraba. Fue entonces cuando se dio cuenta de que no necesitaba una sino tres esculturas, variantes de una misma forma y de similar tamaño, para emular la linealidad del horizonte, acompañándolo. Ciertamente, a mi padre le movía un espíritu zen que le llevaba a escuchar el presente en el momento en que este llegaba.

Según lo cuenta la hija del entonces ingeniero de la Diputación Foral de Guipúzcoa, José María Elósegui, en un libro y un documental que hoy puede verse en YouTube, todo comenzó en 1973 con la iniciativa de un grupo de donostiarras que querían hacerle un homenaje a Chillida por su demostrada valía a nivel internacional. Pensaban quizás en una exposición, pero en ese momento mi padre se atrevió a decir que preferiría algo permanente como aquel sueño que había tenido desde joven. Era un sueño que convertiría aquel espacio descuidado adonde llegaban los desagües de la ciudad en un verdadero lugar de encuentro entre el hombre y su entorno. Anclar las esculturas en las rocas, sobre todo en la más lejana, fue un desafío de ingeniería y una labor titánica que José María Elósegui, de forma privada y sin cobrar, realizó por su amistad con Chillida y su cariño a la ciudad.

Igualmente por amistad y cariño, Patricio Echeverría, dueño de una de las empresas siderúrgicas más importantes del País Vasco, había habilitado un pabellón en la Gran Forja de Echeverría en Legazpia, formado a un equipo con los diez mejores trabajadores y regalado veinticinco toneladas de acero para que mi padre pudiera realizar su sueño.

El *Peine del viento* es una obra artística que causó honda repercusión fuera de nuestras fronteras también como actuación urbanística y gestión pública singular, ya que pronto se sumó al proyecto el Ayuntamiento de Donostia-San Sebastián. Con el beneplácito de Chillida, a quien le había interesado su trabajo previo en la Plaza de la Trinidad de Donostia, el Ayuntamiento encargó al arquitecto

Luis Peña Ganchegui la reorganización de la entrada y la gran plaza del fondo que forman parte del conjunto escultórico. Su trabajo fue excelente. Se realizó en granito rosa Porriño, con espacios a distintas alturas desde los que uno puede contemplar con calma la ciudad, las esculturas y el horizonte marino, protegido de las olas cuando el mar se enfurece. Es difícil no ver la comunicación tan estrecha que se dio entre mi padre y Peña Ganchegui. Posteriormente, trabajaron juntos en la plaza de los Fueros de Vitoria.

En más de una ocasión, hablando de la obra pública, le oí a mi padre comentar lo bueno que sería para las ciudades que urbanistas, ingenieros, arquitectos y escultores trabajaran desde el principio juntos, como lo hicieron en esa ocasión. Aunque hubo algo que a mi padre se le escapó y hubo que reparar a tiempo: la colocación de luces artificiales que nunca deseó que hubiera en ese espacio. Es lógico que los ayuntamientos, urbanistas y arquitectos piensen en iluminar los espacios públicos, pero ¿hay algo más hermoso que alejarse de la luminaria urbana y dejar que los ojos se acostumbren a las variaciones de la oscuridad, sobre todo en un espacio artístico como ese? La entrada a oscuras en ese entorno marca el lugar como algo especial, y aunque las esculturas sobre las rocas son apenas visibles, resulta emocionante ver cómo las olas, cuando rompen contra ellas, con su espuma blanca nos las hacen aparecer, de tanto en tanto, como fogonazos cargados de misterio.

En 1976, año en que se terminaron las obras, Chillida tenía ya varias esculturas colocadas en entornos públicos, pero el *Peine del viento* fue su primer sueño completo de obra pública: un lugar integrado completamente en el paisaje tal como él quería. Desde joven Pili le había pedido que por favor hiciera más ancho el muro que protege a la gente del mar para que los enamorados pudieran sentarse a sus anchas –cosa que por otra parte consiguió–. Allí todo cambia con la marea, con la climatología y el momento del día en que uno lo visita. Personas solitarias, parejas, grupos de amigos y familias de cualquier edad lo disfrutan igualmente. Siempre que voy siento que comparto algo profundo con las demás personas presentes, a la vez que preservo completamente mi individualidad.

Para mi primera película rodé un *Peine del viento* solitario. Al comenzar mi segundo documental, *Chillida, el Arte y los Sueños*, dudé si incluirlo por no incurrir en repeticiones, pero para Chillida ese lugar era una parte de sí mismo que no se podía obviar. Decidí entonces añadir información pertinente y dejé que el espectador se recreara viendo a la gente disfrutar de ese entorno en un día de mar brava. En ambos casos se aprecia otra de las características del entorno escultórico que se debe a la conjunción de fuerzas entre profesionales de distintas ramas: los siete agujeros practicados en el suelo, que funcionan como géiseres donde disfrutan los chavales, hacen que el mar respire en lugar de horadar con su fuerza el subsuelo hasta romperlo, como ocurre en otras partes de la costa vasca. Las predicciones decían que las esculturas irían perdiendo un milímetro cada veinticinco años, y de momento la predicción se ha ido cumpliendo. Al terminar ese primer plazo, los restos de cascarilla de hierro que aún permanecían pegados al cuerpo de la escultura fueron despegados por el Ayuntamiento mediante unos golpecitos, y la obra quedó lista y limpia para seguir enfrentándose al paso del tiempo. Todavía hoy me cuesta imaginar un San Sebastián sin esa escultura que más que una escultura es un lugar.

El *Peine del viento* está considerada por expertos en la materia como una de las obras públicas más reputadas a nivel mundial. En 1983 fue portada del volumen *Sculpture in public places* editado por el Contemporary Sculpture Symposium celebrado en Tokio; se publicó en japonés y la introducción corrió a cargo de Henry Moore.

FIGURA PÚBLICA Y PRIVADA

Mirar de nuevo un trozo de la propia vida es construirla de nuevo. Hasta hoy no había relacionado lo que iba a ser mi futuro con una foto –varias veces publicada– que realicé de mi padre con mis hermanos Pedro y Eduardo en un día de nieve frente al *Peine del viento*. Algunas otras tomas de mi época de fotógrafa dan fe de que sus esculturas ya me atraían. Aunque lejos estaba aún el día en que iba a empezar a interesarme en la figura pública de Chillida.

Al principio, mi padre era para mí sólo eso, un padre cariñoso, un hombre con unas manos hermosas que me gustaba apretar. Luego, enseguida, fue un hombre con nombre. Pero de ese nombre, ese Chillida que también es mío como apellido, renegué muchas veces. Con frecuencia lo escondía entre dientes al pronunciarlo. ¿Por qué? ¿Por protegerme, por protegerle?

Una imagen antigua, penosa, acude. Me veo en la fiesta de boda de unos amigos a mis veintitantos años, maltrecha por lo que había bebido. De pronto, frente a mí, que estaba sentada medio escondida respirando en el jardín, apareció un aprendiz de *paparazzi* que quería fotografiarme. Lo noté ávido de sensacionalismo y sentí que probablemente quería denigrar a mi padre a través de mí. A partir de ahí, ocultar mi nombre por evitar ese tipo de jugada sucia que de algún modo mermaba mi libertad se hizo una constante.

A mi vuelta a España, después de casi cuatro años compaginando estudios de educación y cinematográficos en Nueva York, algo había cambiado. Se habían asentado muchas experiencias en torno a las artes de las que finalmente me hice consciente. Encontré a mi madre intrigada: «¿qué ha pasado que ya no te avergüenza decir tu nombre?», me dijo. De ahí a hacerme llegar de una forma imprevista y extraña una propuesta para hacer una película sobre mi padre hubo poco. Pili, en lugar de pedírmelo directamente, se las ingenió para que fuera una productora audiovisual quien me contactara, y, siendo una propuesta profesional, me sentí halagada y no me pude negar. Posteriormente supe la historia completa…

PEDRO TXILLIDA BELZUNCE, MI HERMANO MAYOR

Mirando hoy esa foto antigua, aún puedo verme ese día caminando hasta el *Peine del viento* con la Leica de mi padre colgando de mi cuello y mecida por el silencio que la nieve propiciaba en la ciudad.

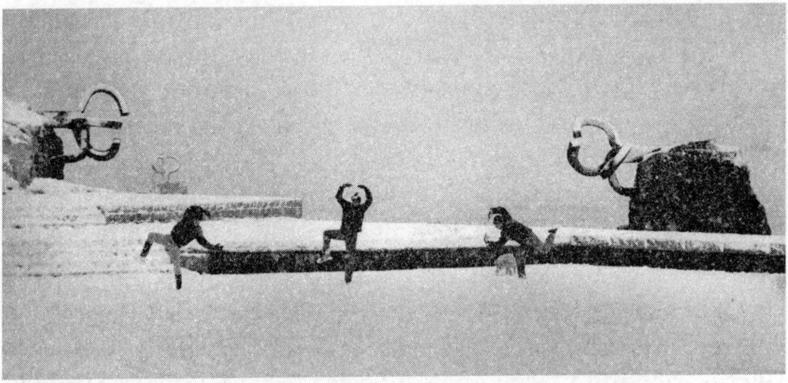

Chillida, en el centro, con sus hijos Pedro y Eduardo en el *Peine del viento*, fotografiados por Susana Chillida, 1984.

Casualmente, lo encontré junto a mis dos hermanos artistas, Pedro y Eduardo, jugando a recrear con sus cuerpos las esculturas que él había creado. Busqué mi posición, accioné el clic de la cámara y tomé esa foto que luego rebelé. Ahora pienso en ellos.

Con Pedro compartí piso en Madrid. La Universidad Vasca aún no existía. Él estaba acabando Geografía e Historia, pero el arte ya le llamaba. Siempre había sido un buen lector, le gustaba compartir sus saberes y le interesaba la escritura. También le interesaba la pintura, el camino que inicialmente decidió tomar, quién sabe si por dar cabida a ese deseo no cumplido de nuestro abuelo Pedro. Sus primeros cuadros los pintó junto a mí en aquel pequeño piso de estudiantes.

Qué bendición sería haber podido escribir este libro, o algunas partes de él, a la vera de mi hermano Pedro. A veces me reconozco a mí misma en esa voluntad suya de estar dentro y a la vez fuera de la familia; de incluirse y excluirse a voluntad. De jovencito, cuando andábamos por la bahía, le gustaba andar unos pasos por delante o por detrás del grupo para que nadie le incluyera sin su permiso. En eso, sin embargo, éramos distintos: yo disfrutaba mucho caminando junto a mi padre y conjuntando mis pasos a los de él. Siempre he podido sentirme por dentro independiente, libre... Como hermana menor, y él el mayor de los varones, veo que él también lo ha hecho en su vida, mostrándose lejano –y cercano siempre que ha hecho falta– a este grupo familiar que evidentemente, como todos, tiene sus puntos de luz y de sombra. Quizás por eso alteró su apellido para firmar sus obras...

En cuanto volvió a San Sebastián, la relación de nuestro padre con él se estrechó. Cada vez que Chillida tenía que escribir algo, llamaba a su hijo Pedro y juntos desarrollaban el tema. Mi hermano cuenta cómo finalmente nuestro padre hacía con el texto lo mismo que hacía con sus esculturas: podar y podar hasta quedarse justo con lo esencial. Según él, nuestro padre era un rumiante muy lento.

Sobre Edu, como llamamos al benjamín de la casa, hablaré más tarde. Sólo decir aquí que su postura deja ver que la foto está tomada antes de un tremendo accidente que iba a cambiar muy pronto su vida. En ese momento, él, aún joven y atlético, dedicaba sus dos manos a esculpir.

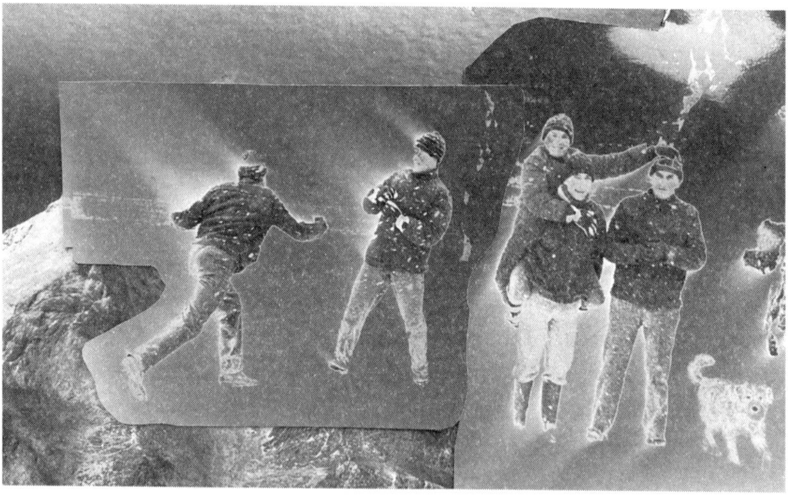

Chillida, en ambos extremos de este montaje fotográfico, jugando con sus hijos Eduardo y Pedro ese mismo día de nieve en la plaza del *Peine del viento*, 1984.

En estas otras dos fotos inéditas tomadas ese mismo día, vemos a un Chillida atlético y juguetón. Para mí, como fotógrafa incipiente, conseguir en el positivado la textura de la nieve sin perder la definición de las figuras se me hacía difícil. Por eso recurrí a una solarización sencilla que resaltaba lo que más me interesaba: la sensación de movimiento mientras mi padre lanzaba su puño y mi hermano Edu amagaba el golpe. Hoy improviso un montaje para mostrarlas.

BUSCAR UN PUNTO EN COMÚN: *HOMENAJES*

En cierto modo, todo el trabajo que llevo tiempo haciendo sobre nuestros padres es un homenaje a ellos. A mi padre le gustaba mucho hacer *homenajes* a los artistas y personas a quienes admiraba. Su primer objetivo era encontrar un punto en común entre la obra de su homenajeado y la suya. Era un reto que se imponía porque disfrutaba enfrentándolo. Cuando colaboraba con poetas, artistas y pensadores, ilustrando su obra en ediciones de bibliófilo, tanto el proceso como el objetivo eran los mismos. En general, solía encontrar la solución con relativa facilidad, pero a veces se le complicaba.

En mi caso, yo también busqué desde el principio el punto en común entre mi padre y yo. Para empezar, decidí pedirme a mí misma como artista la misma autenticidad que él se pedía. Para ello necesitaba imágenes específicas que pudieran representarnos a la vez a él y a mí –con otra cosa no me hubiera conformado–. Y las encontré en la naturaleza: parajes en los que habíamos vivido experiencias juntos, la noche, la mar. En esos elementos sentía su espiritualidad, y descubrí hasta qué punto la suya se fundía con la mía. Todavía me veo junto a él intentando grabar el sonido de las olas en una noche en que quiso acompañarme. Necesitaba hacer unas pruebas acercando lo más posible el micrófono al agua, y él se prestó a hacerlo. Hubo momentos de riesgo y hasta nos mojamos un poco, pero nos reímos un montón. Nada que no me hubiera hecho

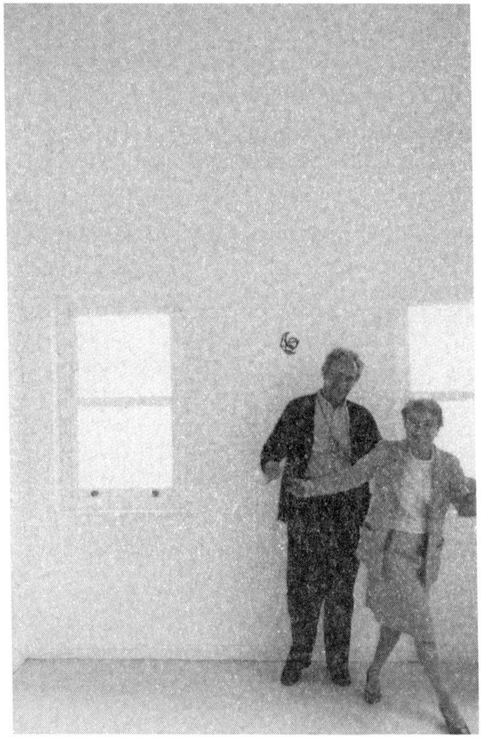

Eduardo y Pili en su habitación frente a *Estudio para el Homenaje a Calder*, Intzenea, 1984.

vibrar fuertemente por dentro encontró lugar en mis películas. Ese fue mi punto de conexión. Con mi madre, el punto en común lo encuentro en nuestra condición de mujeres… y mujeres de artistas, además. Lo encuentro asimismo en nuestra condición de madres. Con todo lo que ello implica de entrega y aceptación de lo ajeno.

Durante años, en la habitación de mis padres, entre dos pequeñas ventanas que se abrían al horizonte del Cantábrico, colgaba el *Proyecto Homenaje a Calder.* Era una escultura del tamaño aproximado de una mano, que gravitaba gracias a un invisible hilo de pescar. Si la tocabas –cosa que apetecía mucho–, giraba suavemente

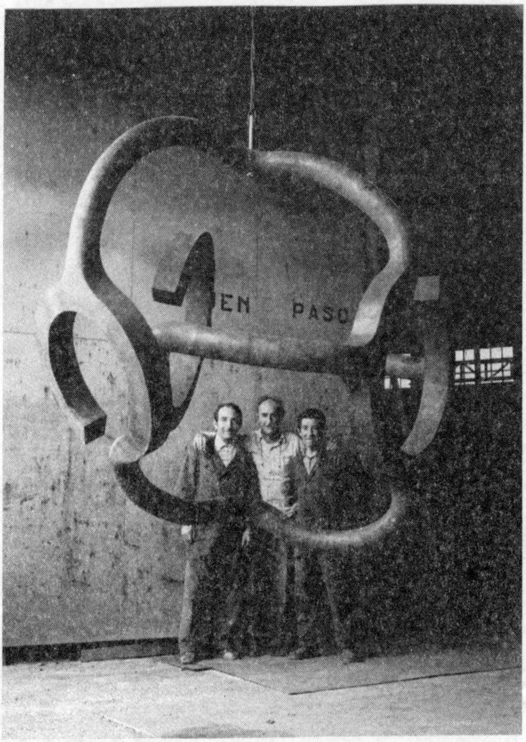

Eduardo Chillida en el taller de Larrañaga con *Homenaje a Calder* en su escala definitiva, 1979.

sobre sí misma mostrándote todas sus caras. Allí todo el ambiente era blanco, muy blanco, y exento de muebles.

Aquí vemos el *Homenaje a Calder* en su escala definitiva, realizado en 1979. A pesar de su gran peso, esta escultura también se mueve y gira con sólo tocarla. Ese movimiento la convierte en un móvil, en recuerdo de los muchos que realizó su amigo. Esa es la comunicación que encontró con él. Aunque, en las esculturas móviles de Calder, las piezas se mueven unas en relación a las otras y, en el caso de Chillida, es la escultura entera la que se mueve y permite al espectador apreciarla por entero, en todas sus partes, con sólo girarla.

El *Homenaje a Miró* fue posiblemente el que más le costó hacer. Por más que lo buscaba, no conseguía encontrar el punto de unión entre sus obras. Recuerdo el verano en que nos habló a mi marido y a mí de ello. No entendía qué le estaba pasando. Hasta que, mirando una y otra vez el trabajo de Miró con atención, descubrió algo curioso: las curvas que su amigo utilizaba eran convexas y las suyas, cóncavas. Evidentemente, mi padre sabía que toda curva es a la vez cóncava y convexa, pero, como explicaba, la fuerza de la obra de uno tenía que ver con su poder de expandirse hacia fuera –la de Miró– y la fuerza del otro –la suya– tenía que ver con su poder de acoger y abrazar.

En el caso del *Homenaje a Braque*, mi padre pensó en alojar un sencillo espacio en el centro de una potente escultura. Buscaba aligerar la materia y emular así a los pájaros del pintor. Todo había sido planeado, pero en el proceso surgió una sorpresa. No era raro que esto ocurriera. Por eso a él le gustaba estar presente en todas las fases: para poder integrar con libertad cualquier cosa que el azar le brindara. Mientras los obreros de la forja industrial preparaban el bloque de acero sobre el que iban a trabajar, mi padre notó que en la parte de abajo se estaba conformando algo que recordaba a las patas de un pájaro apoyadas en el suelo. Decidió guardarlo e integrarlo en la obra. A eso que aparece durante el proceso, sin que nadie lo haya buscado deliberadamente, mi padre solía llamarlo «regalo».

Y yo también sé bastante sobre esos «regalos» imprevistos, puesto que me encontré con varios durante la realización de mis dos películas sobre él. Pienso, por ejemplo, en las imágenes de mis padres en París que nos muestran a un Chillida joven mirándolo todo con atención desde una barcaza por el Sena, entre sonidos de gente y pitidos de gendarmes. Una hermana de Pili, Mari Tere, había ido unos días a visitarles con el tío Quico Letamendía, su marido, y él los grabó. Finalmente fueron mis primos quienes me las facilitaron al saber que estaba haciendo un documental sobre mi padre.

ANDANZAS DE PILI COMO MECENAS

Veo el amanecer sobre las cosas y la luz vuelve a decirme que el arte es verdad. Medio cuadro que tengo en mi habitación está en sombra, y el otro medio brilla con el primer sol. Es de Carlos Añíbarro, un pintor donostiarra a quien conocían mis padres. Vivía en la más estricta pobreza apoyado por una familia que regentaba un bar en la Parte Vieja de San Sebastián. Ellos le proveían de comida, alojamiento, y bebida –algo esencial para él– a cambio de sus cuadros. Su paleta era muy colorista y en ella solía destacar el verde. Pintaba temas peculiares de figuras estilizadas, con una valentía y una soltura notorias. A Pili le gustó ver su obra expuesta en la subida al coro de la Iglesia de Santa María en una ocasión y, ese mismo día, se propuso ayudarle. Así, mi madre entró en su vida como entra un vendaval, sin que nadie la hubiera llamado.

¿Qué opinaría mi padre de la relación tan curiosa que desarrolló con este pintor? Durante un par de años aproximadamente lo veíamos mucho por casa, donde comía con todos nosotros. Pili se había puesto a su disposición, y acarreaba con todos sus materiales, animándole a pintar, especialmente al aire libre. Por la mañana pasaba a recogerle con el coche y lo llevaba a donde él quisiera. Si Añíbarro apuntaba a una montaña, allí le llevaba mi madre, y esperaba con paciencia a que decidiera qué era exactamente lo que quería pintar. Solía contarnos la de vueltas que daba él por el entorno con el pincel en la mano, chupándolo de vez en cuando, hasta que decidía el lugar. Una vez decidido, ella colocaba el caballete y todos los bártulos, pero, a menudo, Añíbarro no se encontraba a gusto y tenían que volver a empezar. Lo curioso es que a Pili no le importaba, porque realmente confiaba en él. ¡Qué pareja tan graciosa hacían!

Según supimos en ese tiempo, de joven él había estado me-dio enamorado de ella, y un día le propuso hacerle un retrato que en el reparto le tocó a mi hermana María. «¿Cómo quieres que pose?» «En tu postura habitual.» «Y ¿cuál es mi postura habitual...?» «Pues con los brazos en jarras...»

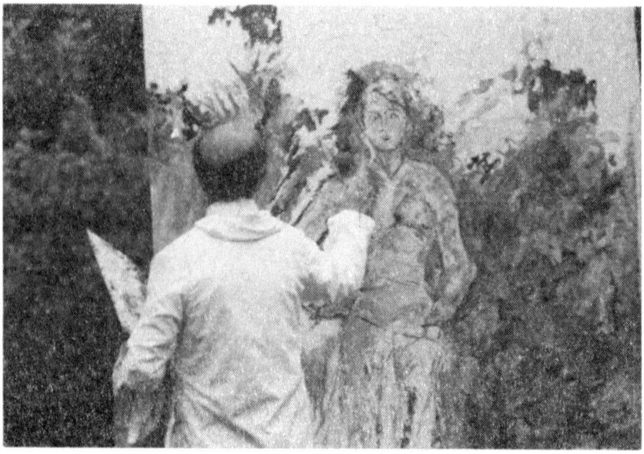

Carlos Añíbarro retratando a su mecenas Pilar Belzunce.

Había días en que Añíbarro llamaba por la mañana diciendo que tenía catarro, lo que en su idioma quería decir que tenía una resaca fenomenal. Así y todo, pintó en muchos lugares remotos, y en casas de amigos, en el molino, en Villa Paz... Para nosotros era muy agradable su presencia; de hecho, es seguro que mis hermanos pintores, y la propia Pili, aprendieron mucho de él.

Un buen día, a mi madre le pareció que había llegado el momento de que hiciera una exposición. Contactó con un galerista donostiarra y empezaron las conversaciones: «¿Qué precio le ponemos a este cuadro?» «Tres millones de pesetas», respondía Añíbarro. «¿Y a este otro?» «Cincuenta millones...» Fue muy difícil hacerle comprender que por mucho valor que tuvieran –para él y para nosotros–, el precio es algo que pone el mercado y se relaciona directamente con el número de exposiciones y ventas que el artista ha realizado.

A partir de ahí, todo se fue sucediendo con normalidad. Pero la normalidad no era algo a lo que Añíbarro aspirara y, desgraciadamente, le faltó el valor para hacérselo entender a Pili, a tiempo y con claridad. Mi madre le convenció para abrir una cuenta en el banco con el dinero que había ganado. Hubo más pinturas, más exposiciones y más ahorros en el banco, de modo que Pili le animó a que comprara una casa y buscó para él un bonito ático en la Parte Vieja. Todo estaba resuelto, pero, el día de la firma, el dueño y ella estuvieron esperándole mucho tiempo. Añíbarro no apareció. Seguramente tenía «catarro». Mi madre firmó en su nombre y pagó el adelanto. Cuando, bien enfadada, le llamó contándole que había tenido que firmar ella y pagar el adelanto –por supuesto, esperando que se resolviera el asunto tal cual lo habían planeado–, él le soltó un: «¿Y...? ¿No te gusta la casa? ¿No la quieres...? ¡Pues yo tampoco!». Así de tristemente acabó su relación. A mi madre no le gustaba guardar rencor a nadie, algo que demostró en ocasiones incluso más graves. De haber tenido tiempo, su amistad podía haber sido restaurada. Pero Añíbarro murió antes de que ella pudiera dar el paso.

Curiosamente, Añíbarro, a quien solía encontrar como amigo por la Parte Vieja, me hizo también a mí un retrato que había olvidado. En aquel momento me vi tan mayor que no quise quedármelo. Pili me apoyó, aunque imagino que a Añíbarro no le haría mucha gracia. Hoy me pregunto dónde estará, quién me mira probablemente sin saber que soy yo. Al menos queda el recuerdo a través de una foto de mi madre sujetando el cuadro desde atrás antes de dejarlo marchar.

REPENSAR A PILI COMO MUJER DE ACCIÓN

Me quedo pensando en Pili mientras me acomodo en un hotel de Nueva York, la ciudad en la que más completa y feliz me he sentido. De no ser porque al acabar mi doctorado intuí que mis padres me necesitaban, me hubiera quedado inicialmente a vivir aquí con mi marido y mis dos hijos. Al comentarlo con ella noté que algo pasaba. Por primera vez en su vida Pili no pudo animarme. Y volví.

Ahora, escondida entre las muchas cosas superfluas de mi equipaje, presente en mis dudas e incapacidades, adivino a mi madre mirándome con amor. Seguramente mira con amor incluso mi pereza. Nunca quise ser como ella, pero añoro sus cualidades. Pude haber deseado aprender más. De niña solíamos acompañarla a veces a hacer recados. Nos dejaba en el coche en segunda fila mientras recogía algo en una tienda, iba al banco, a correos, a temas de aduanas, al zapatero... La vida que yo veía me parecía totalmente tediosa; creía que a ella le gustaba lo que hacía, y a mí no... ¡Qué inocencia la mía!

Fotografío la quietud del río Hudson con el tintineo de luces que llegan desde la ciudad, e imagino lo que pensaría ella, tantas veces alojada junto a nuestro padre en un hotel fuera de su hogar. Confieso que se me pasa por la cabeza que quizás ella no pensaba. Puedo imaginármela organizando el armario y arreglando estéticamente los elementos de la habitación; también me la veo haciendo y recibiendo llamadas, animando a Eduardo antes de una cita y acicalándose para acudir con él. Pero no me la imagino pensando en cómo acicalarse, animar a Eduardo o arreglar la habitación. Pili era definitivamente una mujer de acción y, sin embargo, ¿no es razonable imaginar que caería también ella a veces en momentos de tristeza o incluso de culpabilidad al haber dejado atrás, como de hecho hacía, a todos sus hijos en manos no siempre cualificadas?

La muerte de mi padre, o, mejor dicho, el comportamiento de ella tras su muerte, me llevó a una serie de conclusiones novedosas. Nuestra madre se hizo una leyenda de mujer fuerte y la mantuvo, seguramente por coherencia cognitiva. Solía decir que Eduardo la necesitaba más que nosotros y eso podía incluso ser cierto, pero ¿quién pensaba en lo que necesitaba o deseaba ella? La ternura, la calma y el gozo con que la vi disfrutar de su nieto Migui cuando nuestro padre ya no estaba me hizo consciente de su sacrificio a lo largo de la vida. Hoy entiendo que, de haberse quedado Pili en casa con su prole, quizás Eduardo no se habría animado tanto a partir, aunque ella se lo pidiera; no hubiera hecho tantas exposiciones ni asistido invariablemente a las inauguraciones de su obra. Su carrera no hubiera sido la misma. La visibilidad y consolidación de un artista depende en gran parte de esas cosas. También, y sé que es algo en lo que ella pensaba, de haber ido el escultor solo a sus inauguraciones, quizás alguna otra mujer lo hubiera retenido. Seguro que mi madre pensó en eso. Y ¿qué hubiera sido entonces de ella y de nosotros, sus ocho hijos, sin un padre?

Hoy me doy cuenta de que comparto con Pili mucho más de lo que nunca imaginé sólo por el hecho de ser, como ella, mujer. Todavía recuerdo un día en que mientras mi madre trajinaba con algo entreví sus uñas sucias bajo su eterno esmalte rosa parisino. Era muy niña y sentí cierta desilusión. ¿Qué sabría yo entonces de pinturas de uñas o de suciedades? De las mujeres apenas sabía nada. Con la misma mano en que mi madre lucía sus anillos, con la misma con que nos peinaba, lijaba sillas herrumbrosas, concertaba citas por teléfono o firmaba cheques, también sé que alguna vez castigó a mis hermanos mayores, que eran muy brutos, y les pegó con un cinturón. Su voz se quebraba cuando se enfadaba y casi podía dar miedo.

Pili nunca pretendió ser perfecta. Era un tanto anárquica y a veces chapucera. Valiente y arrojada. También rápida. La vida le empujaba. Una vez Antoni Muntadas, a quien conocí en Nueva York, me contó una historia. Era el día de la inauguración de la escultura *Topos V* en la plaza del Rey de Barcelona. Él acompañaba a mis padres, junto a otras personas. Al llegar al lugar vieron horrorizados que unas cuantas pintadas o un charco de orina ensuciaban la piel de acero de la obra. Todo el mundo empezó a preguntarse qué deberían hacer, pues no había casi tiempo. Mi madre se alejó del grupo y, al cabo, volvió bien pertrechada con instrumentos de limpieza que le habían prestado en un bar y los manejó con destreza ante la sorpresa de todos. Ella era sí. Menos hablar, menos pensar y más hacer.

Me sacudo mil memorias de encima y sigo fotografiando las luces brillantes del *downtown*. El reflejo de «mi Eduardo» sobre el cristal del cuarto mientras prepara unos gin tonics con cosas del minibar me anima. Qué vida tan distinta la nuestra a la de ellos; la suya cargada de compromisos, la nuestra tan libre.

Las veces en que los acompañé a alguna de sus inauguraciones pude comprobar con mi cuerpo lo agotadores que eran esos viajes

–como bien sabe cualquier artista de alto nivel–. Todo el mundo se deshacía en atenciones y halagos, pero hasta eso debía de ser cansado. En general, alguien les iba a buscar al avión, los llevaba al hotel y, casi con el tiempo justo para dejar las maletas y quizás ducharse, los recogía otra vez. Además de las entrevistas y la propia inauguración, siempre había propuestas tentadoras a las que pocas veces se negaban: una exposición interesante en el museo cuyo director les ofrecía ver a una hora en que no había público, la visita a una iglesia especial a las afueras de la ciudad donde habían encontrado unos frescos... No dudo de que Pili y Eduardo compartieron mucho placer visitando juntos obras de arte fabulosas y relacionándose con personas con sus mismos intereses. Todo era estimulante. Pero tampoco me choca que hicieran sus viajes tan cortos como fuera posible. Si se quedaban más tiempo, todo volvía a empezar: más tentaciones y ofertas, más halagos, charlas, cenas... Volver al estudio para él era la paz. Para ella, el resto de «peleas» con la vida continuaba sin pausa.

PRESERVAR LA HISTORIA: EL HOTEL NIZA DE LA BISABUELA

Hablando de hoteles, no puedo dejar de mencionar los dos que había fundado la abuela de mi padre en San Sebastián a principios de siglo. A su muerte, a finales de los sesenta, Eduardo cedió la palabra a Pili, que negoció con el resto de herederos para que el más grande de ellos, el hotel Biarritz, quedara para los Juantegui y el hotel Niza para los Chillida, Eduardo y Gonzalo, su hermano pintor. Posteriormente, en 1971, Pili compró la parte de nuestro tío y nos cedió a sus ocho hijos la propiedad, reservando un noveno para Eduardo y para ella. Seguramente recurriría a algún crédito, pero de eso no nos habló.

El modo que tenía nuestra madre de querer a sus hijos no era el que he visto en otras madres. Ella no era una mujer de arrumacos y contacto físico fácil. Su amor se demostraba en cuidados y pequeñas y grandes anticipaciones de nuestras necesidades. Hacía que parecieran caídas del cielo sin más. Cuando mi hermana María anunció que quería casarse con su novio Alberto Essery ambos llevaban más de un año trabajando en la recepción. Era 1979 y, como los vio preparados, a él le ofreció la dirección del hotel, que ha gestionado desde entonces con éxito hasta su jubilación. Ella, María, desde la invisibilidad más absoluta y sin remuneración alguna, se ha ocupado y aún se ocupa del mantenimiento, las reformas y cuidados que un hotel necesita para mantenerse al día. Gracias a todas esas personas –la bisabuela Juanatxo Eguren, mi madre, María y Alberto–, tanto mi marido y yo como el resto de mis hermanos hemos podido dirigir nuestras vidas libremente desde jóvenes, sin peticiones que podían atentar contra nuestro orgullo ni restricciones o penurias innecesarias.

VI

Década de los ochenta. Punto de inflexión

MUERTE DE AIMÉ MAEGHT

Cuanto más aprendo sobre el trabajo de Aimé y Marguerite Maeght, más valoro la importancia que tuvo esta pareja en el devenir del arte contemporáneo en el siglo XX, y desde luego en el devenir de la figura de Chillida, que abrió la década de los ochenta con una gran retrospectiva de su obra en el Guggenheim Museum de Nueva York.

A la muerte de Aimé, en 1981, se produjeron muchos cambios. La Galería Maeght se dividió. Por un lado, quedaron los directores que se habían ocupado de la galería hasta entonces, Daniel Lelong y Jacques Dupin, poeta, quienes continuaron su trabajo por un tiempo como Galería Maeght-Lelong. Por otro lado, quedó Adrien Maeght, el hijo de Aimé y Marguerite, que siempre había llevado una línea distinta de trabajo. Hans Spinner, el ceramista, trasladó su taller a Grasse, un pueblo no muy lejano a Saint-Paul-de-Vence, y nuestro padre siguió trabajando con él en ese nuevo lugar todos los veranos.

Mi madre, que durante muchos años había trabajado en casa sola, para entonces se había ido rodeando de colaboradores cercanos, como sus nueras Mamen y Cristina, alternativamente, o su yerno Gonzalo Calderón, marido de mi hermana mayor. Este último era economista entendido en finanzas, como correspondía a la educación que había recibido en su casa. Mi madre lo convirtió en su apoderado y su mano derecha, y así siguió siéndolo hasta su final. Apoyada por todos ellos, Pili se vio capaz de no tener que ligarse en exclusiva a una sola galería, como había hecho hasta ese momento. Prefirieron actuar más libremente y poder escoger, para cada ocasión, la que mejor les conviniera.

Su relación con Lelong, que inicialmente se unió con la sucursal de Maeght en Suiza dirigida por Elisabeth Kubler, continuó durante años. Primero como Galería Maeght-Lelong y después como Galería Lelong. Y con el tiempo fueron entrando también otros galeristas. Estando Eduardo Chillida libre, le hacían propuestas de exposiciones que mi madre junto a Gonzalo evaluaba con su beneplácito: Meyer-Ellinger, Beyeler, Forsblom, Tasende, Carandente, Sidney Janis, Elvira González, Nieves Fernández y algunos otros estuvieron entre los elegidos. Además, tuvieron relación directa con muchos directores de museos, como el Kröller-Müller de Países Bajos, el de Münster, el de Yorkshire..., con curadores como Andrew Dempsey o Kosme de Barañano, y con coleccionistas como Plácido Arango, Jacques Hachuel, Rolf Becker, Frank Ribelin y muchos otros que no sabría nombrar.

La pena es que para Pili y Eduardo se acabaron aquellos veranos en la Fundación Maeght, los encuentros de trabajo con los colegas de la galería, las cenas, charlas y fiestas con pensadores, poetas, músicos y otros artistas... y el disfrute común junto a todos ellos.

HANS SPINNER Y LA ALEGRÍA DE LA VIDA: MAS-DE-LA-TOURLAC

El traslado del taller de cerámica de Hans Spinner desde la Fundación Maeght en Saint-Paul-de-Vence a Grasse trajo consigo otro tipo de satisfacciones. No sólo para mis padres sino también para nosotros los hijos. Lelong compró una casa, Mas-de-la-Tourlac, para que los artistas pudieran seguir trabajando con él y Hans, con sus propias manos, la reformó como vivienda y taller. Mi padre estaba feliz de continuar la relación con su hermano alemán y también Pili, pues además de descansar y disfrutar viendo a Eduardo trabajar solía animarse a pintar rincones de aquella casa y a

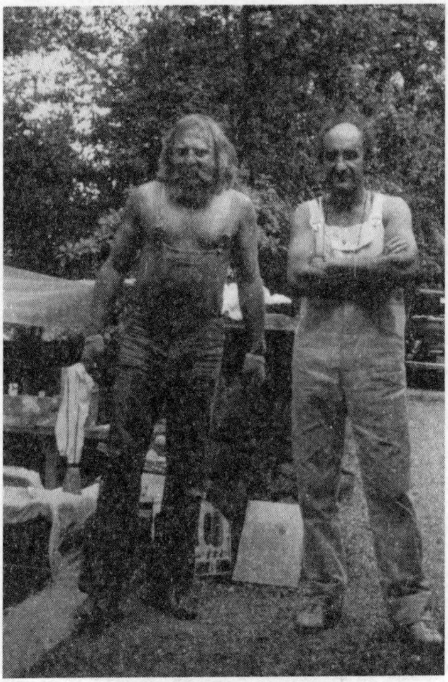

Hans Spinner y Eduardo Chillida,
Saint-Paul-de-Vence, 1980.

esculpir pequeñas piezas de torsos masculinos y femeninos en cerámica, de gran sensibilidad, que aún guardamos.

Hablo por mí misma y por mi experiencia, pero sé que la de mis hermanos fue muy similar. El hogar que formaban Hans y Noël, su adorable mujer, era un lugar de encuentros donde uno se sentía bienvenido y contagiado de una cierta energía peculiar. Allí podíamos coincidir con nuestros padres y éramos bien recibidos también en cualquier otro momento. Noël, a la hora de la comida, salía a buscar hierbas de la Provenza que crecían por todas partes y que ella añadía a sus ensaladas. En mí dejaron un recuerdo indeleble. Se aderezaban con vino y mi madre reía, mi padre reía, reía Hans, todos reíamos. Ver a Pili y Eduardo achispados y envueltos en óperas y otras músicas que Hans nos servía de postre era un placer. A veces

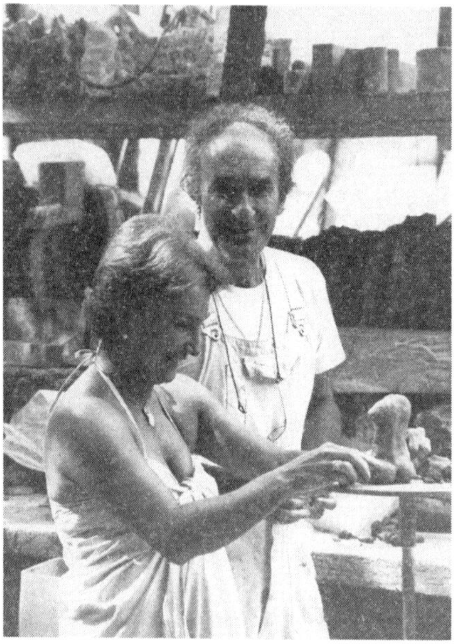

Pilar Belzunce trabajando en el taller de Grasse y Eduardo Chillida mirándola.

bailábamos. Todos y cada uno de los que fuimos pasando en distintos momentos por Mas-de-la-Tourlac –quizás camino de algún otro lugar– éramos un poco distintos a nosotros mismos en aquellos días junto a ellos. Y qué importante resulta vencer a veces resistencias, prejuicios y ñoñerías. Con el tiempo, mis padres entregaron a Hans varias obras para que pudiera adquirir la casa en donde tan felices fuimos todos. Y allí continúa él feliz junto a su mujer.

Y hablando de parejas, bien merece una última palabra Guiguite, la mujer de Aimé Maeght a quien he destacado anteriormente por su humanidad cuando conoció a Bonnard. He sabido hace poco que en un momento dado se enteró de que su marido había tenido una hija con su amante. Quiso conocerla y solía visitarla. Quizás gracias a ello, y con su bendición, en 1973 Aimé la reconoció. Es un acto más que a mis ojos la engrandece.

INTZENEA

En San Sebastián la vida continuaba puntual y ordenada como siempre. Nunca habían pensado hacerlo, pero en 1982 mis padres dejaron Villa Paz y se mudaron a una casa encima del *Peine del viento*. Una amiga de Pili que tenía una agencia inmobiliaria llevaba tiempo insistiendo en que tenían que ver algo que era para ellos. Por fin, mi madre accedió a acompañarla, y quedó tan impresionada que al día siguiente llevó a mi padre. En cuanto se abrió el portón de los coches y Eduardo vio desde allí el mar, la ciudad y las montañas, le preguntó a Pili: «¿Podemos?». Así fue como sucedió.

Resulta gracioso recordar el juego que le dieron unos papelitos que encontró colgando de un clavo en los aseos de la planta superior donde hasta entonces habían vivido las personas de servicio. A mi padre le encantaron por su textura y, ni corto ni perezoso, los arrancó y guardó todos. De ahí viene el misterio de esa esquina recortada, con un corte peculiar, que aparece en tantos de sus dibujos de manos.[1] *Esku*, mano; *eskuak*, manos.

La casa, que era enorme, mi madre la dividió para dar vivienda inicialmente a la familia de dos de sus hijos, Pedro y María, y aún quedó espacio para los tres que todavía estábamos con ellos y para recibir a los que vivían fuera de San Sebastián. Con el tiempo, cuando su hijo Eduardo se casó, alojó allí también la vivienda del benjamín de la familia. Pili era una artista del espacio elástico. Sin duda. Y en el arquitecto Joaquín Montero tenía un buen aliado. Fue también con él con quien convertimos el antiguo estudio de mi padre en mi hogar.

Intzenea (que en euskera significa «lugar de rocío»), nombre que se tomó prestado del caserío donde había nacido nuestra bisabuela Juanatxo, trajo consigo, para todos nosotros, una relación estética constante con el mar. Desde ahí divisábamos no sólo la bahía de la Concha completa, sino también el horizonte abierto a la mar, sin

1. Véase la imagen 13 del encarte.

estorbo alguno de por medio. Observándola y haciéndose preguntas sobre ella, desde niño Chillida había ido forjando muchas de sus ideas sobre el espacio, el tiempo y la forma. Y desde allí continuó su indagación. «La mar es mi maestro», decía. «Nunca se sabe bastante, de ahí que también en lo conocido se halle lo desconocido y su llamada», dejó como máxima en sus escritos.

UN BEBÉ DE VEINTE AÑOS

Por desgracia, el traslado a Intzenea vino acompañado de un duro golpe: un primer accidente grave de mi hermano menor, Eduardo. Al año siguiente, un segundo accidente, también de moto pero aún más grave, nos tuvo en vilo a todos durante meses.

Ocurrió en el túnel de Ondarreta mientras iba a comprar pintura. Mi cuñado Alberto vio que había habido un accidente y reconoció la moto. Lo daban por muerto, pero como estaba cerca la Cruz Roja, hizo que lo llevaran allí y avisó a la familia. Mis padres no estaban en San Sebastián. Entre María y Pedro tuvieron que decidir si trasladarle a la Policlínica para que le hicieran un escáner. Era algo muy arriesgado pero necesario. Todavía me veo sentada en la sala de urgencias con el casco de mi hermano entre las manos en aquellos primeros momentos decisivos antes de que nos comunicaran que había entrado en coma. Negros presagios volaban por mi cabeza mientras recordaba que nuestro padre había tenido que reconocer, de joven, el cadáver de su hermano menor.

Pili se convirtió en una verdadera madre coraje. Desobedecía las órdenes hospitalarias con naturalidad. Abría la ventanita que le separaba de su hijo en la UVI cuando nadie la veía, le contaba lo que le había pasado, le agarraba la mano y le infundía ánimos. Mi hermano era un cuerpo inerte que durante un mes fue adelgazando hasta convertirse en un soplo. Todos nos aferrábamos a la esperanza. Nos reuníamos diariamente en la salita de espera, como si ese lugar de encuentros, y nuestra fe, pudieran servir de algo. De habernos dejado guiar por la razón hubiéramos abandonado. Pero no lo hicimos. «De la muerte, la razón me dice, definitiva. De la razón, la razón me dice, limitada», dejó también escrito Chillida.

Nuestro padre cambió su rutina durante aquel largo mes. Semiabstraído, iba y venía de lugares –la casa, la clínica, el estudio y la Iglesia de Santa María– con la misma tranquilidad y regularidad que empleó en todo. Cuando al fin nos avisaron de que Edu había abierto los ojos, aunque seguía en coma vigil, vi a mi padre transformarse por entero. Sé que soy una exagerada, pero recuerdo cómo sus ojos, perdidos en la nada, se llenaron de luz, y sentí como si sus pies se separaran de la alfombra en una especie de levitación.

Decidieron llamar a su amigo Alberto Portera, un eminente neurólogo y cirujano que había pasado por un trance parecido con su propio hijo, e inmediatamente se personó en San Sebastián. Esa decisión fue la que nos salvó. Nos contó que en la clínica no podían hacer ya nada por él porque no confiaban en su recuperación. Lo veían como un caso de vida vegetal irrecuperable. Nosotros, sin embargo, veíamos signos de comunicación en su mirada y en la media sonrisa con que lograba saludarnos antes de volver a la ausencia en que vivía. Alberto Portera, mediante pruebas muy inteligentes, corroboró nuestra opinión. Él sabía lo importante que era la motivación afectiva. Nos habló de los pequeños éxitos diarios que podrían ayudarle, y aconsejó a mi madre que en cuanto no tuviera fiebre nos lo lleváramos a casa.

Tiempo le faltó a Pili para bajarle la fiebre al termómetro con agua del grifo. Bajo su propia responsabilidad, se llevó inmediatamente a su hijo a Intzenea. Hizo que cerraran con cristal una terraza esquinera y la convirtió en un luminoso cuarto de hospital que, con el tiempo, fue transformándose en distintas cosas, al ritmo de las cambiantes necesidades de los habitantes de la casa.

Ser testigos del largo proceso de recuperación de mi hermano Edu fue para todos nosotros como asistir a un milagro. Había perdido por completo el habla y el control de su cuerpo. Tuvo que pasar por todas las fases del desarrollo de un bebé, desde sujetar la cabeza y controlar esfínteres hasta volver a adquirir el lenguaje mediante canciones de cuna que despertaban poco a poco en él su memoria perdida. Mi madre se manejaba de maravilla con ese bebé de veinte años que progresaba a diario. En cuanto lo vio posible, lo subió a una silla de ruedas frente a un lienzo y le ató a la espalda el brazo derecho, totalmente espástico y supuestamente de por vida inutilizable. Después, le puso un pincel en la mano izquierda y, mirando la vida a través de la ventana, mi hermano pintó el túnel de Ondarreta en el que casi se había matado. Era un artista desde niño.

LA PRIMERA ESCULTURA DE MI HERMANO EDUARDO CHILLIDA-BELZUNCE

El escrito que me envía mi hermano Edu se titula «Dos recuerdos entrañables de *amá* y *aitá*».

> Uno de mis primeros recuerdos de infancia es con unos cinco años. Estaba como de costumbre jugando e investigando por el jardín de Villa Paz, y ocurrió algo diferente. Algo que, sin reconocerlo en ese momento de inocencia, probablemente me abrió la pasión por la escultura.
>
> Tengo que decir que nosotros respetábamos mucho el estudio de *aitá* y no solíamos acercarnos y molestarle mientras trabajaba. El caso es que ese día me puse bajo una ventana de su estudio y comencé a tirarle piedritas para que me abriera, con la intención de pedirle tierra para hacer una escultura. *Aitá* se asomó y preguntó: ¿qué hacéis? Le hizo gracia mi petición y me lanzó por la ventana trozos de terracota para que me entretuviera –supongo que así lo pensaría– en algo que no fuera perseguir lagartijas o a algún hermano mayor que anduviera por ahí, e hiciera algo más atractivo e interesante. Durante ese día se asomó varias veces a la ventana para ver qué estaba haciendo yo. Después bajó interesado y no recuerdo exactamente sus palabras, pero sí el gusto que sintió y me transmitió al verme crear sin consejo alguno.
>
> Como para entonces –y sin siquiera reconocerlo a esa temprana edad– ya sentía en mí la llamada del arte saliéndome de las tripas (como siempre decía *aitá*), hice la figura de una mujer: *amá*, por

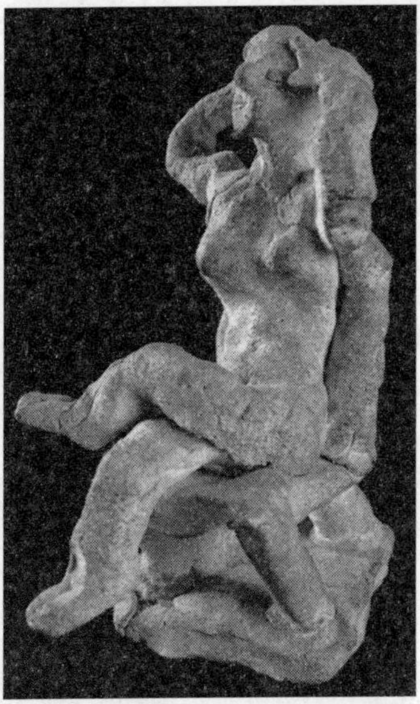

Amá sentada, escultura de Eduardo Chillida-Belzunce de niño, 1969.

supuesto, sentada a una silla y en una postura que yo ya había observado antes en ella, con los brazos levantados y posados detrás de su cabeza.

El caso es que de esta manera tan natural e inesperada hice mi primera escultura, que permaneció en poder y a la vista diaria de *aitá* hasta el día de mi boda en que, por alguna idea romántica, decidió que era hora de que viviera a partir de entonces con Susana, mi mujer, y conmigo.

En los veintidós años que *aitá* la tuvo junto a sus esculturas de pequeño formato –que eran proyectos para esculturas a gran escala–, ocurrió que en una ocasión Joan Miró visitó a mis padres. Por lo visto, a Miró le llamó mucho la atención mi pequeña escultura y preguntó admirado, tal y como *aitá* relataba la historia: «¿Quién ha hecho esta escultura?». Aitá, que era tan natural y verdadero, le dijo riendo: «¡Esa, mi hijo pequeño, Edu!». Claro, no le dio importancia… pero sí que la tuvo muchos años a su vista y disfrute diario, como he recordado antes...

LOS CUIDADOS DE JÚLIET

Júliet es el nombre con que nuestro padre solía llamar cariñosamente a Pili. Una segunda historia de mi hermano Edu se refiere a ella y su comportamiento tras su tremendo accidente.

> Siendo eso mismo, la Julieta de *aitá*, *amá* se volcó durante una temporada, con su beneplácito por supuesto, en ayudarme a salir de la terrible situación en la que me encontraba. Es muy gracioso recordar cómo ella contaba que todas las mañanas venía al cuarto que había dispuesto en casa para mi convalecencia y se volcaba en mí con su increíble optimismo y fuerza contagiosa –eso lo digo yo, ella no lo contaba echándose flores–, haciéndome levantarme y sentarme infinitas veces, entre otros ejercicios que no perdonaba que hiciera ni un día para mi recuperación. Y cómo, con su sabiduría y encanto innatos para el trato con las gentes, me llevaba personalmente a tres fisioterapeutas sin decir a cada uno de ellos que estábamos yendo a otros dos. Así, además de ser bueno para mí y progresar mucho, *amá* los tenía a los tres superfelices y motivados de los logros que conseguían conmigo. Cada uno creía que era él solo, no que contaba con la ayuda de otros dos...
>
> Y me río también cuando Luis me recuerda en tono divertido que *amá* me alimentaba con chuletas diarias, sólo a mí, para que recuperara musculatura y peso, mientras mis hermanos comían un filete y se ponían bizcos de envidia... jajaja.
>
> Pensando en estos dos recuerdos me doy cuenta de que existe un vínculo esencial entre ellos. Son dos recuerdos de comienzos importantes. Tanto *aitá* como *amá* fueron fundamentales en mi existencia. Para empezar con el arte en mi primera vida, y para empezar con fuerza y sin perder la ilusión por la vida en esa mi segunda vida después del accidente.

DE MADRE CORAJE A LA HUMILDAD DE DELEGAR

El papel de madre coraje, durante ese tiempo, cuadraba con la Pili que todos habíamos conocido. Sin embargo, cuando Edu había avanzado ya bastante en su recuperación, entendió que debía apartarse. Personalmente, valoro mucho la capacidad que demostró de saber delegar cuando fue preciso. Ella misma sentía que estaba siendo demasiado protectora y veía que eso no era bueno. A pesar de que le costó mucho, lo dejó ir a Madrid con su hermano más cercano, Luis, para vivir entre amigos estudiantes que le insuflaban vida y ánimo. Después, tras una visita muy descorazonadora a un médico de Nueva York, lo dejó conmigo en la gran ciudad. Yo estudiaba, mi marido escribía y él pintaba. Le acompañamos al Museo Metropolitano de Arte varias veces y después le animábamos a cruzar el parque él solo para visitar a sus «amigos» (Van Gogh, entre otros). Solía volver entusiasmado. También le presenté a un amigo mío exbailarín y pintor que le introdujo en la Artist League, adonde iban juntos a pintar. Todavía recuerdo su cara de incredulidad cuando le pedí por primera vez que me hiciera una foto con una maquinita muy sencilla que había comprado para tal fin. Lo tratábamos como a un igual, y él –aupándose en esa confianza nuestra–, fue ganando muchas capacidades que ha seguido ejercitando en su vida.

Hoy mi hermano Eduardo, que firma Chillida-Belzunce, es un gran pintor y lo de menos es saber con qué mano pinta ni por qué. Mi padre admiraba su obra y solía pasar mucho tiempo con él. Su historia es una historia bonita de renacer que he utilizado como ejemplo en proyectos educativos más de una vez. Ha formado una gran familia, es feliz junto a Susana Álvarez, su mujer, que colabora con él y lo trata del mismo modo, como a un igual. A pesar de sus limitaciones y a base de voluntad y ejercicio, después de muchos años mi hermano consiguió en 2015 poder volver a hacer escultura, que es lo que inicialmente más le gustaba.

METER EL ESPACIO DENTRO DE LA MATERIA

«Lo profundo es el aire» es un verso que nuestro padre entresacó de los escritos de Jorge Guillén. Inspirándose en él, realizó la serie *Lo profundo es el aire*, que empezó en 1983. Son esculturas hechas con granito rosa de la India. Quizás por falta de otros medios más avanzados, en ese país aprovechan las grietas que tiene naturalmente la materia para introducir una pequeña calza de madera que, al estar viva, se expande y fuerza que la grieta se abra. De este modo, el granito se desgaja como lo hace una manzana que se parte con la mano. A mi padre le gustaba justamente eso, la textura tan natural que se consigue de ese modo. Después, dentro de esa mole de hasta cinco toneladas de granito, él se ocupaba de «meter el espacio» mediante cortes limpios y profundos. Resulta evidente lo distinta que se siente la misma materia según el tratamiento que se le da. No sólo la textura sino también los pequeños colores que incluye el granito en su composición son más evidentes en las partes lisas. Sobre todo cuando la escultura está mojada.

A mi padre le gustaba sacar a la luz lo que normalmente está oculto, y mirando esas obras suyas, por ejemplo, yo me he hecho especialmente consciente de lo que la tierra esconde bajo nuestros

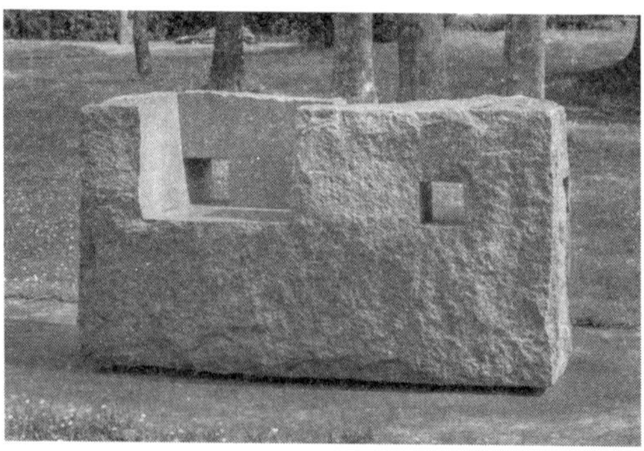

Lo profundo es el aire XVIII, granito, 1998.

pies. A él esa serie, *Lo profundo es el aire*, le sirvió para pensar en el espacio interior del controvertido proyecto *Montaña Tindaya*, del que hablaré en su momento. A mí, por mi parte, en el primer programa educativo de Chillida Leku, me sirvió para plantear temas de percepción, escala e imaginación con los escolares. Poniendo una simple figura humana –un pequeño muñequito– dentro de alguno de esos espacios abiertos en el granito, los chavales se identificaban con él y llegaban a percibir fácilmente cómo se veía la obra «desde dentro». Era un truco fácil para enseñarles a mirar. Aumentando el tamaño de la figura, notaban que el espacio parecía hacerse más pequeño y, por el contrario, si se disminuía, el espacio parecía crecer. Creo poder decir que todos llegaron a sentir que con la imaginación podían andar entre las formas del granito ocupando el espacio que Chillida había metido en la materia. Es una buena forma de mirar todas sus obras.

«PILI, NO TE VAS A CREER LO QUE HE HECHO»: *GRAVITACIONES*

–El *aitona* sólo usa el blanco y el negro, ¿verdad? –me dijo una vez mi hijo Adi, que es muy observador, al salir del estudio de su abuelo con apenas seis años.

Había visto todo el suelo plagado de *gravitaciones*, grandes y pequeñas, que se iban a ir a una exposición.

–Sí –le contesté.

–Ya sé por qué... –comentó–. Porque es suficiente.

Mi hijo no lo recuerda, pero yo no lo olvido.

La historia de cómo empezó Chillida a hacer *gravitaciones* en 1985 me pareció siempre interesante. Para entonces, eran muchos los premios que había recibido. Ese mismo año el Kaiserring alemán y en los dos años previos, sin ir más lejos, el Gran Premio de las Artes de Francia y el premio Europa de Bellas Artes de Estrasburgo. Además, enseguida iba a recibir en España el Príncipe de Asturias de las Artes 1987.

Su obra gráfica había comenzado muy pronto, en 1959. Siguiendo lo que él llamaba el «aroma» de la obra, que era una preintuición, desde el principio había entendido que, efectivamente, le bastaba con dos colores, el blanco y el negro. Sólo alguna vez, en sus *collages*, se permitió jugar con papeles de un color beige lleno de textura que contrastaba, igual de bien que el negro, con el fondo blanco. Le gustaba mucho hacer *collages*, pero había algo en ellos que le desagradaba: la cola con la que tenía que unir los papeles.

Un día fue al estudio y, al accionar el interruptor, se encenderían, como siempre hacían, la calefacción y la música con la que se ambientaba antes de ponerse a trabajar. Nadie sabrá nunca qué es lo que le movió –quizás una cuerda que mi madre habría utilizado el día anterior para envolver algo que debían enviar a algún sitio–, el caso es que Chillida vio la cuerda, vio los papeles, las tijeras, improvisó un punzón y de ahí salió la primera *gravitación*.

Cuando llegó a casa estaba emocionado: «Pili, no te vas a creer lo que he hecho. Es un dibujo, pero no he usado lápiz, es un *collage*, pero no tiene cola...». Conociendo a mi madre, sé que intentaría de mil modos descifrar el misterio antes de darse por vencida. Pero sin éxito. Después de comer, Eduardo la llevó a su estudio, adonde iba puntualmente también cada tarde, y le mostró el «invento». Allí estaban las tijeras, los papeles y las cuerdas con las que lo había realizado. Pili quedó prendada: lo que veía no sólo era un dibujo y un *collage*, sino que también era una escultura. Todas las *gravitaciones* de algún modo lo son, ya que se trata de relieves en papel que implican una tercera dimensión. Muchas de ellas son puramente blancas.[1]

Mi padre era un poeta del espacio. Lo que más le ilusionaba de las *gravitaciones* era que en ellas había conseguido introducir el espacio entre los papeles que anudaba con sus manos. El espacio sustituía a la cola que antes utilizaba para sus *collages*. Disfrutaba mucho haciéndolas. Para él era como hacer música de cámara en

1. Véase la imagen 14 del encarte.

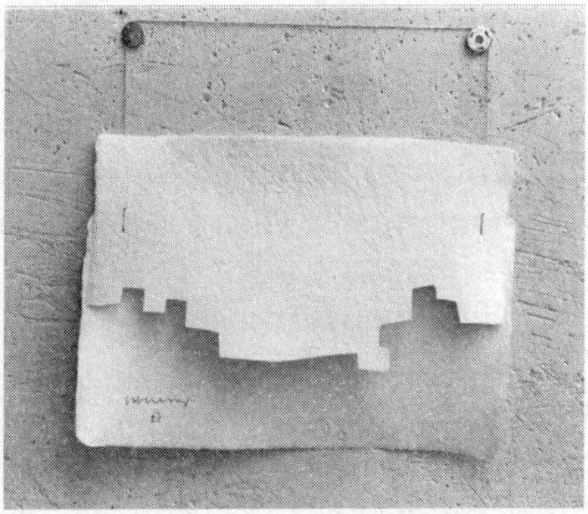

Gravitación, 1993.

contraposición al trabajo de orquesta que realizaba en las forjas industriales, con muchos operarios o con sus ayudantes en el taller. Una vez, después del verano, sabiendo que mi marido y yo veríamos a los hermanos Waintrob a nuestra vuelta a Nueva York, nos dio su más reciente *gravitación* para que se la lleváramos de regalo. Él mismo la protegió y nos la entregó. Los viejos fotógrafos casi se caen al suelo de la emoción al verse con aquello entre las manos. ¡Otro invento de Chillida!

Sidney y Budd Waintrob consideraban a mi padre «el número uno», y era gracioso escuchar cómo pronunciaban esas palabras en español, con su fuerte acento americano. Mi marido y yo solíamos quedar con ellos para comer en el Museo Metropolitano, al menos una vez por semana, y aprovechábamos para ver juntos alguna sala. En una de esas ocasiones, les comunicamos que el cineasta Larry Boulting acababa de hacer una película sobre Chillida. Nos acercamos a la tienda para ver si la tenían disponible, y allí mismo, en el pequeño monitor que había para que la gente pudiera hacerse una idea de lo que iba a comprar, se la vieron entera. ¡Una hora de pie, sin apenas parpadear, con casi noventa años! El arte era su vida y su ilusión, al igual que lo fue para mi padre.

Años más tarde, viéndome a mí misma como cineasta, una de las cosas que le pedí sin ningún pudor fue que me dejara grabar sus manos cortando los papeles y anudándolos entre sí, en su gran mesa blanca. Quería que nos permitiera ver su espacio más íntimo y que pudiéramos compartir con él su paz. Verle hacer las *gravitaciones* con tanta calma era emocionante.

Acabada la escena, lo vimos sentado observando las *gravitaciones* que tenía colgadas con chinchetas en la pared. Los dedos de sus dos manos estaban entrelazados sobre la nuca en una postura que era habitual en él. Lo curioso es que he descubierto recientemente que existe un *mudra* exactamente así, que significa entusiasmo, y promueve la idea de energía y ánimo para seguir adelante. ¿Podría haberlo conocido mi padre? Desde que he sabido de la existencia de esas posturas ancestrales de manos, me encanta de vez en cuando practicarlas. Mi padre en su día estudió las distintas religiones, leía mucho, y quién sabe si en temas relacionados con el espíritu de la India pudo alguna vez toparse con ello.

LA LIBERTAD DE VER Y SENTIR

Me fijo ahora en otra sencilla *gravitación* que por casualidad ha caído en mis manos. ¿Tengo o no derecho a ver, en el negro que puso Chillida sobre el papel, el pequeño pájaro del que un día me había hablado? Por lo visto, en el primer encuentro que había tenido con Brâncuşi en París, aún soltero, el escultor le habló del peculiar modo en que las madres pájaro daban de comer a sus crías, desde la vertical; sutilezas de un artista a quien mi padre admiraba que le habían impresionado. Evidentemente, no es un pájaro lo que veo, ni lo pretendió ser. Lo sé. Y, sin embargo, recuerdos propios, sentimientos despertados, lo veo y casi siento su hambre, su voracidad. Soy libre y confío en mi libertad.

Recuerdo verme de niña tumbada en el suelo escuchando una música que mi padre nos ponía en su estudio. Por la música uno anda a oscuras, sin red ni apoyatura alguna; ella está y no está ahí;

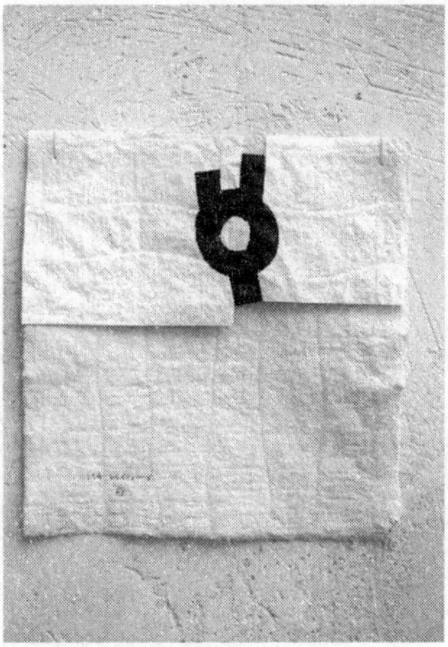

Gravitación con tinta, 1990.

no se ve. «Escuchad –nos decía–, y luego me decís qué veis.» Yo cerraba los ojos y hacia mí venía el mar. Pero ¿siempre el mar? Sí, en mi recuerdo. Y, sin embargo, ahora me pregunto: ¿cuántas veces habré vivido aquello?, ¿serían muchas o bastó quizás una sola para quedarse grabado en mi memoria? Varios dibujos de mis hermanos escuchando música en su estudio dan fe de esos momentos entrañables que se sucedieron durante toda nuestra infancia y adolescencia.

Mi hermano Ignacio aporta un nuevo testimonio:

> Era habitual en aquella época, finales de los sesenta, que los hermanos desfiláramos por el estudio para que *aitá* nos dibujara. Dibujos de torsos, de espalda, brazos... El día que me tocaba hacer de modelo, al llegar a las manos, me decía: «Iñaki, cámbiate por Pedro, que tus manos son muy delgadas». Menudo puñetero, ¡con las manos tan bonitas que yo tenía!

Evidentemente, siendo un verdadero esteta, nuestro padre notaba que no todos sus hijos teníamos las mismas cualidades plásticas

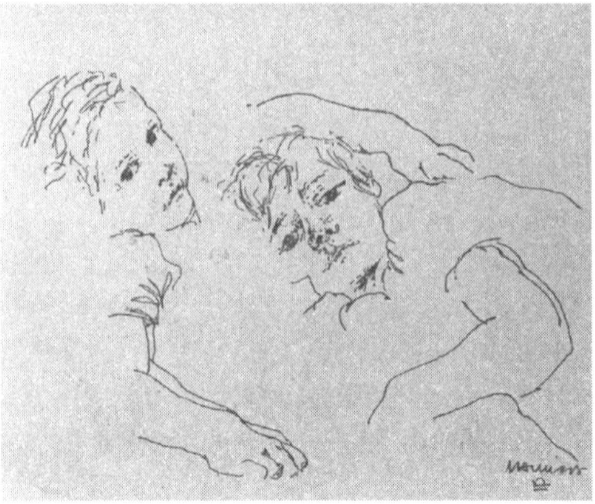

Retrato de sus hijos Eduardo y Luis, 1968.

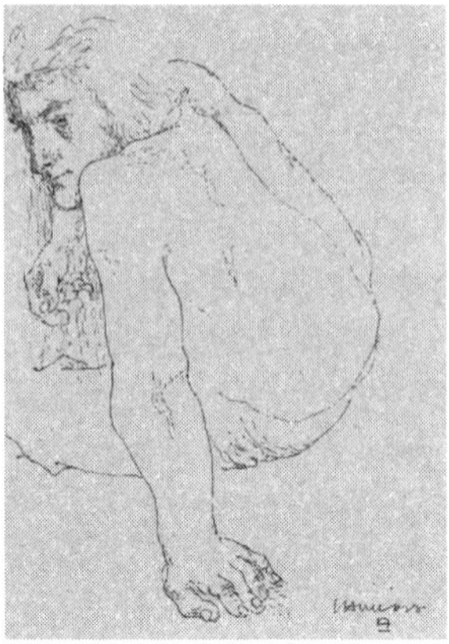

Retrato de Ignacio, 1968.

que él requería para usarnos como modelos. En cualquier caso, a todos nos retrató con cariño en un momento u otro.[1] «A los hijos lo importante es quererlos.» Y él nos quería y nos lo hacía saber.

Más recuerdos adicionales propios. Mis padres solían llevarnos a buscar fósiles por la Sierra de Urbasa. El encuentro con aquellas piedras –que eran más que piedras porque llevaban la vida de otros seres reflejada en su costra y el tiempo prensado en ellas– resultaba emocionante. Así nos lo hacían entender. «Se ve bien teniendo el ojo lleno de lo que se mira.» Por contraste, aprendimos que también hay maneras de mirar y no ver nada.

«Mirad los títulos de los libros que hay en la biblioteca con calma y luego os pregunto por uno, a ver quién lo encuentra más rápido», solía retarnos nuestro padre, emulando los juegos de percepción que, a su vez, su padre hacía con él y sus hermanos. Algunos títulos aún flotan en mi memoria: *La nuit grandissante*, *Letters of James Joyce*. El arte en todas sus formas nos acompañaba.

1. Véase la imagen 15 del encarte.

ASIDEROS FRENTE AL DESÁNIMO: IGNACIO Y PEDRO

Chillida fue un trabajador incansable. Es seguro que pasaría por crisis y épocas de desánimo, pero tengo la sensación de que también tenía modos de sobrellevarlos que le mantenían en pie.

Pienso, por ejemplo, en la cotidiana relación de trabajo que desarrolló con su hijo Ignacio en su taller de grabado llamado *Hatz* (huella). Se encontraba en el entorno de la antigua Villa Paz, junto a la fragua donde nuestro padre trabajaba. El ambiente era totalmente familiar y eso favorecía mucho el bienestar de Chillida. A Ignacio, embutido en su mono azul de trabajo, le hacía gracia levantarlo en volandas mostrando su fuerza. Mónica, su

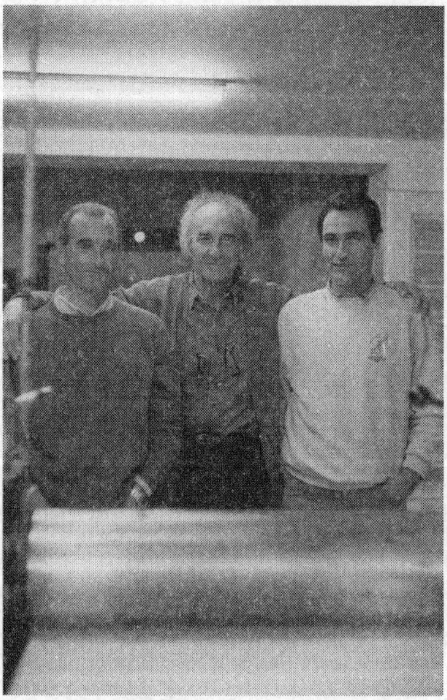

Eduardo Chillida, en el taller Hatz,
junto a sus hijos Ignacio y Pedro, 1992.

mujer, era su ayudante y, al tener allí mismo su vivienda, de vez en cuando bajaban los pequeños de la casa a saludar al *aitona* (abuelo). Así, de esa bonita relación con su hijo, fueron surgiendo infinidad de grabados de gran calidad que se han visto desde entonces por el mundo.

En ese mismo entorno, mi hermano Pedro tenía su estudio de pintor. Como mi padre y él vivían en Intzenea, cada día iban juntos a trabajar. Nada más llegar, y después de saludar a Ignacio, a Pedro le gustaba acompañarle a su estudio para ver qué estaba haciendo, y antes de volverse a casa, mi padre le iba a visitar al suyo para ver la progresión de sus cuadros. Allí no todo resultaba siempre fácil. Por lo visto mi padre pretendía intervenir en sus pinturas marcándole las partes que a él le parecían más flojas y eso molestaba a mi hermano porque no le dejaba fallar y aprender por sí mismo. A veces terminaban discutiendo, pero también escuchaban música, compartían inquietudes y debatían sobre temas de arte que a ambos les interesaban, al igual que hacían en los muchos viajes que realizaron juntos para visitar museos. No dudo que esos momentos de intimidad entre padre e hijo fueron también parte importante de la vida de Chillida que le ayudarían a afrontar sus posibles crisis con mayor fuerza.

Otra actividad que llevaba irremisiblemente a la paz a mi padre era el dibujo, y por eso lo practicó durante toda su vida.

«EN UNA LÍNEA EL MUNDO SE UNE, CON UNA LÍNEA EL MUNDO SE DIVIDE»

Mirando hacia atrás veo horrorizada que, mientras realizaba mis películas, en mis escritos y en mis conversaciones sólo me refería a mi padre como Chillida, casi olvidando nuestros lazos. Pretendía adoptar una distancia falsa y una objetividad imposible. Este libro que escribo me ayuda a redimirme y resucitarle como padre con toda su humanidad. Veo su cara sonriente en una foto y desde aquí le pido perdón.

La única vez en que me divirtió grandemente llamarle Chillida –y presentarle como un gran artista sobre quien había hecho un documental– fue en una experiencia pedagógica que realicé con un grupo de jóvenes presos en una cárcel madrileña. Escondida en divertido anonimato, intenté introducirlos al hombre que era, a su pensamiento, a su vida. Una cualidad que mi padre consideraba esencial en el artista plástico era su capacidad de dibujar. Por eso, de cara a su obra, empecé por lo más cercano, sus dibujos figurativos, para ir entrando en lo complejo con calma. Me interesaba hacer entender a los jóvenes presos que la sencillez en los trazos a la que llegó Chillida con el tiempo no denotaba una falta de capacidad sino, bien al contrario, un trascender y lograr ese «don de ligereza» que Valente le atribuía a él y a todos los en verdad grandes artistas de la humanidad.

«En una línea el mundo se une, con una línea el mundo se divide. Dibujar es hermoso y tremendo», escribió mi padre.

Tuvieron oportunidad de ver fotos de dibujos figurativos tempranos que no todo el mundo conoce: distintos tipos de sombreados, difuminados, punteados… Y finalmente nos centramos en sus dibujos de manos más reconocibles. Hay algunos en los que, de un solo trazo, mi padre construye la arquitectura total de la mano

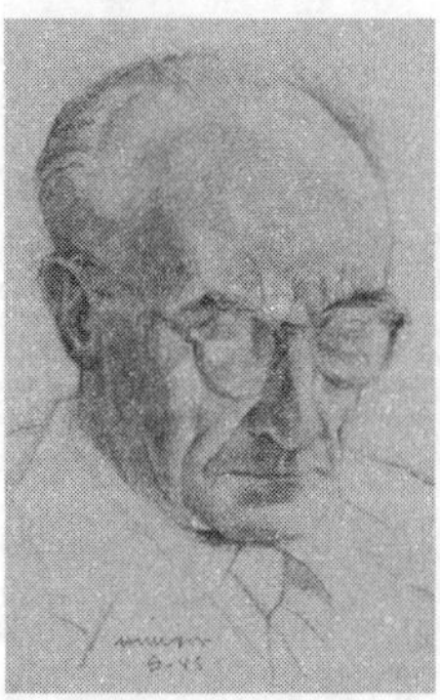

Retrato de su padre, 1945.

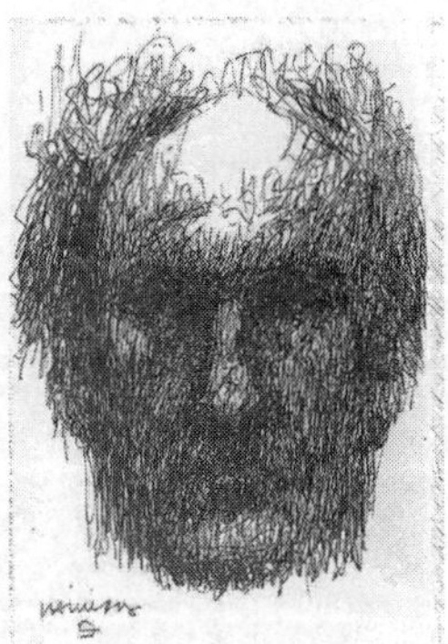

Autorretrato, 1970.

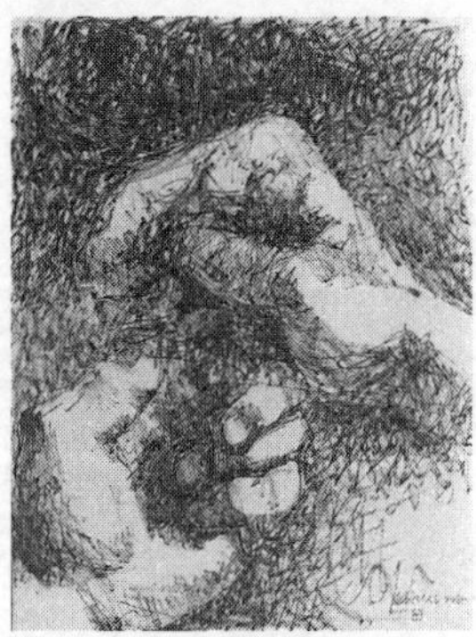

Dos manos, 1949.

partiendo desde la muñeca. En otros, la línea de un dedo se pierde en los pliegues de la palma, deleitándose en ellos, cual si fueran montañas; y, en otros, los dedos quedan suspendidos en un vacío expresivo y plástico. Lo bueno de los dibujos de línea de mi padre es que son sencillos y muy reales. Por eso, uno de los primeros días compartí con los jóvenes un montón de láminas plastificadas con dibujos de manos de Chillida que repartí entre ellos. En una de ellas estaba escrito con su caligrafía peculiar: «Esta es la mano de tu amigo».

La mano es una articulación muy rica con la que mi padre jugó durante toda su vida. Era habitual verle mover los dedos despacio formando posturas y fijándose en los cambios espaciales que se producían. Miradas como él las miraba, con ojos de escultor, sus manos eran universos enteros que le ayudaban a pensar en el espacio y la forma. Quizás dibujarlas era también una especie de meditación activa, un tipo de calentamiento artístico y emocional. Personalmente, tiendo a encontrar relación entre algunos de esos dibujos de manos y las esculturas que aun siendo de hierro macizo guardan esa ligereza propia del trazo sobre el papel.

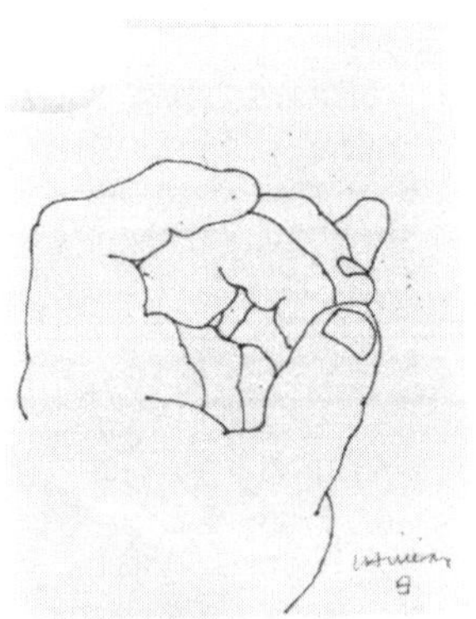

Mano, 1982.

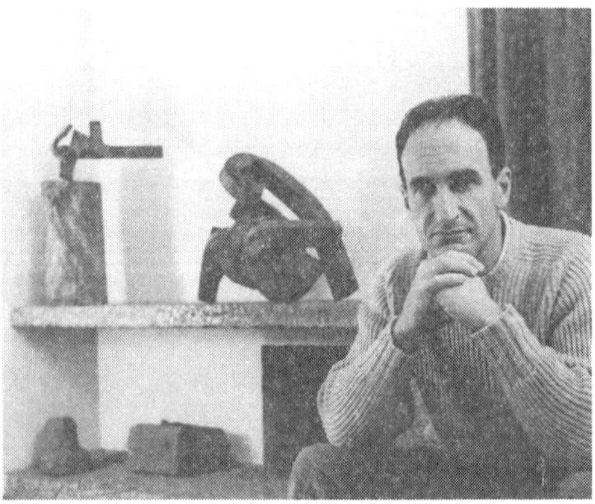

Chillida con *Yunque de sueños XIII* y *Modulación del espacio I*, 1963.

Como Chillida no creía en la enseñanza del arte, en mis programas educativos, en general, suelo preferir que los alumnos entiendan lo que es el arte, que se impregnen del artista, y que aprendan a sentir y a mirar la obra, antes que pedirles que hagan algo ellos.

Recrear con la propia mano la postura que se muestra en un dibujo de Chillida y fijarse en los espacios que se crean entre los dedos y la palma, como lo hacía mi padre, es un modo de entrar en comunicación con él. Del mismo modo, seguir con el dedo cada línea de un dibujo, de principio a fin, como si de un lápiz se tratara, nos lleva a sentir el movimiento interno del artista. Así lo creo y por eso hicimos ejercicios de ese tipo.

Una vez ocurrió algo curioso. Uno de los jóvenes se había preciado desde el primer día de su facilidad para el dibujo y hasta se atrevió a opinar que los de Chillida le parecían muy simples. Enfrentado a la tarea, colocó por error la lámina con la mano de Chillida en una posición incorrecta. Al verlo yo –orgullo de hija herido–, coloqué airadamente la lámina en su posición real. Su reacción no se hizo esperar: «¡Ah, así, sí! –comentó–. ¡Esta es la mano con la que se coge agua en una fuente!».

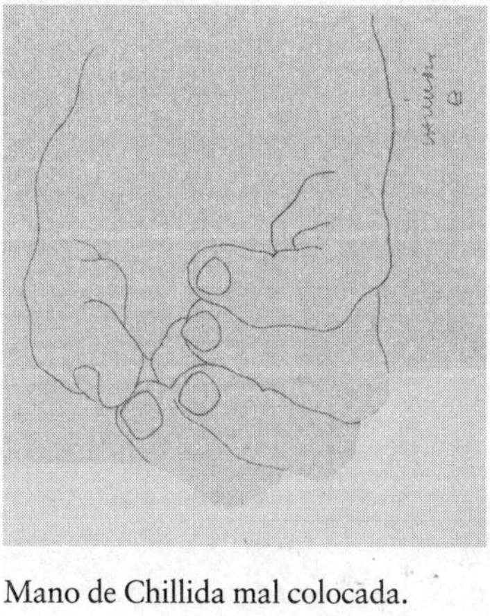

Mano de Chillida mal colocada.

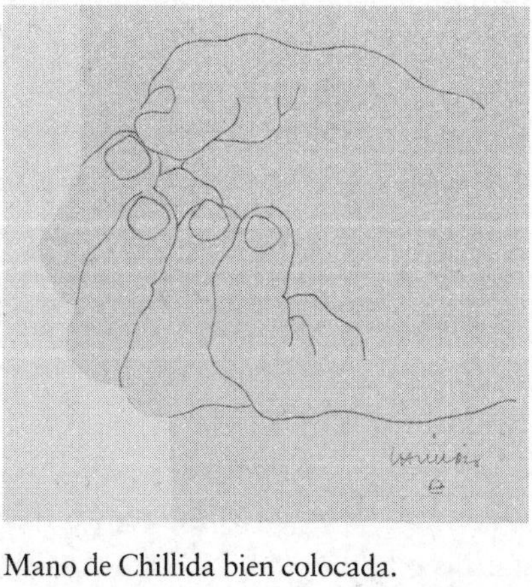

Mano de Chillida bien colocada.

¿Sabría este chico que más importante que su facilidad para el dibujo resultaba la percepción que acababa de demostrar con esa imagen sensible? Estoy segura de que a mi padre le habría gustado esta anécdota y, si es que desde algún lugar me podía ver, se habría reído un montón del modo en que les introducía a la escultura y a las distintas artes. En aquel lugar oscuro, desde el primer día y en todo momento, nos había acompañado la música clásica. El último día, subí el volumen mientras sonaba un *lied* de Schubert. «No me digáis que esto no es precioso.» «Precioso no sé... –contestó uno de ellos–. Pero da paz.»

LA LUZ BLANCA DE MENORCA: QUATRE VENTS

El verano, las *lurras* y la luz mediterránea –origen del arte griego que Chillida tanto amaba– estaban fuertemente ligados entre sí para él, ya que esas piezas siempre las había realizado en la Costa Azul de Francia. Aprovechando que su amigo el ingeniero y colaborador José Antonio Fernández Ordóñez veraneaba en Menorca, mis padres visitaron la isla en 1989. Imagino que a Pili le rondaba ya algo en la cabeza. Ella adoraba el sol y sabía cómo tentar a Eduardo: le propuso trabajar sus *lurras* allí. Hans Spinner traería la tierra chamota a principios de verano y, al final de la temporada, recogería el trabajo que hiciera para llevarlo a cocer en sus hornos de Grasse. Eduardo, a cuyos gustos y necesidades ella siempre se había plegado, se dejó hacer por contentarla. Viajó entonces mi madre para buscar un lugar adecuado, y compraron una gran casa abierta a los cuatro vientos frente al mar: Quatre Vents.

Ayudada por varios de mis hermanos y cuñados, Pili adecuó la casa para poder recibirnos a todos –hijos y nietos–, pero tuvo buen cuidado de dejar un par de espacios donde nuestro padre pudiera estar a solas. Uno era el «estudio de arriba», donde trabajaba como ingeniero de sueños haciendo dibujos y *gravitaciones* que iba colgando con chinchetas en la pared. El otro, el «estudio de abajo» –o más bien el «estudio de afuera»–, estaba en la parte trasera de la casa a un nivel inferior al resto del jardín. Allí, bajo una frondosa higuera, Pili hizo construir dos potentes tramos de hormigón en forma de L, a modo de mesa, que era donde Eduardo trabajaba sus tierras.

En Menorca, y en principio contra todo pronóstico, nuestro padre fue feliz. No sólo disfrutaba con su trabajo, sino que aprendió a disfrutar del sol y de los baños tranquilos en el mar abierto y solitario frente a la casa. Incluso en la piscina redonda que alojaba dos olivos viejos era frecuente verle flotando sobre un enorme neumático de camión, con un libro en las manos, plenamente relajado. La luz blanca del mediterráneo le hacía bien. Dábamos largos paseos como fue siempre su costumbre, de vez en cuando

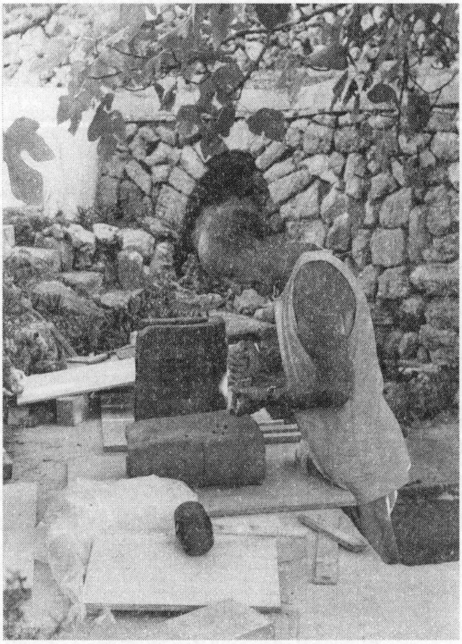

Eduardo Chillida trabajando sus *lurras* en su «estudio de afuera» en Menorca, 1996.

invitaban a amigos a casa y, rodeado de todos nosotros, siguió desde allí con gran interés varias ediciones de los Juegos Olímpicos y otros acontecimientos deportivos. Al atardecer no era raro que nos acercáramos a los monumentos prehistóricos, *taulas* y *talayots* que entre tancas de piedra suelta o escondidos entre la maleza pueblan la isla cargados de misterio. Se veía a menudo con su amigo José Antonio Fernández Ordóñez, y en general socializaba con más gente de lo que en San Sebastián hacía. En Quatre Vents, como en todas las casas que habitaron, mis padres hicieron construir una gran mesa larga y monacal de madera, con sendos bancos bastante incómodos de los cuales se ha caído al suelo más de una personalidad.

Recuerdo un verano bastante lejano. Por la casa habían pasado muchos de mis hermanos con sus familias. A mi marido y a mí nos gustaba coincidir con alguno de ellos en sus últimos días y quedar luego a solas con mis padres. La intimidad, la falta de tumulto, las conversaciones entre artistas, los paseos, el simple placer de estar juntos nos encantaba.

En esa ocasión, mi padre estaba peleándose con un encargo que le traía loco: ilustrar *Le poème* de Parménides. Decir que le traía loco no es decir que no le gustara; bien al contrario, los retos le emocionaban y le mantenían muy vivo. Una mañana, «mi Eduardo» y yo nos acercamos a la piscina y le vimos una vez más flotando sobre el enorme neumático con el libro de Parménides en las manos. Al vernos, dejó el libro en el bordillo y empezó a contarnos unos descubrimientos que había hecho. Lo gracioso es que el Chillida que hablaba no era ni el escultor famoso ni tan siquiera el padre, sino el joven que había sido proel en las regatas de San Sebastián y conocía el comportamiento de los remos y del agua. «Mirad cómo con sólo mover el dedo gordo puedo cambiar mi trayectoria.» Y le vimos individualizar los dedos de sus pies para pilotar la nave sobre la que flotaba. Contento como un chaval.

Aquí vemos a mi padre con mi primer hijo entre las *gravitaciones* de 1993 que acababa de hacer aquel año en Menorca. La foto se publicó en el catálogo de la exposición *Terres et Gravitations*

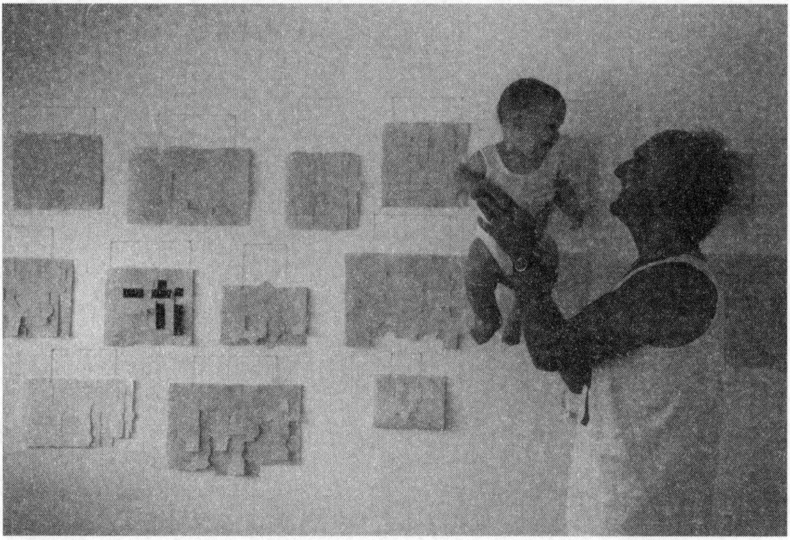

Chillida con su nieto Adi junto a algunas *gravitaciones*, en Menorca en 1993.

(Tierras y Gravitaciones) de la Galería Lelong de París, en 1995. Los textos fueron escritos por el poeta Jacques Dupin y Eduardo Iglesias, mi marido. Fue a petición de Pili y al principio mi marido se resistió un poco. Pero yo insistí y, al final, siendo como es un novelista, ofreció una peculiar ficción en la que un personaje se hacía suficientemente pequeño como para meterse entre los papeles de las *gravitaciones* y dentro de los espacios vacíos de las *lurras*. La llamó *Invitación al viaje: Movimiento de la imaginación*, y a mis padres les encantó por su sencilla profundidad. Posteriormente fue reeditado en español para la exposición organizada por Nieves Fernández en Burgos en 1996.

A mí, en mis documentales, Menorca me sirvió para lograr un contraste entre la luz blanca del Mediterráneo y la luz negra de nuestro mar Cantábrico; también para recordar que el arte ha sido esencial para el hombre desde el principio de los tiempos. Por eso en las primeras imágenes vemos a Chillida en la noche como espectador de una taula prehistórica, atónito frente al esfuerzo de sus antepasados por alcanzar lo inalcanzable.

ENTRE ARTISTAS PRESOCRÁTICOS

La relación que había entre Eduardo Iglesias, mi marido, y mi padre era estupenda. A su amor por el deporte –que ambos compartían– se sumaba el conocimiento sobre el arte que «mi Eduardo» traía, no sólo en sí mismo, sino también a través de sus hermanos. Ya cuando nos conocimos, todos menos él se dedicaban al arte, y posteriormente Alberto y Cristina despuntaron en la música y en la escultura. Cuando Eduardo entró en contacto con mi familia, venía de abandonar el camino que su padre, un empresario hecho a sí mismo, había decidido para él como hijo mayor y continuador de su carrera. Pili y Eduardo vivieron muy de cerca sus primeros titubeos de búsqueda, y lo alentaron cuando al fin decidió convertirse

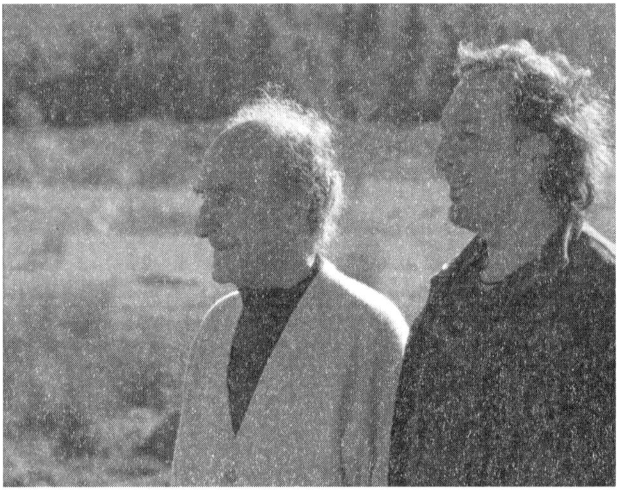

Eduardo Chillida y su yerno Eduardo Iglesias en el Molino de los Vados, Burgos, 1998.

en escritor. Mi padre era para él un maestro amable con el que hablaba a menudo, y tanto a mi madre como a mí nos encantaba verlos juntos y participar de su charla. Mis padres lo veían como lo que era: un artista incipiente, inocente y curioso, con el que disfrutaban grandemente. «Los Eduardos dan muy buen resultado», solíamos decir nosotras.

De Chillida «mi Eduardo» aprendió lo que es el acercamiento al arte, pero no se dejó influir por las preferencias de mi padre, a quien el pensamiento y la poesía le interesaban mucho más que la ficción. Pasó casi un año releyendo a los clásicos y se convirtió en un verdadero presocrático, al igual que mi padre. El consejo que él le daba era «no tengas prisa en publicar», y el consejo fue escuchado. Pero quién sabe hasta cuándo no se hubiera lanzado de no ser porque Pili intervino para animarle. Y a ella también la escuchó. Publicó su primera novela en Nueva York en 1989.

Por estar unidas a dos artistas y compartir con ellos desde el principio nuestra visión sobre sus avances, ilusiones y desilusiones, veo que entre mi madre y yo hubo siempre muchos puntos en común. ¿Cuánto de lo que hay en la obra de estos dos Eduardos podría achacarse a nuestra influencia? Ni a ella ni a mí nos faltó nunca asertividad para expresarnos libremente frente a ellos... Ambas éramos espejos donde ellos podían ver reflejado su trabajo. Mi madre sé que pedía a mi padre creaciones cada vez más grandes y él fue conformándose con esa idea. Yo también pedía a mi marido textos más largos, pero su carácter rebelde nunca se dejó domar: le gustan las novelas de estructura original y temas candentes, cortas y profundas, que te dejan con ganas de más.

VII

Década de los noventa. Nacer por segunda vez

Mientras escribo, siento como si de cara a mis padres hubiera nacido dos veces: la primera, cuando vi la luz un 2 de mayo de 1958, y, la segunda, cuando me acerqué a Chillida con mis cámaras en 1992. Ese año, no sólo la relación con mi padre cambió, también las relaciones con mi madre y con el mundo lo hicieron.

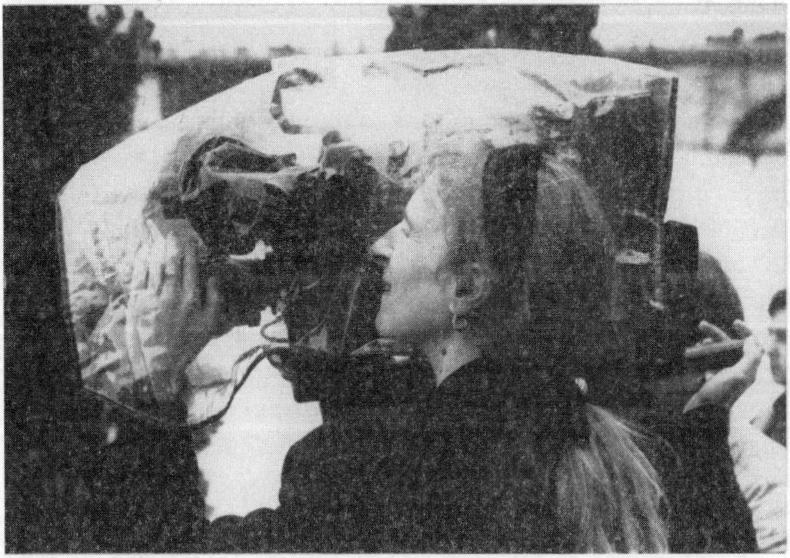

Susana Chillida en el rodaje de *Monumento a la tolerancia*, Sevilla, 1992.

«LO QUE ES DE UNO ES CASI DE NADIE»

Por aquel entonces, mi padre llevaba ya tiempo centrado mayormente en hacer obra pública. Un día ya muy lejano había decidido que prefería multiplicar los propietarios de sus obras antes que multiplicar las esculturas haciendo copias mediante moldes. Le ilusionaba hacer obras para entornos públicos donde la gente pudiera disfrutarlas. «Lo que es de uno es casi de nadie», solía decir.

La pequeña terraza en la que hacía sus ejercicios matutinos estaba abierta al mar y también a las montañas que rodean la ciudad de San Sebastián. Era habitual para él ver salir el sol entre el Larrún –un gran monte del lado vasco-francés– y las Peñas de Aya que dominan el perfil del lado vasco-español. Desde ahí, y probablemente ayudado como tantas otras veces por mi hermano Pedro, escribió un sentido poema dedicado a su tierra:

Bihotzean, zerupean, lurgainean, Aiako arriak lainoan.
Bihotzean, zerupean, lurgainean, Larrun mendia lainoan.
Bihotzean, zerupean, lurgainean, Euskal Herria lainoan.[1]

Chillida se definía a sí mismo como un hombre con sus raíces implantadas en el País Vasco y sus ramas extendidas al mundo. Era un pacifista y sufría sobremanera viendo el dolor que causaba en su tierra la lucha armada, que duró tantos años. «¿Hay alguna razón lo suficientemente grande para ser superior a la vida más pequeña?», escribió. Llevar mayor conciencia hacia las cuestiones relacionadas con los derechos humanos y la sana relación entre los hombres fue una de las mayores obsesiones que tuvo en las dos últimas décadas de su vida. Recuerdo con cariño su presencia regular en la plaza de Guipúzcoa de Donosti cada vez que un nuevo muerto

1. En el corazón, bajo el cielo, sobre la tierra, las Peñas de Aya en la niebla. / En el corazón, bajo el cielo, sobre la tierra, el monte Larrún en la niebla. / En el corazón, bajo el cielo, sobre la tierra, el Pueblo Vasco en la niebla.

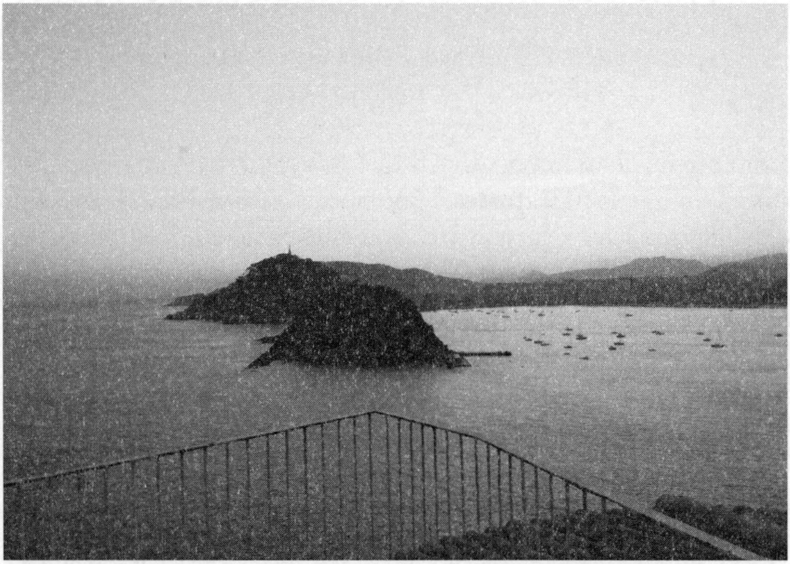

Bahía donostiarra, con el Larrún y Peñas de Aya al fondo, vista desde la terraza de Chillida.

venía a sumarse al horror. Él acudía, con Pili y con quienes quisiéramos acompañarle, a ese estar entre la gente, silenciosamente, en un gesto por la paz. Íbamos y volvíamos a casa sin apenas hablar.

Este es el texto que entregó Fernando Savater en recuerdo de él para el proyecto *Cien palabras para Chillida* que lideré en el décimo aniversario de su muerte: «Siempre me imagino a Eduardo Chillida en pie: no arrogante, ni desafiante, pero erguido. No le veo sentado: en mi memoria no se dobla ni se inclina, se mantiene alzado. Atento y cordial, aunque en su plena estatura. Así me lo represento cuando pienso en él, más allá de recuerdos concretos: en pie y un poco más alto que la mayoría en las concentraciones de Gesto por la Paz en la plaza Guipúzcoa, en pie en las verdes colinas de Chillida Leku entre sus piezas que trepan hacia la cumbre del paisaje, en pie ante las férreas púas del *Peine de los Vientos*, recortado contra la bahía acogedora y serena. En pie y frente al mar».

OBRAS PÚBLICAS: POR LOS DERECHOS HUMANOS Y LA FRATERNIDAD

Una foto de una obra no es más que una foto; no es una obra. Del mismo modo, la narrativa que uno puede hacer sobre esa obra –incluso la que hace el propio artista– no es más que una narrativa. Sólo lo que un espectador tiene ante sí es una obra. Y sólo lo que esa obra le dice a él sin palabras importa. De hecho, habrá tantas esculturas de Chillida como espectadores se hayan enfrentado honestamente a ellas.

Zuhaitz, que en euskera quiere decir «árbol», fue colocada en Grenoble en 1989. Se trata de un bloque de hierro macizo que se abre en cuatro ramas que se alejan unas de otras jugando con el espacio. Se la encargaron como conmemoración del centenario de la Revolución francesa. Casi todo el mundo había dirigido su trabajo hacia los lemas de libertad e igualdad; mi padre se volcó hacia la fraternidad. En uno de los costados del tronco común desde el que surgen las ramas Chillida dejó escrita esta leyenda en la que creía: «*Cet arbre de fer né dans cette forêt annonce que nous les hommes avons la même origine, il exige la fraternité*».[1]

Poco después, en 1993, se colocaba en Alemania otra obra pública a la que llamó *Diálogo-Tolerancia*. Cuando le pidieron que hiciera algo para la ciudad de Münster, en conmemoración de la Paz de Westfalia, pensó que para alcanzar la paz entre personas de posturas diversas no había nada tan importante como sentarse a dialogar de un modo tolerante y abierto. En Zabalaga tenía desde hacía un tiempo una escultura a la que había llamado *Esertoki* (literalmente, «lugar para sentarse»). De ahí que hiciera otros dos nuevos «asientos», parecidos pero distintos, al que había hecho antes, mirándose uno al otro y listos para acoger el diálogo.

1. Este árbol de hierro, nacido en este bosque, anuncia que nosotros los hombres tenemos un mismo origen; exige la fraternidad.

Desde que comencé a trabajar sobre mi padre, todo lo que tuviera que ver con él y con su obra me interesaba. Recuerdo, por ejemplo, asistir con mi marido y algunos de mis hermanos a la exposición antológica de Chillida en el Museo Martin-Gropius-Bau de Berlín en 1992. El muro de Berlín había caído recientemente y, estando justo al lado del museo, podíamos verlo y sentir desde ahí los aires nuevos que al fin entraban en Alemania. Al llegar mis padres a la inauguración, un músico solitario les sorprendió tocando el violín junto a una obra central, un *Peine del viento* que mi madre le había pedido que hiciera para ella.

HOMENAJE A HOKUSAI, JAPÓN

Mi primer trabajo como directora fue un compromiso que adquirí con la promotora que había encargado a Chillida una obra pública para Japón en homenaje a Hokusai, el gran pintor japonés de la segunda mitad del siglo XVIII. A sugerencia de mi madre, la promotora pidió que se grabara el proceso de realización de esa escultura y Pili misma encontró a la productora audiovisual adecuada para hacerlo; pertenecía, entre otros, a su sobrino Lorenzo. La condición que puso es que yo debía ser la directora. Ignoro si mi madre lo hizo para forzarme o para dejarme más libertad, porque no lo pregunté, pero así de rocambolescamente, de un día para otro, me encontré trabajando sobre mi padre.

El *Homenaje a Hokusai* constaba de dos partes: una escultura central de dieciocho toneladas de peso y 2,30 metros de altura hecha en acero cortén y cinco piezas enormes de hormigón que la rodearían dejando una visión obligada al monte Fuji. Según me contó mi padre en la primera entrevista que le hice, a Hokusai le llamaban «el viejo loco de dibujo» porque había realizado cientos de dibujos de ese monte, que es un estratovolcán, símbolo de Japón. También me contó que, un siglo antes de Kandinski, aquel «viejo loco de dibujo» ya había intuido un arte que podría despegarse de la figuración y llegar a estar «vivo» porque salía de un impulso personal. «Eso es lo que es el arte, lo que ha sido el arte después de la época figurativa. El arte bueno, el válido», me explicó.

En mis rodajes miraba y aprendía para enseñar –para mostrar–. Fue un proceso no exento de emoción; una aventura compartida que nos unió a mis padres y a mí. ¿El resultado?: dos películas y más de un relato que nos pintan a un Chillida de algún modo vivo. En varias ocasiones le había escuchado a mi madre hablar de una película muy simple que seguramente le mostraron los Maeght y le había emocionado: Bonnard, muy viejecito, sentado en una silla hablando de su trabajo. Así, y apoyada por el director de cine José María de Orbe, quien trabajó conmigo el guion, decidí empezar grabando conversaciones con mi padre sobre su trabajo, en general, y sobre su vida, en lugar de centrarme exclusivamente en la realización de la escultura. Tenía la sensación de que todo lo que iba rodando tenía un cierto valor histórico que me animaba. Por eso, pedí como pago por mi trabajo que grabáramos siempre más de lo estrictamente necesario; por ejemplo, los minutos de antes y después de cada entrevista. Más tarde, para mantener la propiedad sobre esos materiales, constituí mi propia empresa, La Bahía Centro Audiovisual, y mi padre realizó un logo para ella.

Mi madre fue muy valiosa durante todo el proceso. Gracias a ella conocía los planes y cambios de planes de mi padre de antemano y me podía organizar con mi equipo. Lo curioso es que ni ella ni él se preocupaban mucho por mis resultados. Mi padre lo único que me dijo desde el principio fue: «Sigue tu intuición». Otra frase suya que recuerdo es: «¿Vas consiguiendo lo que persigues?». He de reconocer que su falta de curiosidad, aunque implicaba mucha confianza, por momentos me llegó a molestar.

Nuestra relación paterno-filial ayudaba mucho en momentos difíciles de los rodajes. Por ejemplo, durante las esperas por cuestiones técnicas. Bastaba con que abandonase mi papel como directora y pasase al otro lado de la cámara junto a él o que le plantara un buen beso en algún momento para que todo se enderezara.

Una foto en particular da el tono en que transcurrieron mis rodajes. Ese día estaba yo dentro del taller de mi padre con mi pequeño

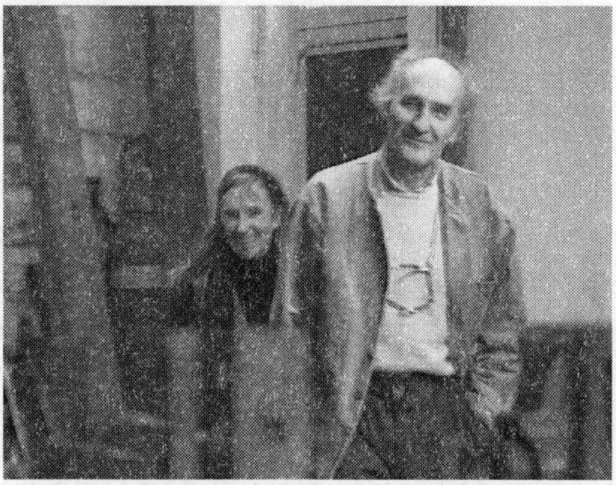

Susana Chillida y Eduardo Chillida al inicio de un rodaje en su taller de San Sebastián, 1992.

equipo cuando escuchamos su coche. Corriendo me adelanté para abrirle la puerta. Y aunque para él fue una sorpresa, me hizo sentir bien recibida. Siempre agradeceré la deferencia que tuvo conmigo al permitirme entrar en todas las facetas de su vida y rodar en los lugares donde nadie antes había rodado.

Gracias a la iniciativa de Pili, desde entonces todo aquel cineasta que ha trabajado sobre Chillida ha contado con material audiovisual muy rico que de otro modo nunca hubiera existido. Es evidente que mi madre sabía bien lo que se hacía cuando urdió todo el plan.

«HAY QUE DEJARLAS SER DISTINTAS»: ACERO CORTÉN

Desde el principio noté que a mi padre le interesaban los procesos, no sólo los resultados, y que prefería la experimentación antes que la experiencia. La escultura en la que me centré es sólo un ejemplo de cómo trabajaba él todas sus obras.

A las materias que utilizaba las llamaba «materia», y no material, algo que aprendió de Brâncuşi en aquella visita temprana al escultor que realizó junto a Palazuelo. Les habían dicho que era muy inaccesible y sin embargo los recibió. Mi padre comprobó que el artista y su obra le producían la misma sensación, y eso le fascinó. Notó que aquel hombre tenía un enorme respeto por la vida y un enorme respeto por la materia. Para Brâncuşi, el mármol o la madera que trabajaba con tanto cariño no eran exclusivamente vehículos de pensamiento o de ideas, sino que sabía que tenían ellos mismos cosas que decir.

En su caso, mi padre hablaba de «escuchar a la materia» y de «escuchar el presente en el momento». Y yo he visto con mis propios ojos cómo él lo hacía. Vi cómo, siguiendo el «aroma» de lo que quería hacer –esa especie de preintuición de la que ya he hablado–, realizó una primera escultura pequeña en homenaje a Hokusai que dio por buena. Luego, fue aumentando su tamaño junto a sus ayudantes para ver los problemas con los que se iban encontrando al cambiar de dimensión. Mi padre se preparaba para cuando tuviera que hacerla a tamaño real en la forja industrial. También, posiblemente, para sentir la diferencia que iba notando en su propio cuerpo frente a algo cada vez mayor. Al fin y al cabo, lo importante era dar con la escala idónea con respecto al hombre, para esa obra pública en el lugar en que sería colocada.

Presencié cómo realizaba unas cuantas variantes de la misma pieza central –en tamaño mediano– dejándose llevar por la intuición del presente. «Hay que dejarlas ser distintas», les decía a sus ayudantes Marcial Vidal y Fernando Mikelarena mientras trabajaban. Les explicaba que lo que había de común entre ellas era mucho más importante que lo que pudiera haber de diferente, y que eso era lo que a él le importaba.

En cuanto acababa una de esas variantes, la llevaba a casa para que viviera entre nosotros un tiempo mientras seguía cuestionándola. Solía ponerla en la mesa baja que había frente a su sillón, y aunque parecía que estaba mirando a la televisión como nosotros, tengo la sensación de que su pensamiento muchas veces estaba en otro lugar. Era notorio comprobar hasta qué punto mi padre, en general bastante abstraído, estaba dispuesto a conversar con cualquiera a quien le interesara esa última obra con que nos regalaba.

Para él era importante escuchar el presente en el momento... y así me lo recomendó a mí también. Recuerdo, por ejemplo, una vez en que le encontré casi saliendo de su estudio. Había pensado grabar en audio su reacción mientras le leía mis ideas generales de acercamiento al documental. Me miró con cariño y me dijo: «¿De verdad crees que este es el momento?». Sé que estaba dispuesto a hacerlo por mí. Pero, viendo su reacción inicial, me di cuenta de que no era el momento apropiado. Nunca llegó, ni me importó. Más bien, cogí fuerza para, de ahí en adelante, escuchar mejor el presente y entrenar yo también mi intuición.

En las grandes fábricas de forja donde realizaba finalmente las obras de gran formato involucraba a los trabajadores de muchos modos para animarlos; hablaba incluso de temas poéticos con ellos. Necesitaba que todos comprendieran lo que buscaba, porque trabajar la forja industrial de forma artesanal, como él quería, era una verdadera aventura. No había instrucciones precisas; sólo un modelo pequeño del proyecto les guiaba. Los trabajadores del primer turno solían quedarse para ver cómo los siguientes se las ingeniaban para seguir torciendo aquellos enormes hierros al rojo vivo. Y en los baños, mientras se lavaban, comentaban «las jugadas» de la jornada entre todos.

Recuerdo con especial agrado la entrevista que mantuve con el jefe de procesos de Aceros y Forjas de Reinosa en Santander. Con aire muy desenvuelto me fue contando cuánto se divertían desde el principio con Chillida. Por lo visto les decía que había que escuchar a la materia. Les explicaba que, cuando no se la forzaba mediante moldes, la materia se expresaba, y que había que dejarla que lo hiciera libremente. En un momento dado, mi entrevistado, el señor Arroyo, se escuchó a sí mismo diciendo: «Y es que es verdad... la materia habla...». Al punto, se hizo consciente de la cámara que le grababa, y noté que se ruborizaba, probablemente por haber dicho algo tan peculiar y a la vez tan profundo.

Aunque de joven había ido alguna vez a verle trabajar en la forja industrial de Patricio Echeverría, en Legazpia, desconocía la de pasos que hay que dar para conseguir que la materia pueda expresarse libremente. Cada movimiento implica calentar durante veinticuatro horas sólo un pequeño trozo de materia sobre el que se trabajará; un trozo que se enfría rápidamente, además. El tiempo es un factor esencial. Todo se vive con tensión. Y cada vez, cada trozo, implica una programación, un viaje, un costo... Cuando al fin la obra central en acero, *Homenaje a Hokusai*, quedó terminada, todos respiramos. El que más, sin duda, mi padre. Y de ahí la escultura viajó a Zabalaga –hoy Chillida Leku– antes de ser enviada a Japón.

Todas las grandes obras que venían de la forja industrial las llevaba allí un tiempo para poder velar por el proceso de oxidación. Chillida no daba por acabada una obra hasta que esta había perdido la primera cascarilla que se forma en el acero cortén al contacto con el aire y el agua. Ese tiempo a la intemperie es el que necesitaba la escultura para que él pudiera evaluar su color antes de dejarla marchar. Me impresionó bastante ver cómo, cuando llevaba días sin llover, mis padres se hacían con una regadera y ellos mismos las regaban como si se tratase de plantas o flores necesitadas de sustento.

Al fin la escultura central de acero se dio por terminada, pero aún faltaban las cinco piezas de hormigón de nueve metros de altura que habrían de arroparla.

EL CINE, UNA ILUSIÓN

En el frontón de Villa Paz, al que tenía acceso desde mi casa, había una mesa enorme de mármol con doce piedras por asientos a la que llamábamos «la mesa de los apóstoles». A la hora de buscar un lugar para filmar el *Proyecto para Homenaje a Hokusai* completo, no dudé en elegirla. Montamos la escultura sobre un plato giratorio y yo, subida sobre la mesa con una minicámara de las que utilizan los médicos, rodé los intersticios de las distintas piezas mientras controlaba el resultado por un monitor. Al estar el frontón tan cerca del estudio de mi padre, no me costó mucho pedirle que subiera un momento y «jugara» él también un rato con la minicámara para ver cómo miraba el propio autor su obra.

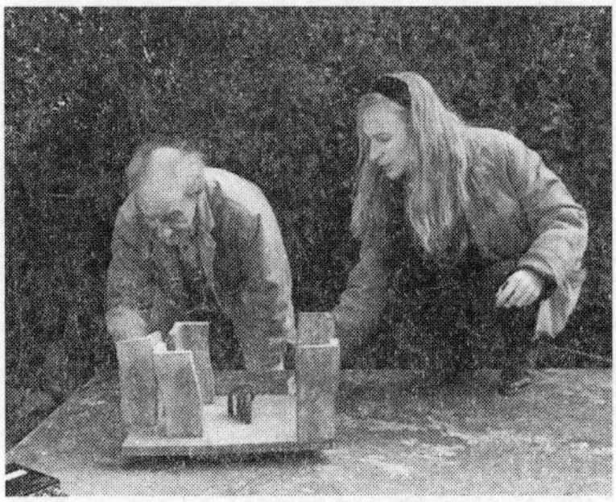

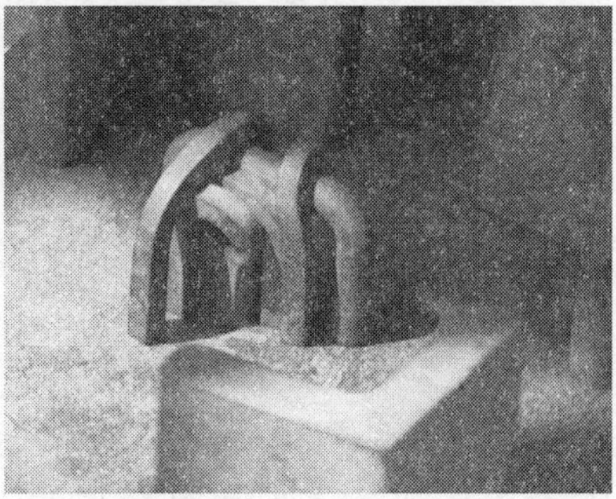

Fotogramas de Eduardo Chillida y su hija Susana grabando la escultura *Proyecto para Homenaje a Hokusai*, 1992.

Usando localizaciones tan familiares para los rodajes conseguía no sólo que mi padre estuviera más relajado, sino que yo, su hija, vibrara de un modo especial frente a él. Todo lo que hacía tenía un sentido antiguo y a la vez renovado para mí.

Con una foto del monte Fuji, el *Proyecto para Homenaje a Hokusai* que pedí me enviaran desde Japón y las imágenes magnificadas de la minicámara montamos una secuencia posterior en la que utilicé un truco que resultó efectivo para hacernos una idea de cómo quedaría la obra completa en su localización final. Sobre la arena lisa y húmeda de la playa logramos un sencillo *chroma*

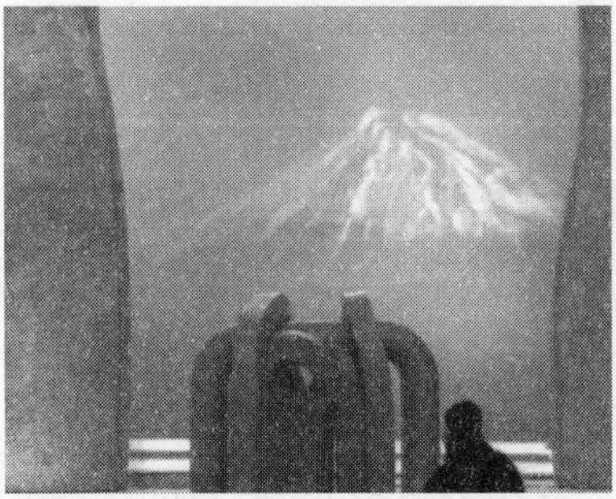

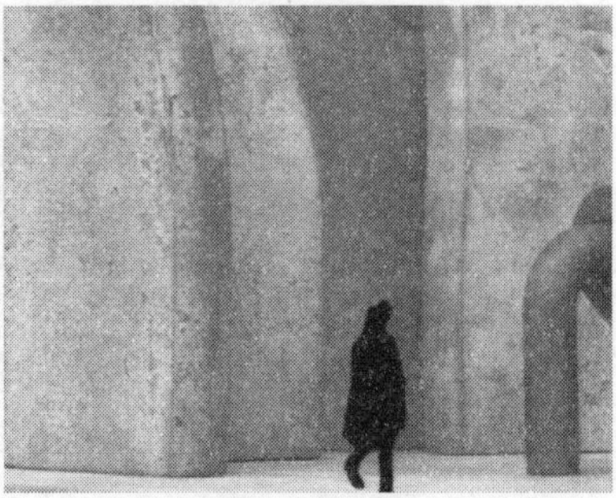

Fotogramas de la película *De Chillida a Hokusai: Creación de una obra.*

conmigo paseando y mirando a mi alrededor, como si en verdad estuviera delante de mí el *Homenaje a Hokusai* ya acabado y situado en Japón. En cine todo artificio es válido; el cine es una hermosa y gran «mentira».

Podía haber acabado así la secuencia. Sin embargo, al final hice que, de pronto, entrara en plano la mano de mi padre y rompiera el hechizo. La intuición me dijo que mi película debía entrar en consonancia con algo que caracteriza a las obras de Chillida: la ausencia de falsedad y su desaprobación de las trampas.

Todas sus esculturas, como él bien explica en mis películas, persiguen arrojar luz sobre la dialéctica entre la materia y el espacio. Por eso, según sus principios, la materia con las que las realizaba debía ser totalmente maciza, capaz de contrastar con la liviandad del espacio. Todo lo que en Chillida «parece» macizo «es» macizo por muy grande y costoso que resultara de realizar. A veces me pregunto qué principios guiarán a esos escultores que hacen obras externamente tan parecidas a las de mi padre y que sin embargo son huecas. Tengo que confesar que cuando veo alguna no puedo resistirme a tocarla y dar un golpecito con los

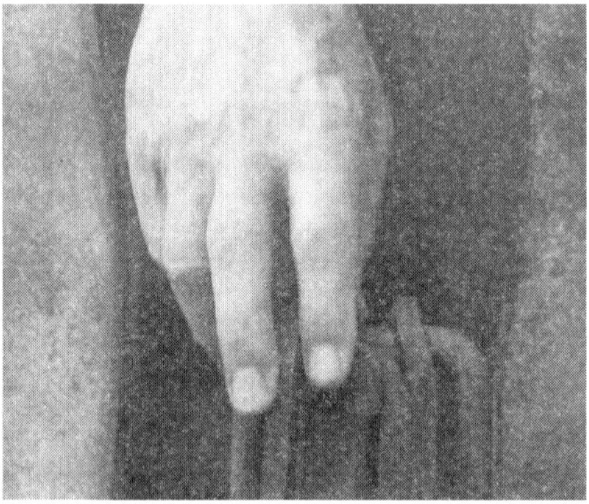

Fotograma de la mano de Chillida cogiendo el *Proyecto para Homenaje a Hokusai*.

nudillos por comprobar con mi oído si esconde un espacio interno que no es visible ni accesible.

En su última época, Chillida empezó a experimentar de un modo nuevo con el tema de la masa y el vacío, la materia y el espacio, o –lo que para él era lo mismo– la materia y el espíritu. La fulminante enfermedad que le sobrevino no permitió que avanzara demasiado en esa línea. Sólo en algún *Consejo al espacio* y *Elogio del vacío* dejó constancia de cómo, sin abandonar sus principios, lo que parece macizo sin serlo totalmente debe dejar acceso visible al espacio interior; o sea, exige que se vea «el truco».

UN TRAJE A MEDIDA PARA EL HORMIGÓN

Del hormigón hay muchas cosas que interesaban a mi padre, además del hecho de que ese material modesto no se hubiera utilizado antes en la escultura. Investigar las posibilidades de esa materia fue un placer para él que compartió con José Antonio Fernández Ordóñez. El ingeniero solía contar las cosas tan curiosas que se le ocurrían para lograr la textura especial que buscaba y reconocía que Chillida había ayudado a dar pasos importantes en la investigación del hormigón.

En el caso del *Homenaje a Hokusai* decidieron que las cinco piezas que rodearían al acero se harían en Japón por la dificultad que suponía enviarlas ya hechas desde España. Pero a mi padre le preocupaba mucho cómo quedarían; temía que hicieran un hormigón «demasiado perfecto». La textura final era importante, pero aún más esencial quizás era la interpretación de la forma. Hay que tener en cuenta que magnificar una escultura llevándola a su escala definitiva a partir de una maqueta pequeña no es cosa sencilla. Una mera muesca o incluso una mota de polvo, en caso de no corregirse a tiempo, llevaría a una desviación fenomenal. Por eso enviaron a Japón a Carlos Lizariturry, un experto escultor con quien ya había colaborado previamente en sus granitos. Carlos llevó a escala 1:1 una de las cinco piezas en poliespán, que es el primer paso esencial

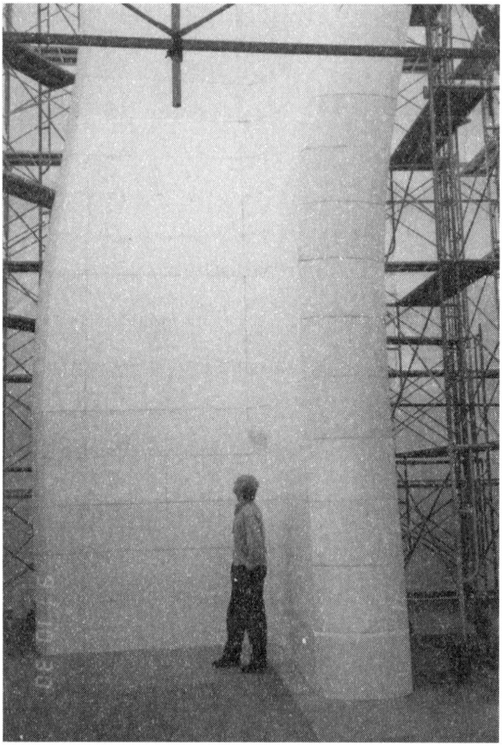

Poliespán a escala 1:1 de la obra para Japón inconclusa.

en el proceso de trabajo en hormigón, y mi padre comprobó el resultado.

Todo eso lo aprendí mientras trabajaba en mi documental y fue una verdadera pena no poder asistir a las demás fases que hubieran sido objeto de un segundo documental. Cada año nos comunicaban desde Japón un aplazamiento, una nueva fecha de finalización. Hasta que varios años después nos confirmaron que la empresaria japonesa y promotora había entrado en quiebra. El proyecto de mi padre se truncó. He de decir que mis padres mantuvieron su esperanza bastante más tiempo que yo.

Lo que me perdí con ello fue ver cómo, una vez terminadas las piezas en ese material tan liviano, se confeccionaba en torno a ellas un encofrado. Es algo así como hacerle al poliespán un traje a medida con tablones de madera. Aunque es sólo un hermoso traje provisional, todo depende de él, porque dejará trazas en la piel de la escultura. Por eso mi padre velaba de cerca también esa parte del proceso. Al fin y al cabo, sólo él sabía lo que quería. Solían hacer los encofrados en Arganda, Oyarzun o Hernani, y Chillida disfrutaba colaborando con los entendidos. Nunca sabré qué película hubiera hecho, pero sé que, al igual que ocurre con las *lurras* en el horno, en el caso del hormigón el momento de la verdad se produce también al final de todo el proceso. Por lo visto hay que sacar el poliespán de su traje, numerar cada pieza de madera y volver a montar el encofrado. Después se rellenará el espacio que él ocupaba con materiales diversos que poco a poco irán fraguando y cogiendo fuerza, desde dentro hacia fuera, hasta toparse con los límites que la madera les impone. A mi padre sé que le emocionaba ese momento en que lo más importante estaba ocurriendo, y sin embargo él no podía verlo.

EL LUGAR IDÓNEO

Chillida era muy especial para los lugares en que se enclavaban sus obras. No tenía pudor en expresar sus convicciones, aunque eso podía significar buscar él mismo el emplazamiento idóneo o adaptarlo a su visión. En varias ocasiones hubo que desviar la circulación o peatonalizar una zona. En general, le gustaba elegir sitios remotos hacia los que el espectador debía acercarse con ganas de encontrarlas –como es el caso de *Puerta de música*, colocada en lo alto de los jardines del Centro Gallego de Arte Contemporáneo de Santiago de Compostela construido por Álvaro Siza–. Mi padre quería que hubiera una relación visual directa entre la escultura y la catedral. Siempre pretendía que su obra creara un lugar, o al menos aportara algo al espacio. Así, por ejemplo, sé que le ofrecieron colocar una escultura en la entrada del Guggenheim de Bilbao donde estuvo durante años el *Puppy* de Jeff Koons. Mi padre vio muy claro que en ese lugar su obra no tenía nada que aportar. Frank Gehry, el arquitecto, era una de las muchas personas con quienes había paseado por Zabalaga. Aunque lo consideraba un amigo, se las ingenió para hacerle entender su postura y Gehry lo entendió.

ESTÁ LLENO DE VACÍO: *ELOGIO DEL HORIZONTE*, GIJÓN

«Una obra pública, para Chillida, más que sólo una escultura es un lugar; algo que pertenece a todos o no pertenece a ninguno, como las olas o el mar.» Esta frase, que aparece con mi propia voz en el documental *De Chillida a Hokusai, creación de una obra*, es importante para entender a Chillida. Y, ya que como cineasta no podría mostrar la obra completa de Japón, quise al menos que el espectador conociera algunas de sus obras monumentales de hormigón y se hiciera una idea de lo que son las obras públicas de mi padre. Una de las más queridas por él, además del *Peine del viento* de San Sebastián, era el *Elogio del horizonte* de Gijón.

Localizado sobre el cerro que protege a la ciudad, la escultura parece un vigía atento a la línea que separa el cielo del mar. Desde ese lugar donde aún quedan restos de una fortificación militar, los ejércitos vigilaban el horizonte para avistar al enemigo. La obra de Chillida, por el contrario, quiere hacer un homenaje a su grandeza y a su capacidad de unir a los hombres en un punto que a todos les es común. «El horizonte es la patria de todos los hombres», decía mi padre. La gente de Gijón no dudó en poner nombres graciosos a la escultura, como el «Eulogio» o el «Váter de King Kong»... No obstante, enseguida se hizo símbolo y seña de identidad de la localidad. Y el lugar tomó vida propia.

Un día pasó por Gijón la compositora Laurie Anderson y quiso que la llevaran a conocer el *Elogio del horizonte*. Al llegar pidió que

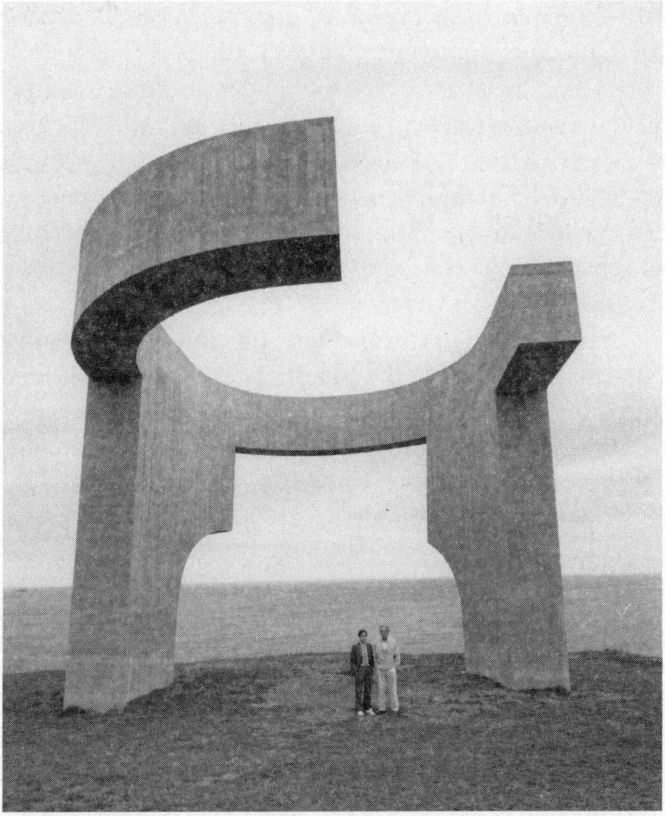

Eduardo Chillida y Kosme de Barañano en *Elogio del horizonte*, Gijón, 1989.

la dejaran sola. Contaba mi padre que al volver después de mucho tiempo dijo: «Está llena de vacío».

Cuando propuse rodar en Gijón, mi padre se alegró. De madrugada fui de avanzadilla con mi pequeño equipo. Al principio sólo estaban el mar, el cielo, la obra, el incipiente sol y el horizonte inmenso. Un poco más tarde, hombres y mujeres paseando a sus perros. Durante todo el día rodamos la vida de aquel entorno. La gente transitaba de un lado a otro del cerro y muchos de ellos entraban dentro del espacio elíptico que crea la obra. Porque allí se da un fenómeno acústico especial que a todos les gusta probar: el sonido del mar suena más fuerte en el centro de la escultura que cuando uno avanza hacia el acantilado. A mi padre le encantaba contar cómo ese efecto no lo había buscado voluntariamente, había sido un regalo del azar. «Aquí no crecerá la hierba», pensó. Y así fue. Era un día ventoso. Rodamos el vuelo de muchas cometas e incluso rebautizamos el *Elogio del horizonte* con otro nombre peculiar: el «Despeine del viento».

Para cuando pedí a mis padres que subieran al cerro, era ya bien entrada la tarde. Habíamos llevado dos pequeñas sillas de lona para que tanto él como mi madre pudieran sentarse mientras nosotros colocábamos y cambiábamos la cámara de lugar. En un momento dado, el director de fotografía, José María Civit, viéndole desde atrás le dijo: «Eduardo, estoy mirando tu cabeza y desde luego se nota que eres un genio». «Eugenio», le respondió mi padre, a quien no le faltaba el humor. A pesar de que todo era bastante discreto, al estar Eduardo y Pili sentados, la gente los reconoció. Apareció una pareja de recién casados y le pidieron a mi padre que se fotografiara con ellos junto a la obra. En realidad, ese día se fotografió y charló con muchas personas que luego se alejaban felices por el encuentro.

Aunque el encuentro más afortunado fue el de Chillida con su propia obra. Con los brazos extendidos hacia lo alto y sus pelos al viento, imbuido de pleno presente, gozaba bajo la elipsis que enmarcaba el cielo frente a ese horizonte que él calificaba de inexistente e inalcanzable. «Yo no entiendo casi nada, pero comparto el azul, el amarillo y el viento», escribió.

GURE AITAREN ETXEA, GERNIKA

En el caso de *Gure aitaren etxea* (La casa de nuestro padre), sita en Gernika, donde también rodé, hace poco he sabido que primero había elegido un espacio y, una vez hecho el primer proyecto de escultura, le comunicaron que habían cambiado de idea sobre

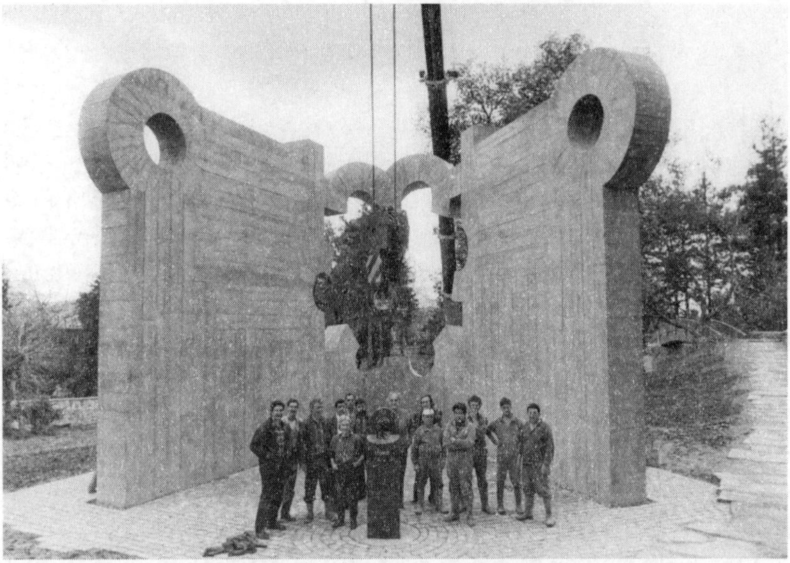

Pili y Eduardo con trabajadores y amigos en el montaje de *Gure aitaren atxea* (La casa de nuestro padre), Gernika, 1988.

el lugar donde iría colocada. Todos quedaron sorprendidos al comprobar que Chillida realizaba entonces un nuevo proyecto para que se adaptase al nuevo entorno, cosa que según sus principios era lo más natural. Se trata de una gran proa de hormigón que avanza hacia el árbol de Gernika –símbolo importante para los vascos– acompañada de una pequeña estela de acero que, de algún modo, marca la posición desde la que establecer comunicación visual con él.

Cuando se acercaba la exposición antológica de Chillida en el Palacio de Miramar de San Sebastián, en 1992, mi padre me contó, contento como un niño, que había enviado invitaciones para la inauguración a los obreros de las fábricas y otros talleres en los que había trabajado durante años. El cariño y agradecimiento que sentía hacia sus colaboradores era grande y, cuando llegó el momento, disfrutó mucho el encuentro con ellos en aquel nuevo entorno.

MONUMENTO A LA TOLERANCIA, SEVILLA

A la inauguración del *Monumento a la tolerancia*, en 1992, acudimos toda la familia. Es una obra que se encuentra en Sevilla, junto al Puente de Triana. Uno de los mayores impulsores de esa obra fue la galerista Juana de Aizpuru, siempre muy cercana a mis padres, que tenía en aquel momento una exposición de Chillida en su galería. La obra está colocada frente al río, dándole expresamente la espalda al castillo donde se producían muchos horrores en tiempos de la Inquisición. Se trata de una gran obra en hormigón que extiende sus brazos hacia delante para acogerte, y aún uno de ellos se prolonga hacia arriba como queriendo abrazar también al cosmos.

Atraídos por el acontecimiento, nuestros amigos fotógrafos, los hermanos Waintrob, decidieron venir a España. Sidney Waintrob, el mayor de ellos, había sido la primera persona que realizó una exposición de fotografía en el Museo Metropolitano de Nueva York y, tanto para él como para su hermano Budd, Chillida era el máximo exponente de la escultura mundial.

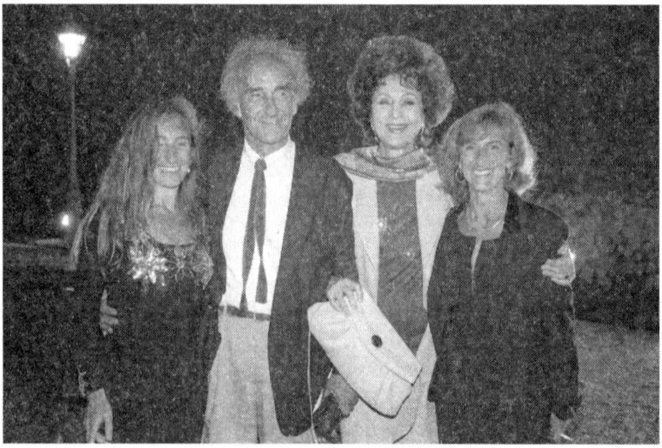

Eduardo Chillida a la salida de su exposición en el palacio de Miramar de San Sebastián, junto a Juana de Aizpuru y sus hijas, Susana y María, 1992.

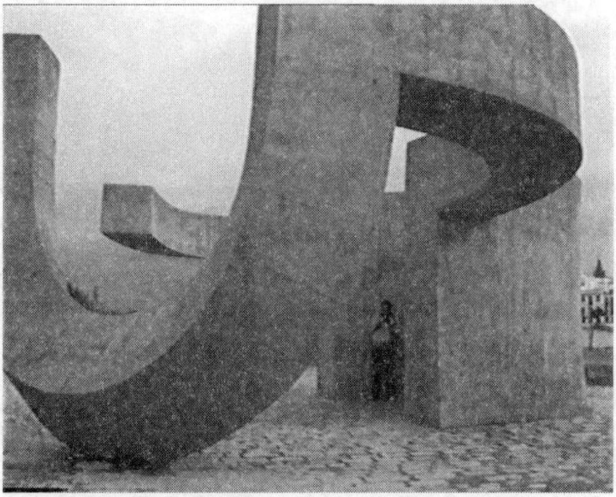

Fotograma de *De Chillida a Hokusai: Creación de una obra.* Sidney Waintrob fotografiando *Monumento a la tolerancia*, Sevilla, 1992.

Los actos oficiales atraen a muchos periodistas, fotógrafos y televisiones, ávidos todos de captar la noticia; llegan siempre puntuales y se van muy pronto tras hacer la foto oficial o grabar algunas palabras. A mí, como cineasta, la inauguración en sí no me interesaba, pero viajé con mi pequeño equipo –inicialmente tres personas– para rodar a los viejos fotógrafos, en la calma del día siguiente, mientras fotografiaban la obra. Su ilusión era enorme y eso es lo que quise incluir en mi primera película. Su presencia, al igual que la de algún pequeño nieto en mis dos filmes, cumplía además la función añadida de mostrar la veneración que sentía nuestro padre por los mayores y su admiración ante la inocencia de los niños, sentimientos que, por cierto, yo comparto.

A la vuelta de Sevilla, Sidney y Budd pasaron por San Sebastián con su sobrino David Stecker, también fotógrafo, e hicieron una sesión con mi padre en su estudio. He visto muchos retratos de Chillida hechos por buenos fotógrafos, pero en pocos de ellos se trasluce tanto el cariño que les tiene. En un momento dado, mi madre y yo, que estábamos presentes, fuimos invitadas a participar. Encontrarme

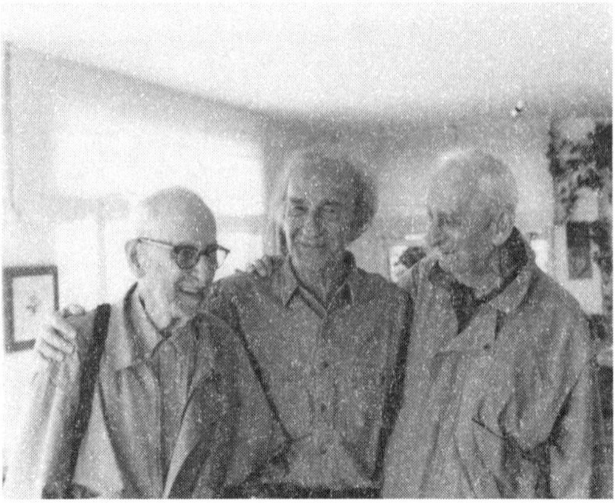

Los fotógrafos Budd y Sidney Waintrob con Chillida, 1992.

hace poco con el álbum de todo ese viaje que enviaron posteriormente a mis padres me produjo entre alegría y tristeza, sabiendo que todos ellos se habían ido ya de este mundo. En la portada se leía únicamente: *Eduardo Chillida, «el número uno», abril 1992.*

Sidney siempre había dicho que deseaba llegar a los cien años y murió a falta sólo de cuatro meses para cumplirlos. En ese ínterin murió mi padre y tengo la seguridad de que al viejo fotógrafo no le hubiera gustado sobrevivirle.

IMAGINACIÓN Y PERCEPCIÓN

Con el chisporroteo del fuego que me acompaña van llegando mil memorias. Algo tiene este espacio que me llama a la hora de escribir. Mi madre tuvo una vena constructora que algunos hemos heredado. Por eso, aunque fuera difícil trasladarlas, las dos chimeneas que había hecho mi padre para Villa Paz alumbran ahora mi casa de Madrid. Las salvé antes de que derrumbaran aquella villa para hacer una promoción más práctica, a instancias de un cuñado.

Cuando vinieron por primera vez mis hermanos, rememoramos juntos los zapatitos que colocábamos ahí el día de Reyes y el ritual que se orquestaba para acercarnos a los regalos, con nuestro padre al frente.

Salgo de mis ensoñaciones y veo que entre un tronco y otro de los que arden frente a mí se ha formado un espacio que me parece interesante. Al pronto me pregunto en qué momento llegué a ser capaz de ver las obras de mi padre como él lo hacía. Tengo la sensación de que cada cosa que aprendí de él hube de aprenderla muchas veces antes de que calara de modo cierto en mis venas. En la primera entrevista que le hice profundizamos en cuestiones que tenían que ver con la escala y que se me hacían difíciles de entender. Tampoco para él era fácil explicarse. Me contaba cómo, a base de entrenamiento, había conseguido hacerse muy pequeño y mirar «verdaderamente» sus esculturas como si fuera un enanito que circulaba entre las formas mirándolas desde esa perspectiva falsa. Con esos juegos de imaginación y percepción, mi padre buscaba la escala humana, algo esencial para decidir el tamaño que debería tener el *Homenaje a Hokusai*.

Un día, acabados todos mis rodajes, que duraron casi ocho años, le dije: «*Aitá*, tengo pena de no haber grabado esa postura que haces con los dedos cuando miras tus esculturas». No sabía de qué le hablaba y tuve que explicárselo. Y es que, mirando por ejemplo la serie *Lo profundo es el aire* (que estaba muy bien representada en Zabalaga), le veía calcular con el índice y el pulgar el tamaño preciso con el que meterse con su imaginación dentro de los espacios vacíos de la obra para mirarla «desde dentro». Este curioso ejercicio que mi padre practicaba es una clave para mirar todas sus obras, pues no hay espacio interno alguno –ningún hueco, ningún vacío– que él no haya transitado previamente, haciéndose pequeño con su imaginación. O, como él prefería llamarlo, con su percepción. Sobre este tema habló ampliamente en las entrevistas que le hizo Eduardo Iglesias, mi marido.

Sigo mirando el espacio entre los dos troncos y hoy sí, yo también, con mi imaginación me veo capaz de circular por el espacio que se ha formado entre las brasas mirándolo todo desde esa posición. De hecho, soy capaz de meterme incluso entre los pliegues de mis manos, como él hacía. Me convierto en sólo ojos, olvidando mi cuerpo, y descubro magníficos espacios allí dentro, que transito mediante mi percepción.

ATREVERSE A SOÑAR CON UN ESPACIO DENTRO DE UNA MONTAÑA: TINDAYA

Según me cuenta mi hermano Pedro, fue dentro de la cantera de Les Beaux, en Francia, donde nuestro padre por primera vez se sintió como si estuviera dentro de una escultura suya. Chillida estaba exponiendo cerca de Saint-Malo y Pedro, en Toulouse, y a ambas exposiciones acudió también el ceramista Hans Spinner, que fue quien los llevó a la cantera. Para todos fue una experiencia inolvidable. Chillida realizó una escultura en alabastro a la que llamó *Mendi huts* (Montaña vacía), en la que introducía el espacio de distintos modos dejando que la luz jugara con la materia.[1] Había tenido un sueño en el que imaginaba que podía trabajar con los canteros que sacaban la piedra y les daba instrucciones de cómo hacerlo; al fin y al cabo, ellos lo que querían era la piedra y él lo que buscaba era el espacio... Pero dudo que hubiera dado ningún paso en esa dirección de no ser por la relación que tenía con José Antonio Fernández Ordóñez. Él sí que, como ingeniero, vio en ese sueño una posibilidad real de ejecución. Y así, poco antes de empezar yo mis películas, los dos amigos se vieron visitando montañas por el mundo. Una de ellas en Finlandia, adonde les llevó el galerista Kai Forsblom, otra en Italia... y en eso, descubrieron Tindaya.

Era una hermosa montaña en una de las islas menos pobladas del archipiélago canario, que tenía dos concesiones activas en los costados. La traquita era entonces una materia muy apreciada en Estados Unidos y otros países, adonde se llevaba y era vendida, con la consecuente pérdida de masa para la montaña. Eso animó

1. Véase imagen 16 en el encarte.

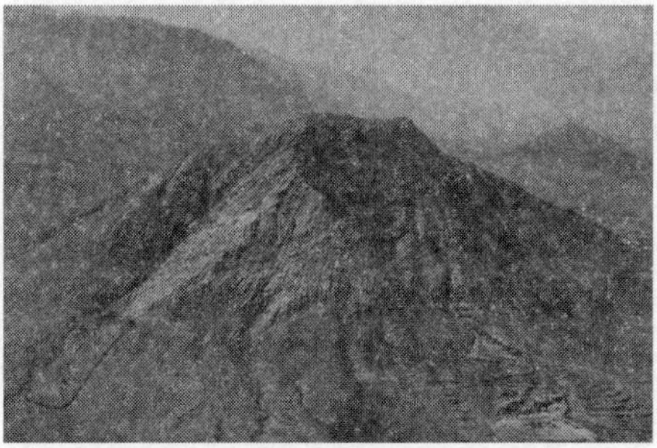
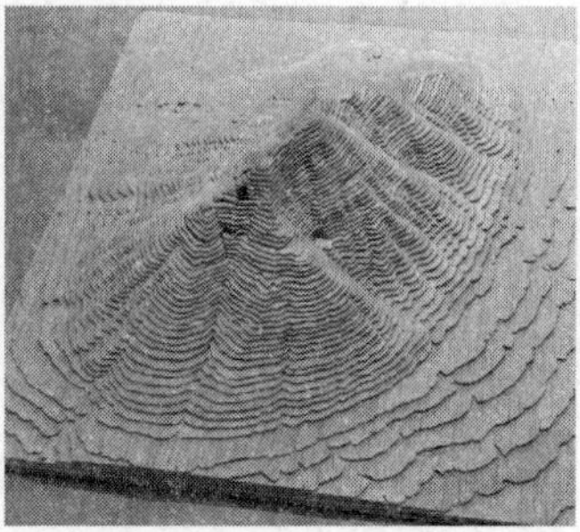

Montaña Tindaya en Fuerteventura y maqueta del *Proyecto montaña Tindaya* de Chillida.

mucho a mi padre, pues imaginó que con la supervisión de Fernández Ordóñez podrían extraer la piedra sin dañar la forma de la montaña ni estropear los vestigios podomorfos que había en su cumbre.

La idea era crear un espacio en el centro de la montaña mediante tres cavidades: dos pequeñas y verticales desde la cima, para que entrara la luz del sol y de la luna, y otra más grande a mitad de la ladera para crear un espacio totalmente exento desde el que poder mirar el horizonte marino sin obstáculo alguno de por medio. José Antonio estudió el tema y descubrió que varias de las grandes obras de la humanidad, como por ejemplo el Panteón de Roma, tenían cincuenta por cincuenta metros, y esa fue la dimensión que decidieron darle a la cavidad principal. ¿Quizás no acertaron con la escala? ¿Quizás resultó demasiado grandiosa? Quizás.

Lo que mi padre perseguía entrando en un proyecto de tamaña magnitud, en cualquier caso, era hacer sentir al hombre su relativa insignificancia frente a la naturaleza de la que tenemos tanto que aprender. También buscaba provocar una cierta sensación de confraternidad entre los visitantes. Siendo el espacio tan grande, cualquier persona que entrara allí se sentiría muy pequeña, y también muy parecida a las demás personas que estuvieran por ahí, a pesar de las diferencias que pudiera haber entre ellas de estatura, credo, raza, país o clase social. Para mi padre suponía la culminación de toda su trayectoria vital como artista: sus indagaciones sobre la materia y el espacio, su búsqueda del vacío y del espíritu, sus deseos de hermandad entre los hombres...

Para que el objetivo de mi padre pudiera hacerse realidad, ingenieros y astrónomos estudiaron el *Proyecto Tindaya*. La condición de Chillida era que cualquier tipo de promoción urbanística o turística que el Cabildo quisiera realizar –es seguro que tenían intención de sacar partido a la inversión– tendría que dejar liberada la visión limpia de la naturaleza desde dentro.

Fernández Ordóñez necesitaba que un arquitecto pudiera explicar bien el proyecto. Habiendo acabado ya la carrera, su hijo Lorenzo se ocupó de ello. Desafortunadamente, visiones negativas por parte de los ecologistas, intereses encontrados y rencillas de muchos tipos –todo ello ajeno por completo al arte y a mi padre– torcieron el proyecto. Para recibir el arte hay que estar preparado y evidentemente parte de la sociedad no estaba preparada para un proyecto así.

Todavía recuerdo la Feria de Arco de 1997 en que acompañé a mis padres a ver la instalación que había hecho Fernández Ordóñez del *Proyecto Tindaya*.[1] Nunca se me ha alterado tanto el corazón como en aquella ocasión. Íbamos felices y, al llegar allí, nos recibieron pancartas que vilipendiaban a mi padre en términos francamente hirientes. Mientras Pili y Eduardo se adentraban en la instalación, yo quedé fuera y pude ver cómo salían de detrás de las pancartas una serie de personajes que no se habían atrevido a dar la cara, riendo. Quizás jamás supieron el dolor irreparable que su mal entendimiento del proyecto causó a un hombre sensible y amante de la naturaleza como era mi padre. Otro factor que sin duda le influyó en aquellos tiempos fue algo que le contaron y que le causó horror conocer: que en todas las obras de ingeniería existe un porcentaje de muertes humanas que se consideran normales. Conociéndole como le conocía, ese dato pudo afectarle más de lo que fue

1. Véanse las imágenes 17 y 18 en el encarte.

capaz de admitir. La salud le dio un vuelco y lo que nadie esperaba ocurrió: primero fue el estómago, después una depresión y finalmente algo peor.

Es posible que la maqueta de madera que se presentó en Arco confundiera a mucha gente. Mostraba la montaña Tindaya en sección, justamente para que se viera «desde dentro» que el espacio que se iba a introducir era pequeño en comparación con la montaña. Pero cuando uno no quiere entender, no entiende... y quizás pensaran que Chillida quería partir la montaña en dos. Durante años, los ecologistas siguieron oponiéndose duramente a que se hiciera. Mientras tanto, el Cabildo de Fuerteventura y muchas otras instituciones luchaban por sacar el proyecto adelante. Era un proyecto controvertido pero muy apreciado por el mundo del arte. Hoy en día la montaña está protegida y blindada. Y, aunque de eso no se ha hablado suficientemente, conviene recordar que, de no haber tenido mi padre ese sueño, quizás la montaña Tindaya hoy estaría vendida piedra a piedra a distintos países sin que nadie se hubiera enterado.

Como todo este problema ocurrió mientras yo trabajaba en mis documentales, una gran parte del segundo, *Chillida, el Arte y los Sueños*, está dedicada a que el espectador entienda este proyecto inconcluso desde la visión del escultor. Lo curioso es que tampoco el *Homenaje a Hokusai*, al que había dedicado mi primer trabajo fílmico, llegó a convertirse en obra pública en Japón, como ya he contado anteriormente. Mi alegría es que, si algún día alguien quisiera entender mejor cualquiera de estos dos proyectos inacabados de Chillida, o incluso culminarlos, en mis documentales encontrará valiosa información para realizarlos según el espíritu de nuestro padre.

EL SUEÑO TRUNCADO DE PILI

Pili, mi madre, como ya he dicho varias veces, adoraba y añoraba el sol. Por eso, un día ella también forjó un sueño: poder pasar parte del invierno lejos de la lluvia de Donosti, bajo el esplendoroso cielo de Castilla. Planificó e hizo construir en las afueras de Madrid, donde vivíamos tres de sus hijas, una estructura de hormigón enorme, de dos plantas, que podría dar cabida a una casa, un estudio y un gran taller para Eduardo. Él la dejó hacer, o quizás no le interesó saber demasiado sobre aquello. Pero a la hora de la verdad, le fue muy claro. Le dijo que él no pensaba, ni entonces ni nunca, moverse de San Sebastián, de modo que el plan de Pili no prosperó y la estructura quedó en esqueleto durante muchos años. Solamente el ciprés que había sido respetado e integrado en uno de sus recovecos siguió creciendo.

A la hora de rodar las últimas entrevistas para *Chillida, el Arte y los Sueños* con personas ajenas a la familia cercanas a mi padre, ese lugar me pareció el más indicado. La estructura abandonada simbolizaba para mí el abandono de la arquitectura que había hecho Chillida por el arte, y asimismo el sueño truncado de Pili de convertir aquello en un hogar para los dos en el que pudieran seguir «naciendo» sus esculturas.

A mi madre la rodé preparando el bonito jarrón de flores que adornaría la larga mesa en la que, el último día, todos los entrevistadores –excepto Albertos Portera y yo, por razones de trabajo– cenarían al aire libre, a la luz de las velas, junto a mis padres. En esta segunda película quería que Pilar Belzunce fuera más que una mera presencia sin voz, como la vez anterior. Por eso elegí a la galerista Nieves Fernández para que la entrevistara a ella. Además de ser una buena amiga de Pili, había expuesto con continuidad tanto la obra de Chillida como la de sus dos hijos artistas, mis hermanos Pedro Txillida Belzunce, y Eduardo Chillida-Belzunce. La entrevista se rodó del mismo modo que había rodado las de mi padre: con un plano de mi madre sola, que es el que utilicé, y otro de las dos mujeres charlando, con Nieves reflejada en un espejo, que es el que utilizaré en mi próximo documental.

De esta entrevista, que sólo yo conozco en profundidad, cabe resaltar una opinión de la galerista con la que personalmente estoy de acuerdo: Pili no hubiera podido ayudar a Eduardo como lo hizo de no ser porque ella tenía una sensibilidad artística propia que podía haber desarrollado. Según Nieves, eso es lo que le permitía a mi madre entender y valorar la obra de Chillida de una manera tan especial, y lo que la animaba a desplegar para con él toda su generosidad.

EL SUEÑO DE ZABALAGA: INICIO DE CHILLIDA LEKU

Si de Brâncuşi mi padre aprendió cosas importantes que adoptó, también de Picasso aprendió. Admiraba su obra escultórica tanto o más que la pictórica. En lo personal, sin embargo, guardaba un mal recuerdo por el plantón que les había dado a Palazuelo y a él en sus inicios. Jamás volvió a intentar conocerle, pero quizás ese episodio desagradable influyera en la gran asequibilidad que demostró siempre Chillida hacia todo aquel que quisiera visitarle.

Al empezar mis rodajes descubrí que cualquiera que le llamara por aquel tiempo para conocerle era citado en el espacio de Zabalaga. Era un lugar de paz en el que le gustaba estar. Innumerables estudiantes, artistas, galeristas, directores de museo, etc., han recorrido las campas de ese antiguo caserío en su compañía antes de ser un espacio abierto al público. Su disponibilidad era enorme y pude comprobar que no hacía ningún tipo de distinción entre las personas a quienes les interesaba su obra. Aunque eso me enorgullecía, también me hice consciente de la de tiempo que le quitaba para trabajar.

Desde que compraron aquel caserío semiderruido de finales del siglo XV, en 1983, él y Pili pasaban allí la mayor parte de los atardeceres. Está en Hernani, a sólo siete kilómetros del centro de San Sebastián, y era el lugar adonde llegaban sus obras recién acabadas para descansar mientras se ultimaba el proceso de oxidación de la materia. Cada vez que volvíamos mi marido y yo de Nueva York, nos mostraban el nuevo pedazo de terreno que habían adquirido, hasta llegar a las catorce hectáreas que hoy tiene Chillida Leku. Mi madre, junto al jardinero, se dedicaba a limpiar las campas de pinchos y malas hierbas. Entretanto, mi padre decidía lo que quería hacer con el caserío. No tenía prisa. Nunca la tuvo. Lo que sí tuvo fue el acierto de dar con el arquitecto adecuado capaz de seguir su paso: el proceso duró más de diez años y en todo ese tiempo colaboró de forma cercana y sensible con Joaquín Montero. Como arquitecto, estas son las palabras que entregó para el proyecto *Cien palabras para Chillida* explicando su larga y plural colaboración: «Su especial personalidad influía en todo aquello por lo que se interesaba... Su método personal equilibraba sutilmente prudencia y osadía, fuerza y sensibilidad, incertidumbre y seguridad, tolerancia y rigor, conocimientos y enigmas, y siempre con el objetivo incuestionable de la búsqueda de la excelencia [...] A mi afecto permanente se une el agradecimiento por su transmisión callada de sabiduría».

En un momento dado, ya que la escultura *Homenaje a Hokusai* llegaría también a Zabalaga al finalizarse, decidí seguir con mis cámaras el proceso de reconstrucción del caserío. Una de las escenas primeras que rodé me emociona porque me hizo comprobar fehacientemente hasta qué punto coincidía lo que mi padre pensaba con lo que decía y lo que hacía. Era un hombre y un artista de gran integridad. Ocurrió que quería grabar a mis padres dentro del caserío antes de empezar su reconstrucción. El tejado parcialmente caído dejaba entrar la luz dentro del espacio, al igual que la fachada semiderrumbada por donde los vemos entrar. En la escena, mis padres se animan a intentar subir lo que quedaba de unas pequeñas escaleras de madera que subían hacia las estancias también semiderruidas de la primera planta. Mi madre, cauta, se echa atrás porque era un afán peligroso. Mi padre avanza un poco más y se para. No sé cuánto tiempo se quedó ahí quieto, pero sé lo que me transmitió a mí y la cámara pudo grabar. Entre él y el caserío comenzó una conversación callada que sólo su mirada dejaba traslucir. Suficiente para mí. A él le había oído hablar de «escuchar el presente en el momento», también le oí hablar de «escuchar a la casa». Y ahí estaba yo, en mitad de esa escucha y de esas preguntas que Chillida formulaba con sus ojos. Para él la percepción lo era todo. Y aunque no podía entender lo que la casa le decía a mi padre, sí que aprendí cosas que a partir de entonces fui capaz de comunicar. El arte, tal cual surge del artista, se había mostrado ante mis ojos.

El caserío de Zabalaga siguió siendo tratado de principio a fin como una obra más de Chillida en la que el artista buscaba la luz y el espacio. Los suelos y tabiques de la planta alta estaban tan podridos que dejaban ver partes de la estructura que sujetaba el caserío entero. Mi padre no daba crédito a sus ojos cuando

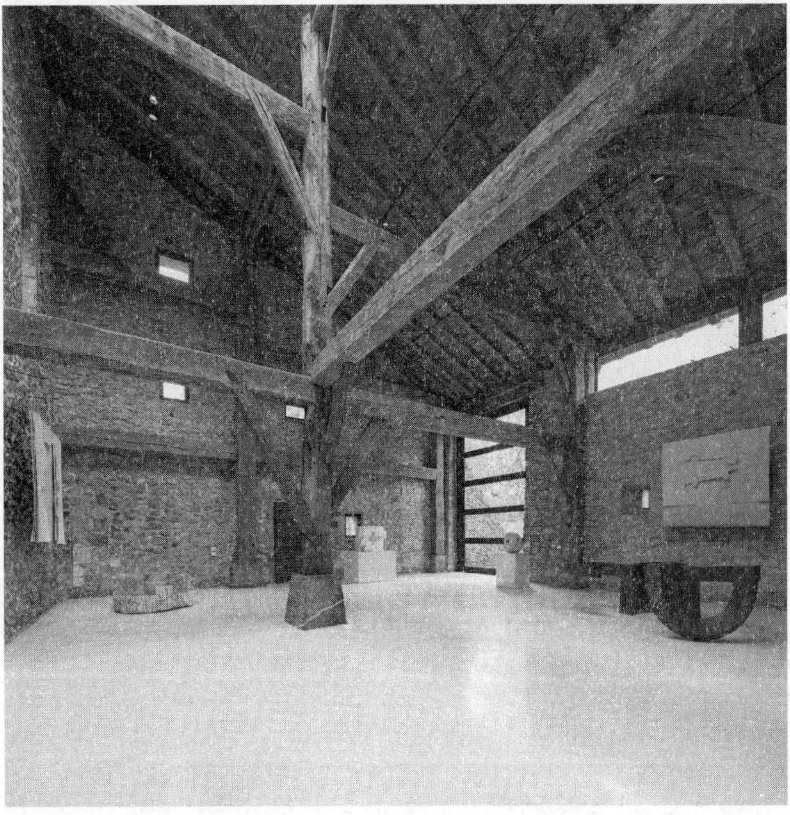

Entramado de vigas y pilares de madera en el caserío Zabalaga de Chillida Leku.

comprobó cuánto se parecían aquellos pilares de roble, y su modo de engarzarse las piezas, al trabajo en madera que él intuitivamente había hecho en sus *Abesti gogorra* hacía ya tanto tiempo. Sintió sus orígenes vascos más fuertemente que nunca y decidió seguir eliminando obstáculos para que la estructura quedara exenta y visible. Uno de esos pilares de más diez metros estaba demasiado carcomido y hubo que esperar varios años hasta encontrar una pieza similar para sustituirlo. No fue fácil, pero se consiguió.

Entretanto, las nuevas esculturas continuaban llegando a Zabalaga. La naturaleza se mezclaba a la perfección con todo. Y así, poco a poco, fue creciendo en ellos la idea de hacer de aquel un lugar donde la gente pudiera pasear entre las esculturas como si de un bosque se tratase. Chillida quería que el mundo supiera de dónde venía su obra.

Siempre sentí que con su actitud y con su obra mi padre quiso reclamar para el País Vasco una mirada más amplia –y también más benévola– que la que ofrecía en el exterior el terrorismo de ETA contra el que se pronunció siempre abierta y valientemente. Quizás por eso, para que se conocieran otras facetas del País Vasco, de entre los muchos lugares que hubiera podido elegir para alojar su museo eligió ese lugar recóndito en Hernani donde había tenido su primer estudio y al que tanta gente se ha acercado para ver su obra. Quizás por eso también, ya en 1975, había hecho que un grupo de personalidades alemanas se trasladara hasta su estudio de Villa Paz para entregarle *in situ* el premio Rembrandt, equivalente en importancia dentro del arte al premio Nobel.

Desde que mis padres entrevieron el «sueño de Zabalaga», que se materializó más tarde como Chillida Leku, toda escultura que él hiciera, por grande que fuera, tenía un lugar que habitar. Así, en ese espacio a las afueras de San Sebastián, reposan aún obras ideadas para entornos públicos, como por ejemplo *De música III*, que debía haber ocupado un lugar junto a la catedral de Bonn, o *Arco de la libertad*, realizado inicialmente para una plaza en París.[1]

1. Véase la imagen 19 en el encarte.

Ninguna obra pública de las 47 que tiene Chillida repartidas por siete países del mundo fue jamás tarea fácil. El proceso empezaba con una tentativa propuesta que alguien le hacía. Después hacía falta la aquiescencia de muchas otras partes que debían conjugarse en un mismo momento: promotores, emprendedores, gestores, urbanistas, alcaldes y otros políticos de distintas facciones... Muchas sufrieron retraso tras retraso y se toparon con distintas dificultades antes de ver la luz. Otras nunca lo consiguieron. Pero ni a mi padre ni a mi madre les importaba demasiado. Una vez ilusionado con un proyecto, Eduardo consultaba con Pili: «¿Podemos hacer la escultura?», y si la respuesta era afirmativa, la realizaba a cuenta propia con ilusión. Ambos eran conscientes de que igual nunca llegaría a su destino, pero les gustaba la idea de podérsela quedar de momento en Zabalaga, el lugar que algunos han definido como una catedral moderna.

En *Chillida, el Arte y los Sueños* vemos la reconstrucción progresiva del caserío Zabalaga e imágenes de las campas y esculturas que lo pueblan. Joakin Goikoetxea, que llevaba colaborando con mis padres desde que vivían en Villa Paz, se trasladó con su familia a Zabalaga como guardés. Se implicaba en la reforma del caserío junto a mi padre y en lo referente al jardín junto a mi madre. En cada trozo de césped ganado a la maleza, en cada árbol maestramente podado y en cada rincón de Zabalaga está el trabajo insigne de este *euskaldun* recio y sensible a quien mi padre y toda la familia adorábamos. «Cuando muera me gustará que me guarden un sitio al lado de Joakin», solía decir Eduardo. Pero Chillida murió antes, y Joakin cavó su fosa. Luego murió el propio Joakin, y finalmente Pili, mi madre. Hoy las cenizas de los tres reposan juntas bajo un magnolio, en ese Chillida Leku en el que los tres habían invertido tanto tiempo, tantos medios y tanta ilusión.

Pili odiaba los cementerios. Por eso, anticipándose a un futuro que sabía habría de llegar, había pedido a Eduardo que realizara una cruz que marcaría el lugar donde descansarían juntos algún día. Cuando metimos las cenizas de ella bajo la cruz, al alejarnos,

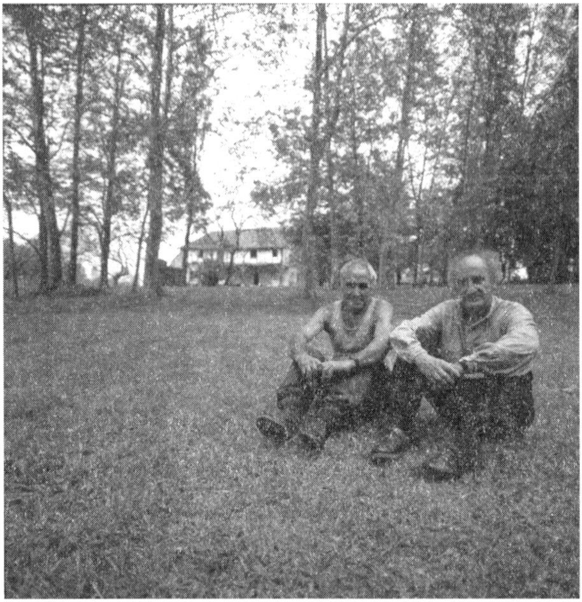

Eduardo Chillida y Joakin Goikoetxea en una campa de Zabalaga, 1991.

escuché a Migui e Iñaki, sus nietos más pequeños, comentando: «¿Tú qué prefieres, cementerio o escultura? ¡Yo escultura!».

EL NÚMERO TRES

Con las primeras luces del día, un ruido entre los árboles. Dos tórtolas se persiguen columpiándose entre las ramas. En sus aleteos adivino juegos de amor. Me quedo pensativa y al pronto entiendo que mi madre, mi padre y sus obras eran tres entidades unidas en una: un único proyecto vital.

El tres era un número mágico para Chillida en el que basó muchas de sus obras. El *Homenaje a Luca Pacioli*, por ejemplo, que es una importante presencia en Chillida Leku, se eleva horizontalmente del suelo como insuflada por el aire. Si uno se agacha y mira, podrá ver las tres únicas patas sobre las que se sustenta la hermosa nave de seis metros de hierro fraguado. «Si basta con tres patas, ¿para qué cuatro?», parece que se pregunta el escultor. El tres, el número de la Trinidad en la que mi padre creía y en la que creo yo también por su simbología tan rica y profunda. Preguntado sobre ese número, mi padre me contestó en una de mis entrevistas: «El tres es el más económico de los números vivos. El uno está solo, el dos es como un rebote, el tres, en cambio, es un número adulto y puede pretender muchas más cosas que los demás. A través de él se puede ir más lejos que con ningún otro».

DIFICULTADES EN LA PAREJA

Como toda relación duradera, la de mis padres pasó por dificultades varias. Solía decir mi suegra que el amor era una cuestión de inteligencia. Y tiendo a darle la razón.

A veces no nos damos cuenta de la cantidad de información que puede dar un simple gesto. En una foto de una típica sobremesa familiar de 1995 veo a mi madre tomándose el café. Mi padre la mira y es como si pudiera leerle el pensamiento: «¿Qué me tendrá preparado esta mujer?». Ella parece tranquila, pero sabe lo que él piensa y rehúye su mirada. En su expresión noto que calla. ¡Cuántas cosas habrá callado Pili para no soliviantar a Eduardo! Con el tiempo fue callando más y más. Si le contaba que tenían un viaje al cabo de unos días, Eduardo, con sólo pensarlo, se enfurruñaba y ya casi no podía ni trabajar, de modo que Pili no se lo decía hasta que era realmente inminente. Entonces él echaba rayos y centellas, y ella capeaba como podía el temporal.

Mientras mi padre estuvo totalmente sano, esta actitud de mi madre me pareció buena, pero una vez empezó a enfermar dejé de entenderlo. Me hubiera gustado que Pili aflojara y pensara más en Eduardo que en los galeristas, coleccionistas y público en general. Pero ella era así. Se ponía en el lugar de quien había hecho el enorme esfuerzo de hacer una exposición de Chillida. Mover toneladas de peso era ciertamente costoso en tiempo, dinero y empeño, y ella creía que la presencia del artista no les podía faltar. A ninguno de los que se ocupaban de él y de su obra parecía importarle forzar a mi padre a viajes, entrevistas, etc. Tampoco a muchos de ellos les importó forzarle a ir firmando la cantidad de grabados y dibujos que tenía en su estudio; solía firmarlos cuando se exhibían o vendían, pero nunca antes... Tengo la sensación de que primaron el futuro de la obra sobre el hombre. Y, como hija, ver eso me resultó francamente duro.

Hoy entiendo que quizás en aquellos primeros momentos de enfermedad me faltó sensibilidad para comprender a mi madre: en su proyecto vital común, desde luego, la obra seguía siendo una parte esencial.

LO NUNCA IMAGINADO

Pili siempre había temido caer en un proceso senil rápido, ya que su madre lo había sufrido. Por eso seguramente –y es algo que también sólo hoy entiendo– durante su vida fue organizando las cosas para que nada pudiera faltarle en ese caso a mi padre o a su obra.

Sabiéndose ella tan importante en la vida de su marido, era consciente del peso que la pareja de cada cual tiene en la vida de su compañero. Teniendo eso en cuenta, y con su inteligencia habitual, mantuvo costumbres como la de reunirnos a todos en su casa para la comida de los domingos a pesar de que el barullo era para ella un tormento. La ciencia nunca llegó a poder remediar los mareos y dolores de cabeza provocados por aquel vértigo de Ménière que había sufrido de soltera. Una vez le propuse que en lugar de ir todos a la vez, nos invitara por familias separadas en distintos días. Pero se ve que ese no era su plan. Prefería que sus hijos, nueras, yernos y nietos nos conociéramos y forjáramos relaciones fuertes y estables entre nosotros. Así todo sería más fácil y nos organizaríamos mejor para cuidar de nuestro padre y su legado en ausencia de ella.

LOS VIAJES FAMILIARES

El Molino de los Vados en Burgos, mientras existió, era también un lugar muy adecuado para conocernos mejor todos. Está lleno de memorias felices de la familia. Solíamos reunirnos allí para pasar el puente del Pilar, tan celebrado en España. Para nosotros era aún más especial porque el 12 de octubre es el día del Pilar y el 13, el día de San Eduardo, una casualidad más que unía a mis padres. Además de los grandes paseos y las conversaciones junto al fuego, mi hermana Carmen, tenista acostumbrada a organizar liguillas, solía hacer equipos entre nosotros y pensaba en pruebas y competiciones en las que participábamos todos, incluidos Eduardo y Pili. Animados por el espíritu de competitividad y también de colaboración que se daba allí entre nosotros, recuerdo que nuestros padres se salieron una vez de sus normas. Él preparó una sopa de berros que habíamos cogido del río y Pili, una especie de revuelto de senderillas, las setas más comunes del lugar. Estaba todo bastante rico pero lo mejor fue la evasiva de Eduardo. Rehusó tomar las setas diciendo: «Alguien tendrá que quedar a salvo para llevaros a todos al hospital...». Quizás se habría comido antes un bocadillo.

Según fuimos creciendo, algunos de los hijos empezamos a acompañarlos con ocasión de sus inauguraciones o premios. A ellos les gustaba, pero a los galeristas y organizadores este hecho les creaba problemas. Pili se había ganado un puesto al lado de Chillida y todo el mundo sabía que sin ella él no se movía, pero hacernos un hueco a nosotros era algo distinto: por pocos que fuéramos, éramos siempre demasiados. Recuerdo haber escuchado cómo tras recibir la Gran Cruz de la Orden del Mérito de la República Federal Alemana, evento al que habían acudido varios de mis hermanos con sus parejas, se creó un problema de protocolo irresoluble: los hijos no estaban previstos para la cena. Mi madre intentó solucionarlo, pero, al no conseguirlo, abandonó la sala muy dignamente y se fue con todos ellos a cenar a otro lugar. Según me cuentan, el propio ministro de Cultura –o quizás el de

Asuntos Exteriores– se personó en el restaurante en el que estaban y entre él y mis hermanos la convencieron para que volviera con Eduardo padre.

Quizás a resultas de esto, entre 1980 y 1999 empezamos a programar una serie de viajes familiares. Fueron una concesión de Eduardo a Pili, un acto de amor, y una compensación por su entrega total a él a lo largo de la vida. Nuestro padre mayormente los disfrutó, como hicimos todos los demás. Aunque no dejaba de ser difícil, por momentos, verse a uno mismo entre tantos otros, sin posibilidad de salida, mermada la libertad individual. Los ocho hijos con nuestras parejas, más Pili y Eduardo, formábamos un grupo grande que nadie acertaba a catalogar. Juntos visitamos civilizaciones antiguas, arquitecturas y obras clásicas de la humanidad; espacios naturales, olores y sabores del mundo. Aztecas, mayas, egipcios, griegos... desiertos, montañas, mares, rocas, árboles... Y cerca, cercanos, a mano, ellos, nuestros padres.

En el primer viaje acudimos a la inauguración de la segunda exposición de Chillida en el Museo Solomon R. Guggenheim de Nueva York, y desde allí volamos directos a casa. A partir de entonces varios de los viajes familiares empezaban con un premio o una exposición de Chillida y después nos lanzábamos a la aventura cambiando por completo de tercio. Dejábamos a Chillida y su obra atrás y recuperábamos al padre y a la madre. Aquellos viajes plagados de aventura que algunos de mis hermanos organizaban fueron oasis en la vida de Pili y Eduardo. Creo poder decir que para nosotros los hijos fueron una especie de reparación por tantos pequeños abandonos como habíamos vivido durante nuestro crecimiento.

El viaje de 1993 nos llevó a Japón, donde fuimos tratados a cuerpo de rey mientras nuestro padre recibía el Praemium Imperiale. Desde ahí nos movimos a Nepal, a una reserva natural de animales salvajes en un pequeño islote del Parque Nacional de Chitwan. Nos alojábamos en tiendas de campaña junto al río que descubrimos que estaba cuajado de cocodrilos e hipopótamos. Y a punto estuvimos de morir unos cuantos de nosotros perseguidos

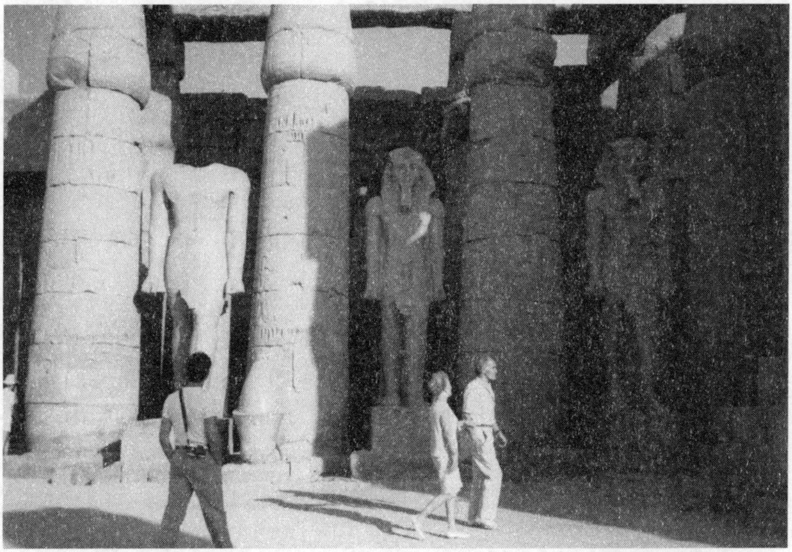

Eduardo Chillida y Pilar Belzunce en un viaje familiar con sus hijos por Egipto.

por un rinoceronte macho en busca de una hembra en un precioso paseo al amanecer que habían titulado como *birdwatching* (avistamiento de pájaros). Los lugareños tenían sólo unos palos largos como armas, pero supieron utilizarlos bien para salvarnos del aprieto.

En otra ocasión seguimos la ruta del Nilo en barco, parando en todos los templos desde Luxor hasta casi el Cairo. Recuerdos imborrables de naturaleza y arte que a menudo se sazonaban con canciones que iniciaba nuestro cuñado José Mari y competiciones como las que hacíamos en el Molino o en el frontón de Villa Paz. Nuestro padre, mirándonos, reía a mandíbula batiente y a Pili se la veía feliz.

El sentir de cada cual quedó reflejado en cuadernos míos que ponía a disposición del grupo y que aún conservo. Durante las esperas en distintos aeropuertos, en la calma de la habitación o tienda de campaña, cada cual podía expresar, por escrito o dibujando, sus imágenes y recuerdos más importantes. Uno de los míos está grabado exclusivamente en mi memoria y tiene que ver con un primer viaje juntos a Grecia y Turquía que organizó mi hermana Guiomar en 1987.

Mientras visitábamos el templo de Afrodita en Atenas, varios de nosotros casi nos desmayamos del calor que hacía entre tanta gente. En Turquía es donde pudimos apreciar, con mucha más tranquilidad que en Grecia, las obras de esta civilización. Un día decidimos alquilar un barco pequeño y recorrer la costa parando en lugares solitarios donde aún no había llegado el turismo. Además, nos dimos un baño memorable. Todos éramos jóvenes y saltábamos al agua desde la parte más alta del barco. Mi hermano Eduardo, que había tenido ya su accidente y no podía participar, nos miraba sentado y sonriente. Protegido en la sombra, junto al timón, disfrutaba de nuestro disfrute a pesar de que él no podía compartirlo plenamente. Creo que ese fue el factor que hizo que tanto mi padre como mi madre se sumaran a nosotros. Me conmueve recordar la escena. Mi madre, que de joven se preciaba de haber sido una buena saltadora de trampolín, saltó antes que él olvidándose de su edad y de todo. Después, mi padre, que odiaba mojarse porque creía que le hacía perder más pelo, la imitó y saltó desde lo alto también. Todavía los recuerdo riendo con sus pelos pegados a la cabeza, como chitos mojados, felices junto a su hijo herido que sin duda supo valorar su intención.

Tras el viaje por los parques naturales de Estados Unidos, que realizamos en dos pequeños microbuses alquilados en 1989, nuestro padre dejó en el cuaderno de viajes una obra muy peculiar con sabor a naturaleza y Pili un dibujo que representaba a nuestra familia.[1] Ella, además, describió por escrito sus sentimientos ante los seis lugares de asentamientos indios que habíamos visitado –Zion Valley, Monument Valley, Colorado Canyon, Chelly Canyon, Death Valley y Yosemite–. Los evaluaba dependiendo de sus condiciones de habitabilidad, dando importancia al vivir de aquellas

1. Véanse las imágenes 20 y 21 en el encarte.

gentes condicionadas por su entorno físico. Al final inventó un séptimo lugar, el Family Valley, y lo describió así: «Allí estaba el gran Rock Mountain, sólido, bastante duro en su configuración, lleno de aristas, pero con unos valles insospechados, amables a veces, acogedores y generosos llenos de pequeñas gargantas con sus riachuelos que bajando por sus laderas configuraban el Mother River. Este corría por todo el valle fertilizándolo y tratando de hacerlo acogedor para sus moradores. Siempre seguro y constante en su presencia. A su vez este río se alimentaba de jóvenes afluentes con sus aportaciones, unas veces ricas y generosas, y otras, en malas épocas, escasas. Todo ello hacía de este valle un conjunto bastante armónico y enriquecedor para sus moradores, los cuales se sentían que formaban parte de una unidad a la que respetaban en sus leyes más profundas. Me ha impresionado bastante el Family Valley y me siento contenta con su existencia. Le doy una nota muy alta».

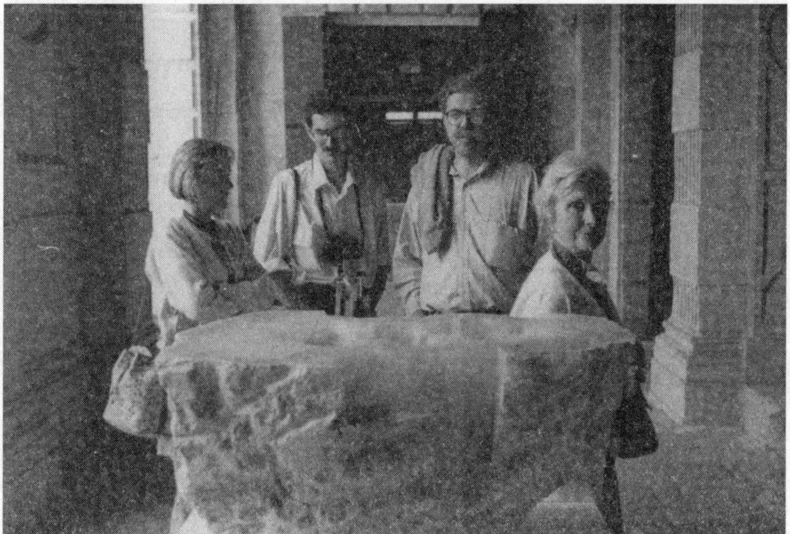

Guiomar Chillida, Jesús Uriarte, Gonzalo Calderón y Pilar Belzunce en la exposición *Homenaje a Chillida* celebrada en el Palacio Ca' Pesaro de Venecia, 1990.

Reflexionando sobre estas dos cosas que dejó mi madre en aquel cuaderno es como descubrí que lo que ella buscaba con esos viajes era reforzar la unión de todos nosotros; unión que a la muerte de nuestros padres se ha probado como verdaderamente importante para llevar el peso de nuestro legado.

A partir de cierto momento, una de las figuras más importantes para Pili, como he dicho anteriormente, fue Gonzalo Calderón, su yerno y marido de mi hermana mayor. Todas las decisiones que tomaba las evaluaba con él aunque no siempre le hiciera caso. Su tarea principal tenía que ver con la venta de obras y a él le debemos en parte la idea de ir salvaguardando las esculturas que después hicieron posible la creación de Chillida Leku de cuya inauguración se ocupó él. Mi hermano Luis había entrado a trabajar para mis padres tras un accidente que pudo haber sido fatal para él y para una parte del público que presenciaba una de sus carreras. Siendo piloto, para ellos era una delicia dejarse conducir por él, y así, poco a poco fue cogiendo peso y atribuciones dentro del entramado familiar. Fue estudiando a fondo la obra de Chillida, es buen comunicador, tiene don de gentes y actualmente preside la Fundación Eduardo Chillida-Pilar Belzunce. Mi hermano Ignacio entró después de la muerte de nuestro padre. Seguramente fue quien más lo echaba de menos, puesto que había trabajado diariamente con él y con su obra gráfica desde tiempo inmemorial. Por eso todos le dimos nuestra confianza. Es un hombre sereno y sensible que asumió desde entonces mucha responsabilidad en el devenir del museo además de ocuparse de comisariar las diversas exposiciones que se hacían y siguen haciéndose. En cuanto a mí, me sumé al conjunto en 1991 empezando con mis grabaciones, que hoy se prueban de un gran valor, y ocupándome más tarde de organizar el primer programa educativo y la sala de audiovisuales del museo cuando este se abrió.

LOS PILARES INVISIBLES DE PILAR BELZUNCE

En el mismo lugar en que una noche desvelada vi la luna queriéndome hablar, hoy veo el sol de la tarde, muy bajo ya, observándome entre las ramas. Pero él no me permite mirarle, su fuerza me hiere. Plegándome a sus deseos, cierro los ojos y, sentada frente al ordenador callado, pienso en la desigualdad entre los géneros.

Blanco y negro. Hombre y mujer. ¿Acaso no fuimos en el útero materno un «uno» hecho de fuerzas masculinas y femeninas aún no diferenciadas, durante un tiempo? ¿Acaso no mantenemos en nuestros genes parte de ambas fuerzas cuando al fin vemos la luz con ojos propios? Decía mi padre que no había conocido a ningún artista que no tuviera especialmente desarrollada su emotividad, algo que a menudo asociamos con las mujeres. Él, desde luego, la desarrolló. Mi madre, por su lado, desarrolló componentes masculinos de su ser sin perjuicio de los femeninos de su género. Gracias a ella, las «cosas del alma» de él podían expresarse en su obra. Pero ¿quién cuidaba a Pili para que ella pudiera cuidar a Eduardo? ¿Qué figuras invisibles hacían posible el tándem de Eduardo Chillida y Pilar Belzunce?

Hace unos años un cineasta hizo un retrato de Eduardo Chillida a base de testimonios de sus hijos que quedó absolutamente sesgado a favor de los varones. A mí, que había cedido casi cuatro largos minutos de material audiovisual propio esenciales para su película, me favoreció. A Carmen, como deportista, le hizo un lugar –había planeado una única escena con las cuatro hijas a la vez en San Sebastián a la que ella no podía asistir y grabó con Carmen sola en Madrid, a petición mía, antes de devolver las cámaras al final de los rodajes. María, mi hermana menor, compartió un único recuerdo, y Guiomar, mi hermana mayor, quedó absolutamente sin voz. Hoy, aquí, levanto la mía para subsanar esa injusticia. Ellas dos son las que conformaban, si no los cimientos, al menos los pilares en los que Pili se sustentaba. Gracias a ellas –una en San Sebastián y otra en Madrid– nuestra madre podía con el peso que había aceptado. Y gracias a esas tres mujeres –Pili, Guiomar y María– Eduardo

Chillida pudo crear en paz la obra artística que tantos admiramos y celebramos.

Como primogénita, Guiomar ocupó un lugar de honor en la vida de Pili. A ella pudo quererla sin prejuicios ni temor a celos en su primer año de vida y en ella se apoyó desde niña. Siendo ya mayor, mi hermana formó un tándem con su marido para seguir apoyándola. A pesar de todo, y eso es algo que personalmente valoro mucho, Guiomar supo mantener en perfectas condiciones su vida de familia junto a sus hijos, y sus propias aficiones y trabajos. Lo mismo puedo decir de María, cuya importancia se hizo especialmente patente durante la enfermedad de nuestro padre, primero, y de nuestra madre, después. Sin María, su vida y su muerte hubieran sido mucho más tristes.

INAUGURACIÓN DE CHILLIDA LEKU

La mayor prueba que debió superar Pilar Belzunce en su vida fue sin duda la sorpresiva enfermedad de Eduardo. En una foto los vemos el día de la inauguración de Chillida Leku junto al rey Juan Carlos y la reina Sofía; la entonces ministra de Cultura, Pilar del Castillo, y Kosme de Barañano, el historiador del arte, director de museo, comisario de exposiciones y organizador de múltiples publicaciones y eventos académicos en torno a la figura de Chillida, con quien viajó mucho en sus últimos años. A mi padre se le siente ya ausente y, por contraste, Pili parece muy joven mientras les hace los honores. La veo casi como una bailarina. Con una mano señala algo y con la otra se aferra a la escultura. Me pregunto: de no haber tenido ese apoyo... ¿de dónde habría sacado su fuerza ese día?

Todavía una de las últimas esculturas de Chillida, *Berlín*, se encontraba en Zabalaga. Algo en esa obra me hace pensar en el tándem que formaron mis padres. Se trata de dos colosales pilares de acero, situados frente a frente, de los cuales emergen una serie de formas que se buscan y completan sin llegar a tocarse, como fueron los trabajos de cada uno. Al poco tiempo, la obra, que era un encargo del Gobierno alemán para conmemorar la reunificación de las dos Alemanias, fue colocada frente a la nueva cancillería alemana en un lugar de honor. Y allí acudió Pili, arrastrando su pena, y se fotografió junto al coleccionista alemán que donó la obra, Rolf Becker, su esposa Anne Lore y el canciller Gerhard Schröder.

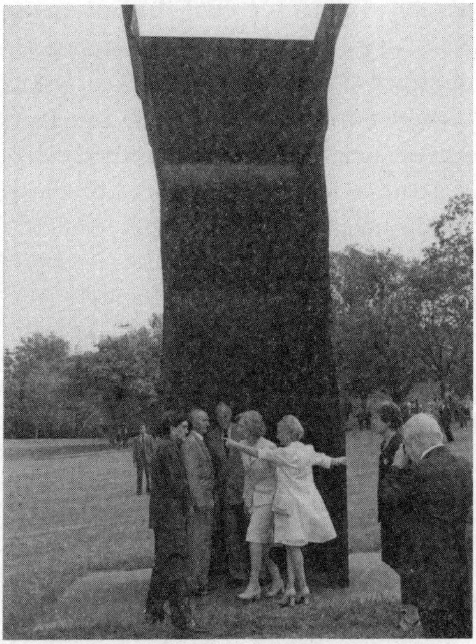

Eduardo Chillida y Pilar Belzunce junto a los reyes de España y Kosme de Barañano. Inauguración de Chillida Leku, año 2000.

Los actos para la inauguración de Chillida Leku, en el año 2000, comenzaron con una proyección vespertina de mi película *Chillida, el Arte y los Sueños* en el Kursaal de San Sebastián. Al entrar mis padres todo el auditorio se levantó aplaudiendo para recibirlos. Al día siguiente, los invitados pudieron acercarse al museo y ver lo que el arte, como lenguaje universal, puede conseguir y consigue. Además de muchas personalidades de la cultura internacional, allí se congregaron (casi milagrosamente, por lo encontrado de sus posiciones políticas) los reyes de España, el lehendakari Juan José Ibarretxe, el presidente del Gobierno español José María Aznar y el canciller de Alemania Gerhard Schröder. Estos dos últimos venían de una reunión en Madrid y llegaron cuando el concierto inicial había ya comenzado. Mientras escuchábamos una sonata de Bach de manos del violoncelista Iagoba Fanlo, pudimos ver desde la gran puerta de cristal del caserío Zabalaga el helicóptero blanco que los traía. Resultaba un pájaro muy extraño en aquel entorno; y mientras escuchaba su estruendo sentí que nosotros, con aquella música y las esculturas que nos rodeaban, nos elevábamos más allá de la altura que puede alcanzar ningún artefacto.

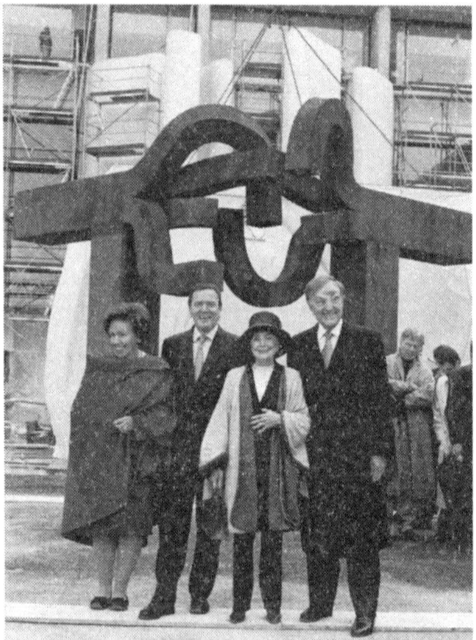

Colocación de *Berlín* frente a la nueva cancillería de Alemania. Pilar Belzunce con el coleccionista Rolf Becker, su mujer y el canciller Gerhard Schröder, 2000.

Nuestro padre era un liberal, tolerante y totalmente centrado en su deber como artista, que tuvo la gracia –o el don– de saber convivir con posturas ajenas sin contagiarse, encasillarse ni dejarse utilizar. Y nuestra madre fue una persona abierta al mundo y enamorada del arte, que con su gracia innata hizo honor al pacto inicial que había sellado con él: «Si tú me sigues…».

UNA PEQUEÑA MUERTE

Tras la crisis mundial de 2008, después de diez años y 820.000 visitas, Chillida Leku, un museo totalmente privado, se vio forzado como tantos otros a recurrir a un cierre parcial en 2011. Habiendo estado tan cercana a su creación y primera puesta en marcha, aquello fue para mí una pequeña muerte. Me llenó de tristeza y de rabia. Inmediatamente ideé modos de luchar contra esos sentimientos y me puse de nuevo en acción. Recurrí para ello a dos amigos profesores de filosofía, estudiosos de la obra de Chillida especializados en arte y estética: Ana María Rabe y Ricardo Pinilla. Juntos desarrollamos diversas actividades en distintas universidades europeas y en el propio Chillida Leku. Como familia, seguimos manteniendo el lugar en perfecto estado y la dinámica de visitas programadas para grupos y personas interesadas no se detuvo.

Mi madre se había ido desentendiendo del mundo y había delegado completamente en sus hijos. Así, los hermanos y cuñados, sin más ayuda que nuestra propia voluntad, seguimos buscando opciones de reapertura completa. Y finalmente, en 2017, aceptamos la propuesta de Hauser & Wirth de representar en exclusiva la obra de Chillida en el mundo, condicionándola al cuidado de su museo, que es sin duda su obra principal.

Todo va bien y sigue su curso. Es esencial confiar suficientemente en las manos que cuidan de su historia y de su futuro. Y ahí estamos nosotros para defenderlos.

EL LEGADO DE CHILLIDA

No es del todo fácil pasar de ser hijo a ser Sucesión Chillida; de ser una familia a ser un grupo patrimonial. El legado de Chillida pesa. Pesa su obra porque es materia y es sólida. Pesan las emociones. Del legado tangible de Chillida queda el hierro, queda la piedra, el acero, el papel... Materias. Preguntas que son objetos. Cuestiones y obsesiones, dudas... Y un mundo propio, contundente y silencioso, que él forjaba con razón y emoción; con cabeza, manos y corazón. El legado de Chillida está también compuesto de archivos, objetos, fotos, películas, libros, catálogos, cartas, artículos de periódicos y revistas que recogen la memoria histórica de un hombre del siglo xx. En mí permanece el deseo de seguir aportando algo a ese legado. Él hizo obras de arte y mi obra es él –el hombre que hay detrás de esas obras– y la mujer que dedicó su vida a apoyarle y a hacer posibles sus sueños con eficiencia y *savoir faire*. En gran parte, todo lo que Chillida dio al mundo debe su existencia al trabajo callado de Pilar Belzunce. Siento un gran respeto por su labor dentro del tándem que formaron y me alegro de que la gente lo sepa.

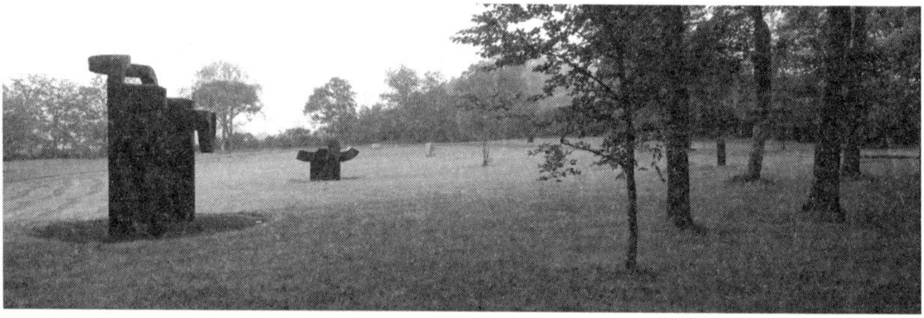

Campa de Chillida Leku con *Arco de la libertad*, *Consejo al espacio IV* y otras obras.

VIII

Década de 2000. Hacia la ausencia

Sentada en un banco público de un parque, entre el verde y los hombres, quiero hablar del final de sus días. La enfermedad y la muerte a todos nos iguala. Despegarse completamente de la tierra para volar más alto a mi padre le llevó apenas tres primaveras desde que enfermó. Los de Pili fueron trece largos años sin él, sin su Eduardo. Para mí, al igual que seguramente para el resto de la familia, la muerte de Chillida no terminó de culminarse hasta que ella murió también.

DESPEDIDA DE PILI

Nunca olvidaré aquel 4 de julio de 2015. Me llamó mi hermano Ignacio para comunicarme que nuestra madre había empezado con cuidados paliativos tras una fuerte neumonía. Inmediatamente tomé un avión a San Sebastián. La encontré tumbada en la cama y su cuerpo llamaba a mi cuerpo. Su fragilidad apelaba a la par a mi tristeza y a mi fuerza. Rodeada de hermanos, entendía no tener derecho a quedarme con su contacto yo sola, pero ninguno hacía ningún movimiento hacia ella. Sentía que no podía permitir la soledad de ese cuerpo tan amado durante esa penosa espera. Su calor llamaba a mi calor, su quietud llamaba a mi quietud. Me acosté a su lado y tomé su mano entre las mías. Asistir a mi madre en su muerte fue un ejercicio de calma y respiración que curiosamente me hizo recordar el ejercicio de calma y respiración a que me vi obligada tantas veces durante la lactancia de mis pequeños. Sentía, sabía, que mi cuerpo era un ente palpitante capaz de comunicar sensaciones, emociones y estados de ánimo. Ritmo y pausa, respiración, palpitación, calma. Un calor fuerte alcanzaba la yema de mis dedos y desde ahí sentía que irradiaba la paz que mi madre necesitaba. Tumbada a su lado, presente en mi fisicidad, me sentía un nosotros muy pleno. Pili me había dado a luz y aquello era nuestra despedida.

Siempre estaré agradecida a Miriam, una amiga de mi hermana María recién separada de su marido a quien esta contactó al quedar nuestra madre viuda. Era una mujer alegre, culta y sensible. Entró a cubrir unas cuantas horas diarias, como secretaria y acompañante personal de Pili en 2002, y fue adaptándose a los tiempos y transformando su labor hasta ayudarnos a verla morir en 2015. ¡Cuántas confidencias de nuestra madre retendrá en su memoria!

Ese día, antes del fin, Miriam nos empujó a una intimidad con ella a la que no estábamos acostumbrados. Quizás no todos, pero sí varios de sus hijos, uno a uno, quedamos a solas con nuestra madre. Nueva ante su cuerpo yacente, desnuda de alegría, quise que supiera cosas que siempre oculté. Necesitaba oírme. Confirmarle que mi vida no era siempre fácil y que sabía que tampoco la suya lo había sido, aunque siempre nos guardáramos la cara la una a la otra. Siempre quise darle mi alegría y mi calor. Nunca mis lágrimas, por no entristecerla. «¿Qué tal estás, Susi?», me llamó una vez al hospital de Madrid donde me acababan de operar. «Muy bien –le dije–. ¿Y tú? ¿Hay oleaje?» Después de compartir la belleza del mar y del cielo lleno de nubes que ella veía desde su ventana, colgamos y rompí a llorar. Estaba dolorida y rota por dentro. Mi marido me hizo ver cuánto callaba. Y aunque ese día último hablé, sé que ella no se entristeció. Estábamos unidas en nuestro cariño, en nuestras palabras y en nuestros silencios hasta la eternidad.

Pilar Belzunce abandonó este mundo rodeada de sus seres queridos y en paz. Una vez en la caja de madera en que la colocamos, decoramos la sábana blanca que cubría su cuerpo con pétalos de flores. Mi hermana María puso color en sus mejillas y ella y yo la velamos toda la noche durmiendo a su lado en lo que había sido su oficina y su estudio de pintura. Estaba preciosa y todos nosotros nos sentíamos serenos sabiendo que al fin se acercaba a su amado Eduardo. Al día siguiente empezaron a llegar gentes queridas, primos y primas nuestros, algún que otro amigo. Trajeron álbumes de fotos que nos la mostraban en su juventud. Fue un cierre bonito y entrañable.

LAS PERTENENCIAS Y FOTOS DE PILI

Me impresiona la simplicidad y falta de adorno que había en ese espacio grande y blanco que fue el dormitorio de mis padres. Afuera, al fondo, estaban y siguen estando las montañas. Abajo, la ciudad y el mar que brama incansable y se cuela por los sentidos hasta las entrañas. Donostia dentro de mí.

Me sumergí en las pertenencias de mi madre y entre cosas diversas encontré un cuaderno antiguo con su letra. Había entradas en varios idiomas y eso me llevó a recordar cómo intercambiaron entre mis padres sus saberes lingüísticos. Habiendo pasado parte de la guerra en Francia, mi padre dominaba el francés y la ayudó a ella a perfeccionarlo. Pili, por su parte, hizo lo propio con él en cuanto al inglés. Me resultaba muy fácil imaginar a ambos redactando las cartas que aparecían. La primera, en francés, estaba dirigida al profesor doctor Werner Schmalenbach, historiador del arte alemán.

En todo lo que leía se veía que no eran muy puntuales en contestar a peticiones, etc., porque a menudo comenzaban disculpándose por el retraso. También se notaba que eran generosos y solidarios. A los artistas se les pide con frecuencia no sólo declaraciones sobre temas candentes, sino también obra para causas importantes, y ellos nunca se negaban a colaborar. En otra zona del cuaderno estaban apuntados los inevitables «deberes» que no quería olvidar: «recoger fotos en Bersans y guardarlas, recoger obras en Muñoz y Cabrero y dárselas a los chicos [los ayudantes de mi padre], escribir a Guridi, mirar Príncipe de Asturias qué día y llevar las cosas, dejar toldo playa, dejar dinero Susana mes abril, regalo Mari Tere…».

Cuántos recuerdos asociados a cada nombre y a cada cosa. Pienso en los ojitos azules de mi madre. Yo los llamaba farolillos y parecía que se encendían con más fuerza cuando así los nombraba. Ah, el poder de las palabras.

El tocador de mi madre fue enseguida repartido y se fue a casa de un hermano. De forma poco profunda quedaron cuatro pequeñas marcas sobre la alfombra blanca. Trazas. Y un vacío creciente del que fue poblándose su casa. Inopinadamente, yo bailaba y bailaba sobre esos espacios, respirando el momento. Bailaba la pena, la rabia, bailaba el miedo. Y la ternura de estar sobre su suelo derretía mis máscaras. La música me hacía bien. El movimiento me hacía bien. Y el cansancio.

Acabada la danza, mis pies desnudos en quietud, me sumergía en recuerdos. Por eso, para tenerlos más vivos, buceé entonces entre las fotos que ella guardaba en un antiguo mueble de tipógrafo que albergaba poco orden y mucha memoria. Sin pensarlo mucho, cogí algunas. Fotos simples, las más de las veces, que me llevé como un tesoro para pensar en ella y en mí. Pero ¿podía pensar en nosotras sin que la figura del escultor y la grandeza de su obra se cerniera

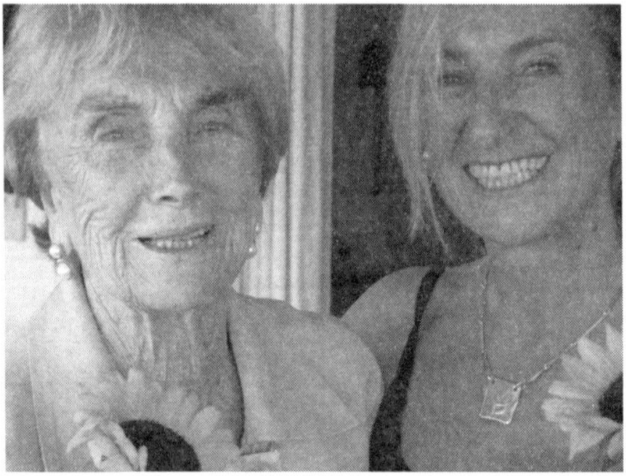

Pilar Belzunce con su hija Susana Chillida en Intzenea, 2012.

sobre nosotras, unas veces aupándonos con su luz y otras aplastándonos bajo su sombra?

«NO HAY PALABRAS PARA ESTA PENA»: LAS *MATERNIDADES*

Ante mí fotos de otros tiempos. Veo abuelas, tías, señoras diversas con perlas en sus cuellos. Mi madre viste las suyas de un modo propio. Un pequeño nudo entre sus dos clavículas saca a Pili de la normalidad. Después, la veo dando de mamar a un bebé, y sé que quizás no somos ninguno de sus hijos. Mi madre amamantó también a nuestra prima Silvia, hija de su hermana mayor, que tenía problemas. Me enorgullece ese acto de generosidad de Pili, pero ¿tengo derecho a ese orgullo? ¿Qué es el orgullo ajeno? ¿Y la vergüenza ajena? ¿De qué nos valen los actos de los otros? Me viene a la mente Coetzee y su brillantez cuando habla de la vergüenza y de la culpa. No de la vergüenza y la culpa propias, sino de aquellas que por cercanía física y sin ser tuyas te ensucian, como era el caso de Coetzee en Sudáfrica.

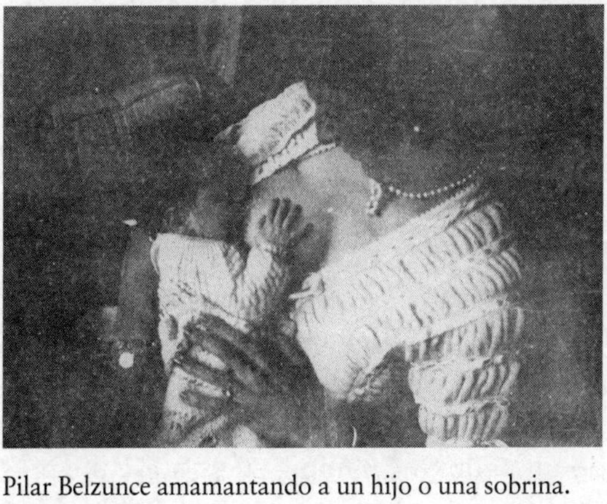

Pilar Belzunce amamantando a un hijo o una sobrina.

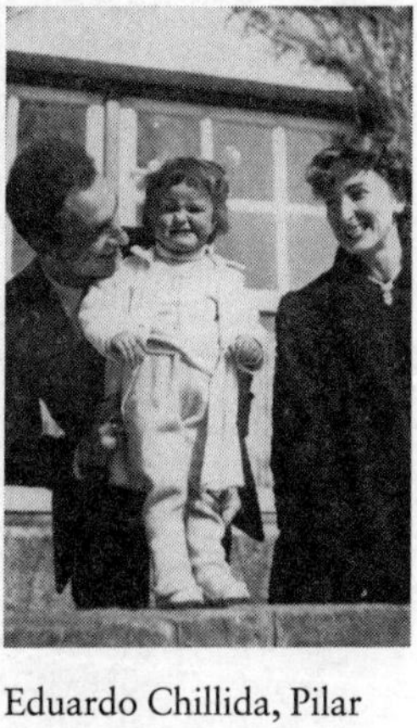

Eduardo Chillida, Pilar Belzunce y Guiomar, su primogénita.

Al pronto, otra foto llama mi atención: el relieve en piedra de una obra temprana y semifigurativa de mi padre que nunca había visto. Sus formas rotundas y redondas me recuerdan de inmediato a algo casi milagroso que acabo de recibir: la imagen de una mitosis –la división de las células embrionarias que le habían implantado a una sobrina mía en el útero–. Milagros de la técnica. Hago una captura de pantalla, y me dejo llevar por el embrujo de la vida, mientras recuerdo cuánto me costó a mí llegar a ser madre. Concebir me era fácil, pero gestar y conseguir dar a luz, no.

Lo sorprendente es que, a través de esa circunstancia, descubrimos una variante genética que curiosamente compartían Eduardo y Pili entre sí: una inversión en el par 9 de cromosomas que yo había heredado por partida doble. Técnicamente, ni les falta ni les sobra nada a esos cromosomas, pero se presentan de una forma diferente a su posición habitual. A eso lo llaman una variante de «la normalidad». Nada impedía que tuviera un hijo sano, me dijeron, pero por tres veces «casualmente» perdí al hijo que esperaba.

–No hay palabras para esta pena, Susi –me dijo en una de ellas mi padre–, pero escucha lo que escribió san Juan de la Cruz: «Quedéme y olvidéme, / el rostro recliné sobre el Amado; / cesó todo y dejéme, / dejando mi cuidado / entre las azucenas olvidado».

Para aminorar el dolor por mi tercera pérdida, durante el duelo me aferraba a la medalla que llevaba en el cuello. A mis padres les conté que hubiera necesitado, no una cruz como la que nos había hecho él a todos los de la familia, sino una presencia femenina y sagrada para aquella tristeza de mujer. No fue una petición concreta, pero ellos lo tomaron como un encargo; al menos, en este caso, así lo hizo mi madre. El proceso esconde anécdotas graciosas que nos definen bien a los tres. Mi padre se retrasaba en hacerme la nueva medalla y Pili le animó buscando y dejando a la vista en su estudio dibujos suyos antiguos de *maternidades*. La idea fue buena porque funcionó.

Doy fe de que cuando mi padre me llamó a su estudio, me presentó un montón de medallas colocadas sobre su mesa para que eligiera. Seguramente, la idea era romper las demás: aún estaban en

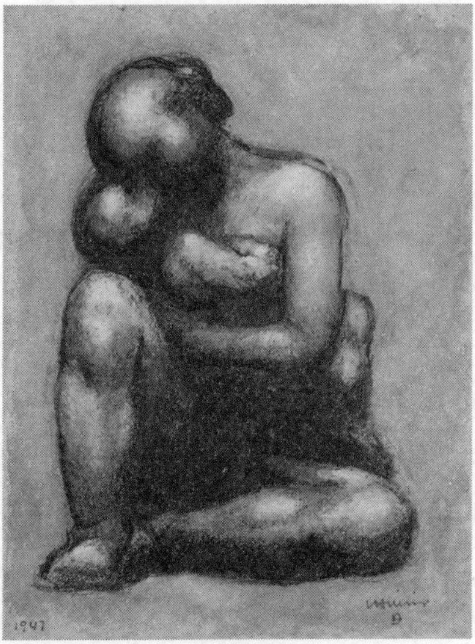

Maternidad dibujada con ceras, 1947.

cera rosa con sus huellas dactilares marcadas en la materia, a sólo un paso de terminar el proceso: sustituir la cera por oro candente. Tres o cuatro medallas estaban ya dedicadas a mí porque eran las que a él más le gustaban, pero dijo que podía elegir también entre las otras.[1] Confieso que me emocionó ver tantas veces escrito de su puño y letra el «para Susi de *aitá*». Y en eso llegó Pili... «¡Pero vamos a ver!» Mi madre me obligó a elegir entre las dedicadas a mí, y propuso regalarle algunas de las otras a los pequeñitos recién nacidos de la casa que aún no tenían cruz. «¡Pero bueno...!», contesté yo con firmeza. No lo veía bien. La historia se saldó conmigo eligiendo dos maternidades de entre las dedicadas a mí, una redondeada y otra más bien cuadrada, porque mi padre lo quiso así. El resto se repartió entre las demás mujeres de la casa. ¡Pero no entre los niños! Eso le debemos las mujeres de la familia al dolor mío y al

1. Véanse las imágenes 22 y 23 del encarte.

de mis hijos nonatos, las *maternidades* en oro trabajadas a la cera perdida que nos regaló a todas.

Cuando al fin nació nuestro primer hijo, al ginecólogo se le escapó el cordón umbilical al cortarlo, y un líquido rojo, que era un poco de todos, brotó y se descorchó como el champán. A mi pequeño lo sentía caliente sobre mí; su peso era leve, su olor nuevo, su llanto sutil, ¿y su sabor? Puro instinto animal: saqué la lengua y lo lamí.

LA «NORMALIDAD», EL LENGUAJE Y EL ARTE

Hablar de hijos, de fotografías, de *maternidades* es hablar de obras. Pero ¿qué es hablar?, ¿qué es pensar? Peter L. Berger y Thomas Luckmann estudian el modo en que se construye «la realidad de todos los días» y el mundo de significados compartidos en los que basamos nuestras vidas. También hablan de otras realidades en el camino hacia la socialización y hacia la conciencia. ¿Y en qué modo entra el lenguaje? ¿Qué aporta? ¿Qué resta?

El niño, cuando nace, ni tiene ni necesita palabras. Durante años se apaña con sonidos, contactos, movimientos, afectos... Su mundo es muy grande y sólo suyo. Con el advenimiento del lenguaje la cosa cambia. Cada palabra acota realidades específicas, y lo que no entra en las casillas establecidas ya no se puede nombrar ni pensar. Con el advenimiento del lenguaje, nos hacemos todos un poco más iguales; vamos menguando, empezamos a olvidar. Y de ese proceso menguante sólo el arte –que es otro lenguaje– nos salva. Los artistas entran en la materia oscura del universo cada uno con sus propias «armas». Son la avanzadilla de «la normalidad»; el extremo que nos mueve a todos ensanchando el territorio. Aquello de lo que apenas se podía hablar o pensar, de pronto «aparece» o «reaparece» en un cuadro, en una escultura, en una música... o quizás en forma de palabras transformadas por un poeta o un literato. Acercarse al arte es reencontrarse con lo antiguo propio y ajeno; toparse con ese *entender no entendiendo* que nos devuelve al tiempo primero.

Algo más sobre el arte y las palabras. Un escultor amigo, Francisco Leiro, me contó cómo su hijo había ido creciendo viéndole trabajar en su estudio cada día mientras su madre acudía a una oficina fuera de casa. Todo lo que salía de las manos de su padre –grandes personajes extraños hechos de madera– era natural para él desde que nació. Pero llegó el momento de hacer una exposición. Se abrieron unas compuertas que comunicaban el estudio con la calle, y empezaron a entrar gentes desconocidas que tapaban, envolvían o simplemente cargaban y se llevaban todo lo que hasta el momento había sido su mundo. El niño se aferraba a las piernas de las esculturas gritando sin podérselo creer: «¡Papá!». Ser en las cosas. Para el niño las obras «eran» su papá y, al nombrarlas así, al pequeño no le faltaba ni sobraba razón. Yo lo he sentido del mismo modo.

Años más tarde asistí a una exposición de ese mismo escultor en la que estaba presente su madre. Todas las familias, no sólo la mía, tienen para mí un enorme interés. Pasé tiempo charlando con ella, una mujer mayor, sencilla y sensible.

–Está bonita la exposición, me imagino que estará orgullosa... –le dije–. Le gusta la obra, ¿verdad?

Y ella me contestó:

–¡Hombre... es que las cosas del alma...!

Magnífica definición que hice mía desde ese instante: las artes como cosas del alma.

COSAS DEL ALMA

¿Será el viento que mueve las ramas quien me lleva a pensar en el alma de mi padre?

Era grande y, si tuviera que darle forma, sin duda crearía un gran globo terráqueo; y allí, bien visible, el cosmos, la naturaleza, la vida en todas sus formas, los hombres. El periódico en la mañana y el telediario más tarde –indispensables ambos– le traían todos los días noticias del mundo que en casa se escuchaban en silencio sepulcral. Yo hace tiempo que me protejo de las noticias por su negrura. El mundo me duele y creo que a él también le dolía. Pero ese dolor, al igual que las alegrías que de vez en cuando traían las noticias, le constituía. No había debates ni comentarios. Sólo un poso que quedaba impregnado en él y que convertiría antes o después en algo tangible y transformado; un lenguaje sin palabras, un deseo íntimo de elevación que compartía. Lo mismo le pasaba –al menos esa es mi tesis– con su querido País Vasco, el pequeño mundo local que veía, y nosotros, su familia. Con el dolor y el calor que todo ello le aportaba, trabajaba. De todo eso estaba hecha su alma. Y si algún «pecado» pudo cometer, seguramente sería el de haber acaparado a Pili nuestra madre casi por completo, por amor.

MILAGRO DE BELLEZA

Sigo rodeada de fotos antiguas y de pronto hago un descubrimiento que me divierte: tanto Pili como Eduardo solían posar de perfil buscando esa dignidad que adquieren los rostros en las esculturas griegas. Distintas fotos en distintos momentos de su vida, hechas por

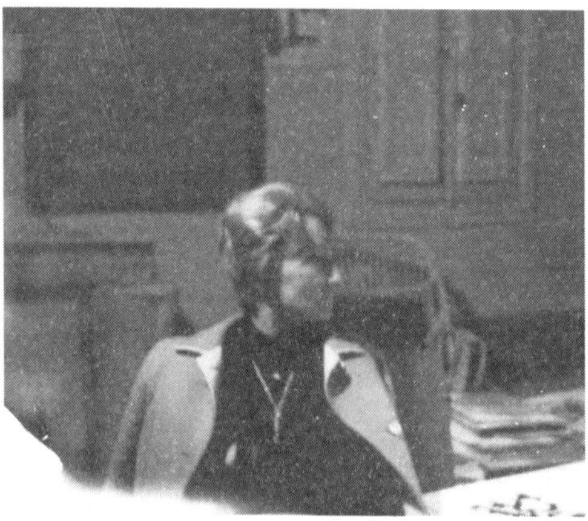

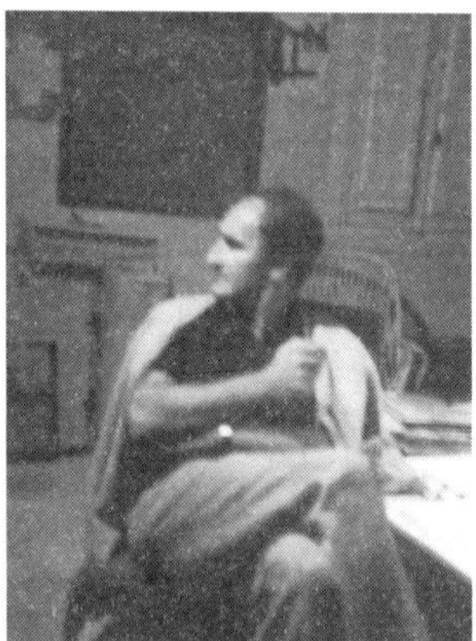

Pili y Eduardo posando de perfil en dos polaroids realizadas por ellos mismos.

ellos mismos con Polaroid, me los muestran en esa postura. Siento la complicidad entre ellos y sonrío ante su inocencia.

En otra instantánea vuelvo a ver a Pili mostrando su perfil. Su postura totalmente plástica –con un sugestivo cruce de piernas, una mano en la cadera y la otra colgando laxa– me lleva a una memoria, dolorosa y tierna. Mi padre es un hombre que ha entrado en un proceso senil. Pili lo ayuda a afeitarse y, ágil como está, salta sobre el lavabo en pijama para empezar la tarea. Eduardo no puede remediar la atracción que el cuerpo de ella le produce. «Milagro de belleza», dice, y sus manos la tocan. Luego mi madre nos lo cuenta. Dice que eran manos de escultor palpando la materia; no sólo manos de hombre, sino de artista. Y seguramente era cierto. Manos, ojos, corazón de artista hasta su muerte. Confieso que en ese momento tuve una especie de premonición que desgraciadamente no se cumplió: pensé que quizás Chillida podría volver a la figuración, revisitar de un modo nuevo Grecia... Y siento que de haberlo deseado Pili suficientemente, y de haber puesto instrumentos adecuados a su mano, él quizás hubiera podido hacerlo. ¿Qué nos hubiera entregado un Chillida que había transitado ya su historia dando esa vuelta de tuerca?

IMÁGENES DOLOROSAS

Una vez le pregunté a mi padre si no se le había ocurrido alguna vez vivir fuera de San Sebastián. Me habló del mar y me contestó que no, que nunca lo había pensado, que todo lo que le quedaba por hacer podía hacerlo desde ahí. Me dijo: «Yo sé que no me voy a jubilar. A mí me van a jubilar». Y al final añadió: «Y si alguna vez no me encuentran, que me busquen cerca del mar». Hoy parecen palabras premonitorias que me llevan a un lugar difícil. Imágenes dolorosas en los recovecos de mi piel.

A quienes han vivido de cerca la enfermedad de alzhéimer o algún otro tipo severo de senilidad quizás les traiga recuerdos propios de alguna forma similares. Ocurrió durante el último viaje familiar por las islas Cícladas griegas. Nuestro padre apenas prestaba atención a los lugares y no disfrutaba de nada. Todo le parecía haberlo visto ya antes. Estaba como pez fuera del agua. Sólo las montañas de roca suelta –en términos suyos– le interesaban; y le interesaban mucho. «Se ve bien cuando se tiene el ojo lleno de lo que se mira.» Quizás alguno había tenido opción de ver en él síntomas preocupantes con anterioridad. En ese viaje, a ninguno pudo escapársenos por más tiempo la certeza de que había empezado a enfermar seriamente.

Un día, de madrugada, se despertó y quiso ver la montaña junto a la que habíamos atracado. El capitán, por supuesto, bajó el puente y Chillida salió. A un lado estaba la montaña y al otro la playa nudista que habíamos visto el día anterior. ¿Qué recuerdos le produciría ver la playa desierta? ¿Serían esos recuerdos los que le confundieron y le hicieron acelerar el paso? ¿Pudo convertirse su paseo en una huida? Tiendo a creer que sí. El día apenas había despuntado. Me lo imagino trepando entre las rocas, ofuscado ante un paraje desconocido, y, de pronto, dándose cuenta de que le faltaba Pili. El sentido de su «viaje» se tornó entonces en una búsqueda, y sus pasos lo fueron perdiendo más y más. Debió de gritar su nombre muchas veces al viento antes de encontrar la casa cuya puerta empezó a aporrear gritando: «¡Pili!, ¡Pili!».

A partir de ahí, los hechos se sucedieron al modo del ingenioso hidalgo cuando se enfrentó a los molinos de viento que él creía gigantes. Debió de sentir que en esa «posada» escondían a su doncella y los golpes se hicieron más fuertes. Las gentes de la casa vieron asustados a un hombre mayor gritando cosas que no entendían en un lenguaje extraño –no olvidemos que estábamos en Grecia–, pero al fin le abrieron. Y siendo como era el caso que mi padre estaba viviendo una especie de alucinación, su comportamiento debió de ser todo menos amable. Preguntaba dónde estaba Pili y exigía que se la diesen. No aceptaba un no por respuesta. Tan violento debió de ponerse ante la frustración del momento que la mujer con una escoba, y después el marido y el hijo con cualquier otra cosa que encontraron a mano, lo molieron a palos y lo sacaron a la calle, no sin antes llevarse alguno de ellos también un mamporro, como mi padre solía llamar a los golpes. Era un hombre fuerte, siempre lo fue.

Después vino la soledad. Magullado, dolorido y sangrante, encontró la montaña y, cual animal herido, se arrebujó entre las rocas sueltas, frente al mar. Quién sabe esperando qué. Ya no gritaba el nombre de Pili. O quizás se cansó de hacerlo. Todo era recogimiento y silencio.

La historia vivida desde el barco fue de alarma máxima hasta que nos avisaron de que lo habían avistado desde el mar. ¡Qué sensación tan fuerte fue verle cruzar el pequeño puente del barco con tanta dignidad! Erguido, pero con la cabeza baja, en silencio, es algo que no se puede olvidar. Ahora mismo no recuerdo en cuántos títulos cervantinos resumí en los días siguientes los hechos. «De lo que aconteció a nuestro ilustre caballero cuando abandonó aquel maldito galeón», «Donde se cuenta la desgraciada aventura con que se topó nuestro hombre cuando iba en pos de su amada».

Tumbamos a nuestro padre en la sala de entrada al barco. Un médico le hizo un reconocimiento y curó sus heridas. Enseguida el capitán llegó con noticias: la familia griega había reportado los hechos en la comunidad; y a partir de ahí, resuelto el misterio, emprendimos la acción. Cada vez que recobraba la conciencia, se incorporaba inquieto buscando a Pili. Decidimos que nuestra madre, o cualquiera de nosotras que pudiera parecerse a ella, estuviera siempre en su foco de visión. Lo suficientemente lejos como para no ser reconocible, lo suficientemente cerca como para darle confianza. Y el truco funcionó. Levantaba los ojos y, viendo a su amada cerca, volvía a cerrarlos, tranquilo. Organizamos turnos entre nosotros, y una guardia permanente de dos personas lo veló. Hacíamos la vida junto a él en el comedor anejo, alegres por tenerle entre nosotros. Nuestras voces lo acompañaban. Le dábamos besos. Y su sabio cuerpo durante tres días y tres noches durmió. Episodio triste y cervantinamente heroico. También romántico.

¿Y no quiere este terrible recuerdo llevarme a otras épocas y lugares? ¿No quiere que veamos al joven Chillida, «gallito» y fortachón, que no aguantaba que un chico mirara a Pili sin querer ir por él y liarse a guantazos? «No, no, Eduardo... Que no me ha mirado, de verdad...», lo paraba Pili. ¿O quiere el recuerdo llevarme al valiente joven que se enfrentó a bofetadas, casi a costa de su vida, con todo el Colegio de España en París porque quisieron hacer algo que a él no le parecía bien? ¿O a aquel hombre, ya calmado, que al final de sus días, estando enfermo, se permitía comentar entre nosotros «A ese le daría un mamporro» cuando veía a alguien que le disgustaba por su forma de proceder?

Chillida, como ya dije antes, tuvo que domar su carácter brioso y traspasar la tensión contenida en ese esfuerzo a su obra. Sublimó su labor de escultor, y se conformó con doblar pesados hierros e incidir en lo compacto de la tierra, con hacer gravitar gruesas piezas de hormigón o buscar dentro de un alabastro la luz.

LA BATALLA CONTRA NEWTON: *LUGAR DE ENCUENTROS III*

Chillida creaba espacios. Yo los vivo y dependo de ellos. Soy extremadamente sensible a cuanto me rodea y al lugar en que me posiciono. Y, ya que estoy cerca, decido bajar al Museo de Escultura al Aire Libre de la Castellana para sentarme en una cafetería desde donde se domina *Lugar de encuentros III*, la gran escultura de hormigón de más de seis toneladas de peso de la que ya he hablado por los problemas con los que mi padre se encontró para lograr colocarla suspendida bajo el puente entre Juan Bravo y Eduardo Dato.

Desde la posición que he elegido –de perfil y ajena al bullicio urbano– veo la obra de mi padre como algo sereno y noto que lo que perseguía está cumplido. Se pasó la vida queriendo dar protagonismo al espacio y, mirándola hoy, siento como si en verdad el espacio que tiene debajo fuera lo que la sujetara. Mi padre necesitaba toda esa gran masa de hormigón para hacer que su escultura se sintiera ligera como el aire. En su búsqueda del espíritu, Chillida mantuvo una pelea constante contra Newton. Necesitaba el peso,

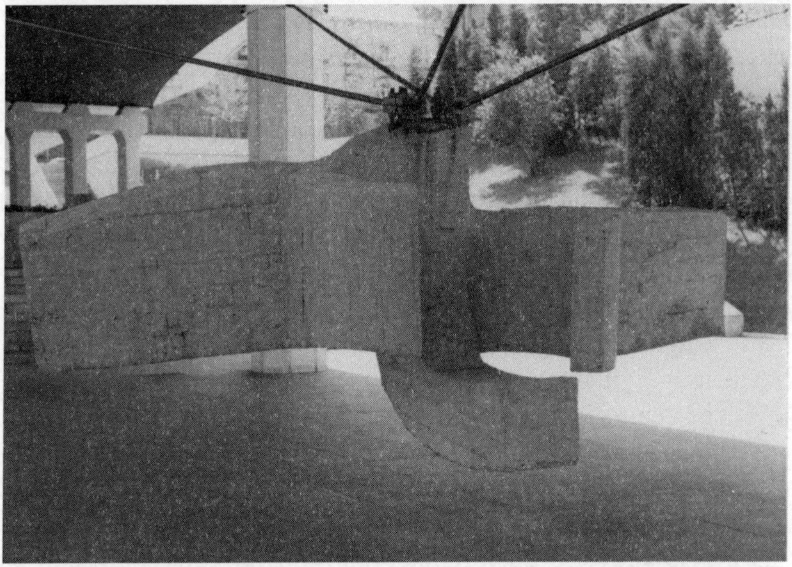

Lugar de encuentros III, en el Museo de Escultura al Aire Libre del paseo de la Castellana, Madrid.

usaba el peso, para luchar contra él y contra la gravedad. Quizás de haber sido materia hueca que sólo aparenta pesar, mi vivencia de la obra durante las dos horas que invierto en el lugar hubiera sido distinta; quizás la gente es más sensible de lo que cree y más difícil de engañar. Porque el hecho es que esa búsqueda del espíritu por parte de mi padre era auténtica y esa autenticidad es la que se deja notar.

Un chico joven que pasa a su lado la toca al pasar. Pienso que quizás la conoce de hace tiempo, que quizás la saluda diariamente mientras atraviesa ese tramo camino de su trabajo. Dos trabajadores con mochila pasan, y me fascina ver cómo también uno de ellos siente deseos de tocarla. Veo más personas que lo hacen. ¿Será el hormigón quien los llama? ¿Será su potencia?, ¿quizás su quietud?, ¿o más bien el desafío a la gravedad que se nota que ella entraña? Algunos la rodean, otros se meten dentro. Vivo con ellos el lugar.

Ella, la escultura, parece un pájaro. Recuerdo las palabras de Valente sobre el pájaro solitario: «Es un pájaro muy importante en la simbólica de la creación...». Y, en eso, para mi sorpresa, asisto a una sesión fotográfica en toda regla. Son un fotógrafo profesional y un chico joven, a todas luces un bailarín, que desea dejar constancia de su arte junto al arte de Chillida y levanta su pierna hacia el cielo como sólo alguien que dedica su vida a ello podría hacerlo.

Seguidamente, una pareja mayor pasa junto a la obra caminando con pasos tan conjuntados que, de haberles hecho una foto desde mi posición, parecería que les bastaba con dos piernas para ambos. Ritmo ágil y entre ellos exacto, como el que intentaba yo de jovencita cuando caminaba junto a mi padre. La velocidad me lleva a él en esos últimos tiempos en que vivió envuelto en ausencia. Aunque ¿no es el alzhéimer, más bien, una tremenda presencia? Además de otras muchas cosas, la enfermedad alteró en mi padre el ritmo de sus movimientos. Nunca habían sido apresurados, pero con el tiempo se fueron haciendo más y más lentos. En un momento dado, sentí que para conectar con él –y sobre todo para no alterarle– debía yo también aminorar mi ritmo. Solía acercarme muy rápido hasta la habitación en la que él estaba y, una vez allí, frenaba y me tomaba mi tiempo. Necesitaba respirar y calmar los latidos de mi corazón. Después, entraba a paso lento con una calma de movimientos inaudita en mí que sé que él disfrutaba. A mis hijos también les transmití lo importante que era aquello. A él siempre le habían gustado los tempos lentos; en la música, en la vida, en todo. Con estas palabras, por ejemplo, terminó una de las entrevistas que había mantenido con mi marido: «A mí lo más lento me tira mucho más que lo rápido. Lo rápido no me tira nada. Correr no es la solución. En cambio, tener serenidad...».

Abandono los recuerdos y antes de irme del Museo al Aire Libre me despido de la *Mère Ubu* (Madre Ubú) de Miró y de *La petite faucille* (La pequeña hoz) de Julio González. En algún lugar he visto cómo a este último escultor mi padre le dedicaba estas palabras: «A Julio González, padre de mi hierro».

PREMIO ROSA D'ORO: CONCESIONES A PILI

Estando Pili preocupada por la salud de Eduardo, en 2001 me pidió que viajara a Palermo para entregarle al modisto Yves Saint Laurent, en nombre de mi padre, el premio Rosa d'Oro que en la edición anterior había recibido él de manos del arquitecto I.M. Pei, creador de la pirámide de vidrio del Louvre.

Se trataba de un premio bianual o trianual que se entregaba a una personalidad viva «que hubiera contribuido a aumentar con su obra el patrimonio de conocimiento, sabiduría y belleza de la humanidad». Por idea de Borges, el premio tenía connotaciones especiales: el galardonado de cada edición era quien debía elegir al siguiente laureado. El primero en recibirlo había sido el propio

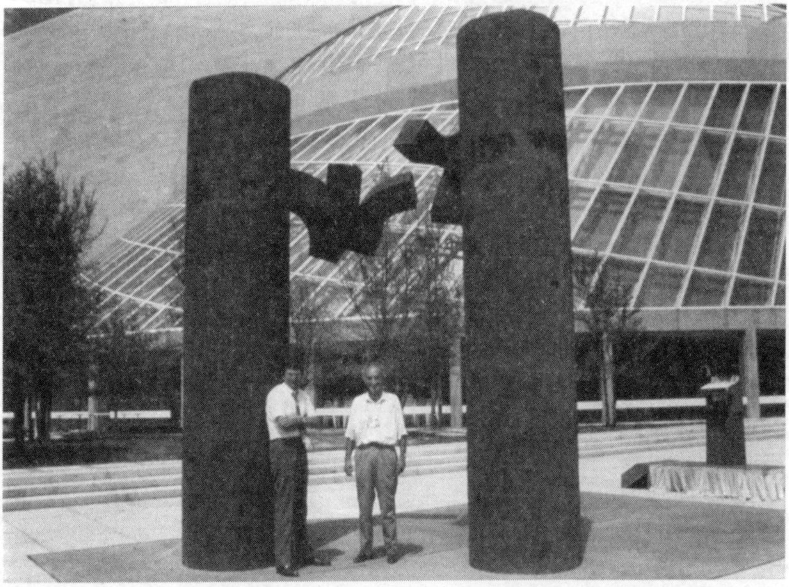

Chillida y Frank Ribelin junto a *De música, Dallas XV*, frente a la sede de la Orquesta Sinfónica de Dallas diseñada por I.M. Pei.

Borges, quien eligió al fotógrafo Cartier-Bresson; después vinieron el editor Giulio Einaudi, el músico y compositor Pierre Boulez, el director de teatro alemán Peter Stein, el arquitecto I. M. Pei y, en 1998, el escultor Eduardo Chillida, elegido por aquel.

Con el arquitecto I. M. Pei mi padre había tenido una relación cercana, ya que habían intimado durante la colocación de *De música, Dallas XV* frente al edificio que había realizado el arquitecto chino-estadounidense para la Orquesta Sinfónica de Dallas. Pero ¿cuál era la relación de Chillida con el modisto Yves Saint Laurent? Creo no equivocarme si digo que en esa elección tuvo mucho que ver mi madre. Mi padre fue ciertamente afortunado al poder ver a Pili lucir los modelos de este modisto a lo largo de la vida. Sí, seguramente fue otra de sus concesiones a ella. De esta historia me enternece pensar que quizás mi madre viera en este homenaje a un modisto un reconocimiento a la profesión que su propia madre había ejercido junto a su hermana para bien de su familia en tiempos difíciles. Conocí poco a mi abuela María de Carlos, pero nunca olvidaré lo derrotada que vi a Pili cuando volvía de la celebración de su funeral.

Otra diseñadora de moda que le interesó a mi madre por su arrojo a la hora de romper moldes fue Agatha Ruiz de la Prada. Su atrevimiento conectaba con el suyo propio, y se hicieron amigas. Vestir sus modelos más alegres y extravagantes en inauguraciones y bodas a Pili siempre le divirtió mucho.[1] Según Agatha, Pili fue la más arriesgada y valiente de sus clientas. En 1989 realizó un modelo especial para ella basándose en un dibujo de Chillida. Y más tarde, en 1996, tuvo la idea de homenajear a nuestro padre convirtiendo sus esculturas en trajes. El homenaje se publicó en un libro de la editorial Siruela que se presentó en el Museo Reina Sofía, en Madrid, y a la presentación asistieron muchas de las mujeres de mi familia vestidas con los trajes del homenaje. Yo estaba aún en Nueva York, pero me puedo imaginar a mi madre vistiendo el más atrevido de todos.

1. Véase la imagen 24 en el encarte.

UNA PROFUNDIDAD EXTRAÑA

Al principio de la enfermedad de mi padre escuchaba sus palabras sintiendo que detrás de cada desconexión había sólo eso, una desconexión temporal de la que a veces salía airoso gracias a su educación y a las convenciones sociales aprendidas. Sus comunicaciones se fueron haciendo más y más abstractas, pero, a pesar de todo, pronto empecé a intuir una especie de profundidad extraña en sus palabras. Recuerdo, por ejemplo, la visita de un galerista amigo que no paraba de hablar con Pili y Gonzalo. Mi padre los miraba pero no tenía ganas de participar. En un momento dado se volvió hacia mí y me dijo con bastante conmiseración algo como «muchas palabras, pero poca luz». Durante toda la vida, tanto él como mi madre habían callado su juicio sobre las personas, imagino que por dejarnos libres de sentir nuestras propias filias y fobias. Con la enfermedad, al menos al principio, mi padre empezó a hablar y a dejarse ver con menos pudor. Él desde luego decía cosas «con luz»; como aquel día en que paseábamos por Zabalaga con mis hijos. El mayor, que era muy niño aún, iba atento a todo y me hacía preguntas de vez en cuando. Mi padre lo observaba. En un momento dado, comentó con orgullo: «Va cargado de dudas tu discípulo», lo que en su idioma de artista enfermo quería decir «Va por buen camino este niño tuyo». Ahora mismo me río al recordarlo y sé que me reiré cada vez que lo haga. Él siempre había propuesto el asombro, la desorientación, la inestabilidad, como vías hacia el conocimiento. La duda y las preguntas eran para él la mejor vía para avanzar.

Recuerdo con cariño cuánto le gustaban los niños. Decía que sus cuerpos estaban llenos de agua, algo que con la edad se iba perdiendo. A él, evidentemente, también le fue faltando agua en el cuerpo, pero la inocencia le costó mucho perderla. «Prefiero que me engañen a engañar yo», solía decir, y sé que era cierto. Las cosas que se le achacaron con respecto a la montaña Tindaya lo escandalizaron. Tengo la sensación de que prefirió enfermar antes que seguir viendo iniquidad cuando la descubrió. Se le cayó el mundo encima. ¡Curiosa enfermedad, el alzhéimer, que a algunos les sirve de protección! Al final, le faltaron las fuerzas e incluso las ganas de continuar.

A medida que la enfermedad avanzaba, su agenda y su tiempo en el estudio se redujeron y todos sus hábitos cambiaron. Sólo su deseo de caminar a diario se mantuvo. Mi hermano Ignacio y Mónica, su mujer, se entregaron a él con constancia e infinito cariño, al igual que mi hermana María, siempre atenta a todo. No puedo negar que hubo algún que otro episodio desconcertante durante aquel tiempo: una pelea inexplicable con el lavabo o un día que decidió marcharse solo de su estudio y después de mucho buscarlo lo encontraron en el hotel Niza, un lugar lleno de memorias para él desde su niñez. Adaptarse a su nuevo estado no fue fácil para mi padre. Sin embargo, poco a poco fue aceptándolo con resignación.

Yo iba frecuentemente a San Sebastián y, mientras andábamos con uno u otro de mis hermanos por el jardín de casa, me gustaba colocarme delante de ellos caminando hacia atrás como sé que hacían las parejas de curas de Azpeitia en sus paseos por los claustros. Les iba hablando y contando historias con el solo fin de ver a nuestro padre sonreír. Para todos era una sonrisa necesaria.

Durante el tiempo en que duró su enfermedad pude comprobar una vez más lo distintas que somos las personas unas de otras. No sólo los enfermos sino también los cuidadores y acompañantes. Algunos se encuentran totalmente perdidos sin poder vislumbrar nada de sentido en la desconexión de los enfermos, aunque lo intenten; y quedan callados, tristes, extraños; algunos hablan por decir palabras; otros rezan; otros se enfadan... Y aún otros hacen caso omiso del enfermo como si no lo viesen, porque no pueden conectar siquiera con su presencia ausente. Nada es fácil.

Mi padre solía pasar mucho tiempo con los ojos cerrados, aunque estuviera despierto. Recuerdo un día en que una amiga vino conmigo a quedarse unos días en casa de mis padres. Para mí, que conociera a Chillida por primera vez en aquellas circunstancias era triste, pero ni yo ni él ni nadie teníamos nada de lo que avergonzarnos. Fuimos juntas al salón y lo encontramos con los ojos cerrados. La reacción de ella me encantó. Se puso frente a él, le agarró las manos con cariño y le dijo su nombre: «Soy amiga de su hija Susana, y es para mí un honor poder saludarle». Él ni se movió. Cuando pasamos a darle un beso antes de salir a cenar, lo encontramos yéndose a la cama. Mi amiga cuenta que nunca olvidará ese encuentro. Dice que se paró al vernos y me miró primero a mí. Después, con parsimonia y mucha entereza, la miró profundamente a ella a los ojos y sonrió: «Eres guapa», le dijo. Él sabía ver a las personas por fuera y por dentro, y ese «algo» que mi amiga tenía no le pasó desapercibido. Le agradó ver a una persona así junto a mí, su hija. Nos dio un beso y ambas sentimos como si nos hubiera dado su bendición.

DEJAD QUE LOS NIÑOS SE ACERQUEN A MÍ

María, mi hermana más íntima por espíritu y por edad, me recuerda que fue nuestro padre quien le pidió que abriera una trampilla entre su casa y la de ellos cuando nació su primer hijo. «Eso creó una relación muy cotidiana entre nosotros y muy agradable. Siempre agradable.» Gracias a esa trampilla, que era una especie de gatera, mis padres disfrutaron durante muchos años no sólo de los hijos de María cada mañana desde que eran bebés, sino también de los hijos de todos los demás hermanos que ella entretenía en su casa para librar a nuestros padres de tanto barullo. Pili echaba mano de su hija cuando tenía cualquier necesidad y mi padre se sentía muy agradecido. Casualmente –y casi parece una premonición–, a pesar de no haber hecho ninguna otra obra en homenaje a una mujer, en 1960, año en que mi hermana nació, hizo un *Homenaje a María*, y en 1983 un *Homenaje a Jon*, su primogénito.

Cuando llegó la enfermedad de nuestro padre, y sobre todo cuando fue avanzando, todo dejó de ser fácil para mi hermana menor. Se ocupaba de que no les faltara nada y les llevaba alegría a diario. Pero aun estando tan cerca, como es lógico, no podía dedicarles las veinticuatro horas del día y se sentía frustrada muchas veces. En su testimonio, María cuenta que Pili sí que entregaba a Eduardo generosamente sus veinticuatro horas diarias:

> Estaba siempre con él y para él; o sea, desde que enfermó no se separó ni un momento de él. Increíble. Pero una vez en que nuestra madre volvía de algún recado, estaba yo en el salón con nuestro padre agarrándole la mano y mimándole, y se produjo algo muy triste. Él, siempre tierno y atento para usar las palabras correctas y no herir a nadie, la miró y empezó a decir muy amable: «Tú eres muy simpática, pero ella...». Aun estando en una fase avanzada de su enfermedad, él mismo se dio cuenta de que no debía decir lo siguiente. *Amá* se puso tristísima y a mí me dio un vuelco al corazón: «*Amá*, no te preocupes», le dije, «esto no me lo está diciendo a mí... yo sé que le gusto... pero es porque le recuerdo a ti...». Y era verdad. Como nos parecíamos tanto, él veía en mí a su Pili de joven, con energía, contenta...

Fue un día muy duro para ambas, pero por lo visto nuestra madre lo entendió, lo encajó y nunca llevó mal el tema, por otro lado tristemente común en personas que caen en la enfermedad de alzhéimer. Otra anécdota que me cuenta mi hermano Ignacio completa la visión de aquellos tiempos duros:

> Ya enfermo, también me dejó preciosos recuerdos. Un día andando por la playa estábamos agarrados de la mano y, tal y como transcurría su enfermedad, tuvo un momento de lucidez y por tanto de vergüenza. Al encontrarnos de frente con gente que venía paseando, me dijo con toda su delicadeza: «Iñaki, ¿qué te parece si nos soltamos de la mano?».

«RESURRECCIÓN» Y MUERTE

Y de pronto, un día de 2002, me llamaron diciendo que mi padre se moría. Viajé con mis hermanas a San Sebastián y lo velamos los ocho hijos en el hospital apoyando a nuestra madre, durante una noche muy larga. Recuerdo cómo empecé a cantarle una nana que nos cantaban a nosotros de niños para ayudarnos a dormir. Mi intención era que Eduardo entendiera que le estábamos dando permiso para descansar en paz y eso lo hablé con alguno de ellos, que lo entendieron bien y cantaron junto a mí. Casi no podía respirar. Pero, a pesar de que ya le habían dado la extremaunción y sólo le faltaba exhalar su último aliento, Pili se resistió a verle morir ahí. Movilizó a una amiga para que viniera a hacerle sesiones de Reiki y, aunque todo el mundo se reía de «las hechiceras», a los tres días Eduardo logró soltar el tapón que le oprimía el pecho. Puedo asegurar –y por eso mantengo que los enfermos de alzhéimer no están totalmente ausentes– que mi padre estaba muy consciente de lo que ocurría cuando llegó la camilla que venía a buscarle para llevarle a casa: casi saltó de la cama. A mi madre la recuerdo ese día andando por el salón de casa con el abrecartas y cualquier otra cosa en la mano, tocando una especie de tamborrada, abstraída y completamente feliz.

Una vez en ese tiempo, hablando en intimidad con ella, me contó algo sobre aquella noche en el hospital. Me dijo: «No sé a quién se le ocurrió la idea de que debíamos darle permiso a tu padre para morir». Me confesó que de ninguna manera podía ella haber hecho ni haría jamás algo así; que en las leyes de su amor no entraba en absoluto ese permiso. Que ella no lo hubiera aceptado ni tampoco él. Por mucho que la razón lo aconsejara. Posteriormente, le oí una vez decir, y aún me río al recordarlo, algo como: «No, eso fue en otro momento... Eso fue antes de la resurrección de tu padre». Cómo no me voy a reír de la ocurrencia.

Son muchas las cosas que logré transmitirle a mi padre durante esos últimos cuatro meses extra que vivió en casa, y estoy muy feliz de haberlo podido hacer. Hablaba por mí y por tanta gente que, conociéndole, le admiraba y quería. Le agradecía su nobleza y su vida. Le decía frases como «¡Guapo! Eres bueno por fuera y bueno por dentro. ¡Pura materia sólida! ¡Como tus esculturas...!». Y a menudo conseguía esa sonrisa que me era tan necesaria. Uno de los momentos más difíciles fue una mañana en que Antonio Beristain, S.J., había escrito algo sobre él en el periódico y yo se lo quise leer mientras él descansaba en la cama. Me gustaron tanto sus palabras que, ante la realidad que tenía frente a mí, se me quebró la voz. Hablaba de su «figura silente y elocuente».

Así y todo, seguía levantándose y saliendo a caminar. Pero un día, al fin, mi padre no quiso ya levantarse del sillón. Un solo día pasó sin caminar antes de morir. Y yo, que temía tanto el frío y la quietud de la muerte, le cogí la mano y, sintiéndola aún tibia, el miedo se me quitó. Nunca olvidaré cómo nos reunimos todos alrededor de su cuerpo inerte y cantamos en su honor, con la mejor de nuestras voces, el Padre Nuestro en euskera, ese precioso *Gure Aita* que tantas veces habíamos cantado juntos.

Tampoco olvidaré algo que le escuché a mi madre decir tras su muerte: «El Eduardo enfermo me impresionó tanto como me había impresionado antes el Eduardo artista». Estoy totalmente de acuerdo con ella. Yo sentí lo mismo.

AFERRARSE A LA OBRA

«Aquí ya había fallecido Eduardo. Yo ya no era la Pili de siempre. Pasan los años pero yo no sé vivir», escribió mi madre tiempo después en la trasera de una foto. Sólo le quedaba la obra de él y a ella se aferra. En otra podemos leer: «Pili muy triste. Se había ido Eduardo, mi amigo, mi amor, mi todo».[1]

La primera Nochevieja sin Eduardo todos se fueron después de las uvas y Pili y yo quedamos a solas con los pequeños de la casa. María nos había dejado un vídeo de boleros preciosos enchufado en la televisión. Su hija Sara y mis hijos se sumaron a nuestra fiesta y después se fueron por la famosa trampilla a su casa. Sin apenas darnos cuenta, nos abrazamos mi madre y yo, y empezamos a bailar. Quería enseñarme los pasos legales del bolero y cantaba las cuentas, «1-2-3-4, 1-2-3-4», con su santa paciencia. Pero como soy amante de la danza libre, mi resistencia se negaba a aprenderlos. Le daba

1. Véase la imagen 25 en el encarte.

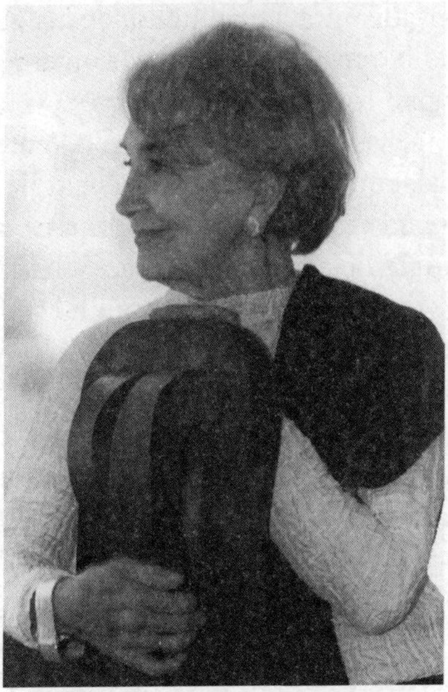

Pilar Belzunce se aferra a una escultura tras la muerte del artista.

pisotones continuamente, entre nerviosa y feliz, y a ella no le importaba. Fue una noche que me hubiera gustado que no acabara jamás.

«Pili es mucha Pili», solía decir nuestro padre. «El madre es el madre», solía decir sobre ella Joakin, el jardinero. Me fijo ahora en la portada de un libro que estoy leyendo: *Las conversadoras: Entrevistas con Xavière Gauthier*, de Marguerite Duras, y veo a tres mujeres sonrientes sentadas en lo que parece la terraza de un café. Ningún hombre las acompaña. Una de ellas, de mirada misteriosa, alarga la mano hacia su copa de balón. Se la siente moderna y femenina con su floreada camisa. Otra se tapa la boca con una mano en un gesto que bien podía intentar ocultar un cigarrillo para la foto. En el centro Marguerite Duras, muy joven, con los labios pintados, enseña sus blancos dientes en una amplia sonrisa que ofrece abiertamente al fotógrafo. A las tres se las adivina cómplices.

¡Qué imagen tan distinta a cualquiera de las que yo pueda imaginar de mi madre! No me la veo sentada con amigas en un café, ni menos aún en un pub tomándose una cerveza o una copa, ni tampoco paseando con ellas sin su Eduardo. A mi entender, Pili apenas si tuvo alguna verdadera amiga o amigo fuera de las relaciones de trabajo que mantenía con galeristas, ayudantes, artistas y parejas de artistas. Y ninguno de ellos vivía en San Sebastián.

Con la muerte de nuestro padre aprendí eso: su soledad. Una tremenda soledad –y un vacío de trece largos años– que nadie podía llenar. Y no quise seguir sus pasos. Me di cuenta de que yo sí tenía amigas y amigos, pero ¿los quería bien?, ¿sabía tan siquiera qué era querer? Desde entonces puse buen cuidado y busqué modos nuevos de hacer viva la amistad. Sí. En su viudedad emergió una desconocida Pili, y una Susi aprendiz de verdades empezó a germinar.

LO QUE UNO ES Y LO QUE PODRÍA HABER SIDO: HISTORIA DEL PIANO

Mientras escribo escucho a uno de mis hijos tarareando una canción en euskera que les cantaba de niños: *Txoria* (Pájaro), de Mikel Laboa. Mi padre nos la enseñó cuando empezó a aprender la lengua y sé que por mi línea pasará de generación en generación. Comienza así «*Hegoak ebaki banizkion...*» («Si le hubiera cortado las alas...»). De pronto, me pregunto por mis padres. ¿Podía ella haberle cortado las alas a Eduardo? Desde luego, no lo hizo; si acaso se las extendió para que pudiera volar más alto. ¿Y él? ¿Pudo él haber cortado las alas a Pili?

Algo que le escuché a mi madre contar varias veces en su viudedad me lleva a fantasear hoy con una vida distinta para ella. El «si tú me sigues...» de Eduardo a Pili antes de dejar la carrera de Arquitectura para hacerse escultor era un bonito modo de decir «si no me sigues, Pili, quién sabe si me veré abocado a seguir el sueño de mi padre en lugar del mío propio». Significa también: «Pili, te quiero a mi lado».

Me gustaría que nos imagináramos a Pili, muy joven, en su casa de San Sebastián mientras Eduardo está en París. Lo echa terriblemente de menos pero evidentemente no puede ni soñar en visitarlo. Todavía faltaban muchos años para que las mujeres adquiriéramos libertades tan simples como viajar solas, abrir una cuenta en un banco o sacar el pasaporte y el carnet de conducir sin permiso paterno o, en su caso, de un marido legal. De un modo secreto e íntimo, decide aprender a tocar el piano para sentirse más cerca de su novio artista, y se disputa el instrumento con su padre. Está imbuida de un espíritu puro. Cuando Eduardo vuelve, Pili lo sorprende tocando las piezas clásicas y básicas que ha aprendido. Él la escucha y al terminar le hace una petición que alteró el curso de la vida de ella: «Ahora toca algo tuyo, Pili».

La petición tiene un punto de inocencia y también de crueldad. ¿Es que acaso le había hablado de algún deseo de convertirse en compositora? En favor de mi padre diré que la frase era coherente con su forma de entender la vida. Él vivía para la creación y se exigía mucho como artista. Desde el principio había querido encontrar un mundo propio. Por eso, por ejemplo, cuando acometió su primer trabajo de escultor lo hizo desafiando los modos habituales de trabajar el yeso. Él no lo moldeó como se moldea una materia blanda y dúctil. Él buscó una piedra potente y la fue cubriendo con yeso hasta formar un bloque duro y compacto. Después, desgastando el bloque con un punzón, fue descubriendo poco a poco lo que buscaba, y de sus manos salió ese cuerpo de mujer del que ya he hablado, su primera escultura, *Forma*.

Lo importante no son los hechos que ocurren sino lo que hacemos con los hechos que ocurren. Y lo que hizo Pili fue abandonar para siempre el piano. La vida de nuestra familia hubiera sido distinta con un piano en casa. Pili hubiera compartido con nosotros horas de deleite musical e incluso de baile. Seguramente hubiéramos vivido a nuestra madre de un modo más cercano. Además del arte, con nuestro padre compartíamos el deporte. Con ella, apenas nada. Al menos yo.

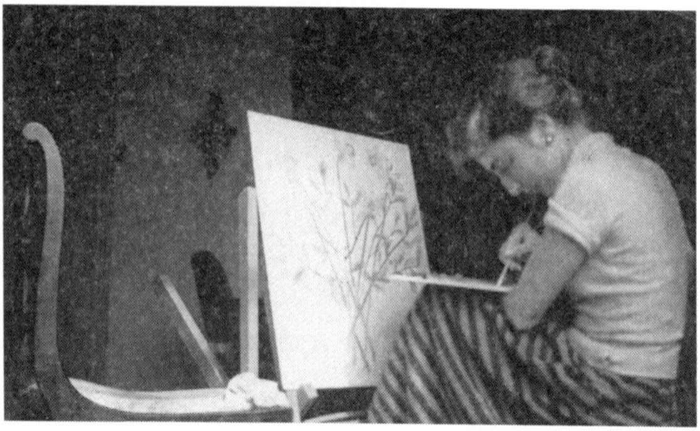

Pilar Belzunce pintando de joven en Hernani, 1952.

La misma frase «Ahora toca algo tuyo, Pili» podía haberle envalentonado. Es evidente que a mi madre le emocionaba el arte, y cabe imaginar que alguna vez fantaseara con ser ella misma una artista. Dejando el piano atrás, por ejemplo, pienso en la pintura. Todos conocíamos unos cuantos cuadros que había realizado en los pocos tiempos libres que tuvo durante su vida. Pero ninguno podíamos imaginar que la pintura se iba a convertir en su tabla de salvación cuando enviudó. Era capaz de pasar horas y horas sin importarle la postura, disfrutando. De ello podía haber hecho una pasión. Sí. Podría imaginar a mis padres como artistas enamorados compartiendo inquietudes y sueños de jóvenes. Pero en esa aventura los hijos seguramente no teníamos cabida. En esa época no había control de natalidad como tal, y además estaba por medio la religiosidad de Eduardo... Todos los embarazos de mi madre fueron muy difíciles, quién sabe si debido a un cierto rechazo dadas esas otras posibilidades que veía esfumarse ante ella.

MUJER ENTRE MUJERES

Adentrarme en Pili es hurgar en lo oscuro, labrar certezas nuevas. Evidentemente, mi madre tenía aristas, sombras y recelos que en muchos casos tenían que ver con su ser mujer. De hecho, y ya sólo por eso, comparto con ella mucho más de lo que en mi inocencia imaginé.

A mi mente llega, de forma imprevista, Giselle Michelin, la secretaria de Aimé Maeght. Giselle era eficiente y libre. Soltera y aventurera, en sus vacaciones viajaba con frecuencia a la China y, en largas cartas que le enviaba a mi madre, le hablaba de sus aprendizajes por aquellas tierras. Como venía a menudo a casa por cuestiones de trabajo y convivía con nosotros, conmigo forjó una pequeña amistad. Sabía de mi afición a los libros y de niña y también de joven me solía mandar ejemplares bien buscados. Ahora me pregunto qué papel de los que representaba Giselle sería el que más le provocaba a mi madre; porque lo cierto es que siempre sentí que algo de esa mujer le provocaba a Pili, aunque sin duda la quería. ¿Envidiaría su independencia? ¿Su profesionalidad neutra refrendada por un salario regular? ¿El efecto que pudiera ver en nosotros o nosotras ante su presencia? Quizás le hacía pensar en esas otras vidas que ella hubiera podido vivir. Hay siempre un momento para pensar en lo que uno «es» y lo que podría ser o haber sido.

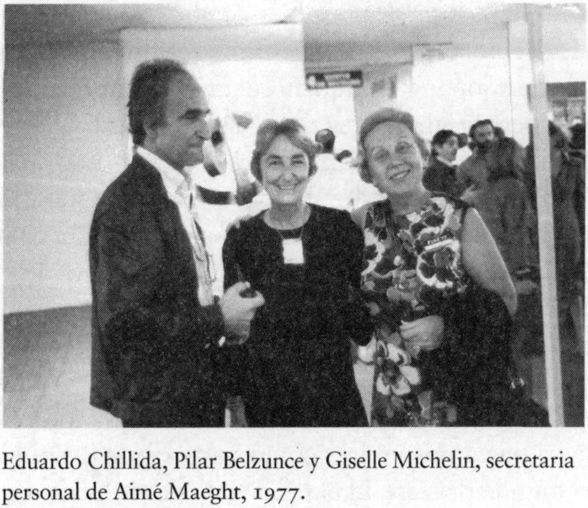

Eduardo Chillida, Pilar Belzunce y Giselle Michelin, secretaria personal de Aimé Maeght, 1977.

Pili relevó a Eduardo en todo quehacer mundano. Como ya he dicho, se ocupó de labores asociadas normalmente a los hombres en una época en que pocas mujeres lo hacían; y también de labores tradicionalmente consideradas femeninas. A lo único que se negó rotundamente mi madre fue a aprender a cocinar. Sabía que, teniendo ocho hijos, ese saber la obligaría a pasar media vida en la cocina. Y huyó de ello. Sin embargo, de alguna manera, eso la hizo «esclava» de las mujeres que la ayudaban en casa. Estaba y se sentía vendida ante ellas. Las necesitaba para ser libre y volar con «su Eduardo». ¿Vendría de ahí ese pequeño poso de desconsideración hacia ellas que a veces he sentido? Gregori, Nati, Pilar... muchas mujeres formaron parte de nuestras vidas, y nosotros de las de ellas. ¿Qué pensarían de mi padre? Probablemente dirían que era un santo varón, abstraído con ellas como abstraído era con nosotros y con todo; porque mi padre era benevolente con todo el mundo pero lejano. Y de Pili, ¿qué dirían? Quizás no se atreverían ni a opinar. O quizás dirían que era elegante y trabajadora; sensible, e insensible a veces; justa, e injusta también a veces. Porque mi madre podía ser dura como la piedra. ¿Y además? Desigual. No la juzgo. La veo.

Afortunadamente puedo decir que, con el paso del tiempo, al morir mi padre, Pili fue relajándose en sus formas y haciéndose más agradecida; muchos de sus posibles prejuicios de clase, estéticos, étnicos, etc., se borraron, y a mí eso me resultó emocionante. Ver crecer a una persona, a cualquier edad, es siempre emocionante. Pero ¿puedo pensar en mujeres a quienes admirara? Un cierto sesgo hacia el machismo flotaba en mi casa. Más por el lado de mi madre, quizás, que por el de mi padre. Él, por ejemplo, admiraba a María Zambrano. De hecho, tenían concertada una cita para conocerse en persona cuando ella murió. También valoraba la obra de mi cuñada Cristina Iglesias. Más de una vez le escuché decir: «Es uno de los mejores escultores que hay en España». Y con ese genérico masculino quizás pretendía esquivar prejuicios que mucha gente aún tenía hacia las artistas.

Prejuicios hacia mis padres como pareja sé que también había dentro del mundo del arte. El papel de Pili, desde luego, no era fácil;

nada hay fácil cuando el dinero entra de por medio (pagos, descuentos, devoluciones de obra prestada, etc.). También estaba el tema de la envidia. Recuerdo haber escuchado a Nieves Fernández contando lo que decían sobre ellos algunos galeristas y artistas en Madrid cuando los veían llegar: «Aquí vienen los Chillidones». Por lo visto a algunos Pili les parecía un «ogro» y Nieves tenía ganas de escribir sus memorias para borrar esa imagen de mi madre que a ella le parecía injusta.

EL PACTO «SI TÚ ME SIGUES» REVISITADO

El viento de la tarde mece las ramas del árbol bajo el cual protejo mi mesa del calor. Cobijada bajo sus hojas sigo pensando en el pacto entre Pili y Eduardo. Poco sabían ellos entonces, siendo tan jóvenes, lo que supondría «seguir» a un artista. Todo lo aprendieron juntos. La vida les enseñó. Aunque quisiera tomar partido por uno o por otro no podría.

Esta foto de familia junto a *Peine del viento XVII* fue tomada en 1992. Era el día en que le dieron a Chillida la Medalla de Oro de San Sebastián durante su exposición en el Palacio Miramar. Mi padre sujeta a Pili contra su pecho abrazándola por el cuello. A su lado, mi Eduardo y yo –con el primer hijo nuestro que iba a nacer en mi vientre– y todos los demás hijos y nietos, aunque aún faltaban algunos por llegar. Pili hace una vez más contacto con la escultura, tocándola. Es como si necesitara incluirla y dejar constancia de que también es parte de su familia; una parte que ella necesita. Una parte de sí.

Para poder hacer su trabajo en paz, Eduardo le confió su vida a Pili. Apenas cuestionaba sus decisiones. No creo que sea cosa fácil para un hombre dejarse guiar por una mujer de tal modo. Él desde luego cumplió con su parte del pacto y se dedicó por completo y en exclusiva a su arte. También mi madre cumplió con la parte del pacto que le tocaba, pero no siempre esa parte le reportaba placer.

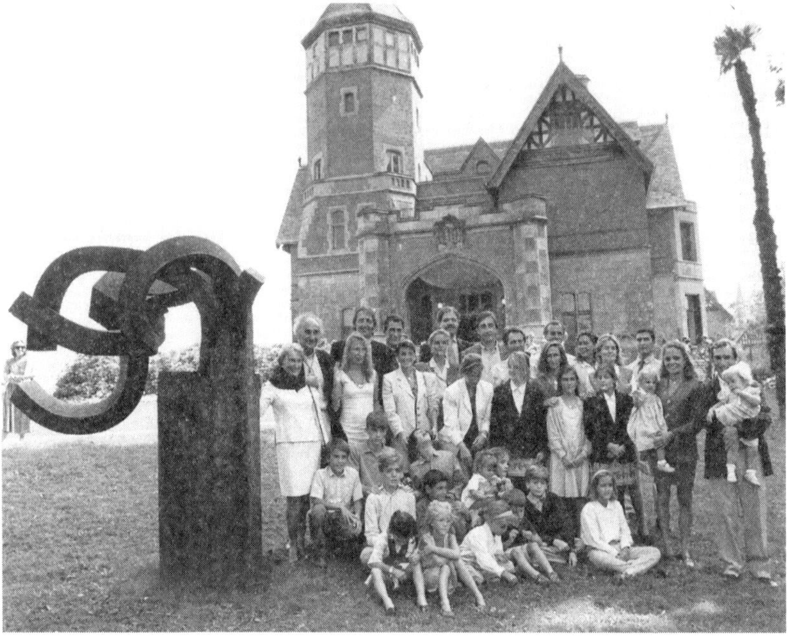

Familia Chillida Belzunce junto a *Peine del viento XVII*. Palacio Miramar, San Sebastián, 1992.

Recuerdo un tiempo en que sentíamos a nuestra madre quejosa y enfadada. De pronto le dio por proclamar ante nosotros que quería ser *reckless* (irreflexiva, temeraria). Le divertía imaginarse distinta a la Pili que era, tan trabajadora, tan responsable, tan alejada de deseos propios. Proclamó, pero no cumplió. Siguió desoyendo sus deseos. ¿O quizás vivió sin saber cuáles eran, confundiendo la vida con el deber –un deber, por cierto, que ella misma se había impuesto? Fue en la época en que, habiendo vuelto yo de Nueva York, en lugar de quedarme en San Sebastián decidí trasladarme por temas profesionales a Barcelona con mi marido, que siempre me había seguido puesto que su «oficio de novelista», inicialmente al menos, apenas necesita algo más que un lápiz y un papel.

Sí, en la vida de Pili hubo sensación de fracaso a veces. Aquel a quien ella cuidaba con tanto mimo y entrega ¿qué hacía por ella?, ¿escuchaba con atención sus quejas? Si la veía tumbada al sol, olvidando que para ella era el descanso del guerrero, yo le he escuchado llamarla «hortera solar». Cuánta injusticia habrá vivido mi madre de mano de un hombre bueno e íntegro, pero exclusivamente centrado en sí mismo y en el fruto de su trabajo. Aunque lucho contra los fantasmas de una educación que me ha sido transmitida, perpetúo patrones de injusticia entre los géneros, y sólo poco a poco me voy haciendo consciente de ello. Entre las mujeres, al menos de mi generación, aún campa la culpa por no dar más de una misma para el bien de otros.

Puedo imaginar, además –y por lo menos–, otro punto de tensión entre mis padres: el estudio de Chillida era «su casa sólo de él». ¿Querría quizás Pili formar también parte de ese espacio, en lugar de sólo ordenarlo y limpiarlo o atender las necesidades de Eduardo? ¿Querría incidir más en su obra? Pudo haber sido así a veces. Pero eso, él no lo podía permitir. ¿Lo entendería ella?

Lo que es cierto es que, muerto Eduardo y muerta la posibilidad de que él siguiera creando, la propia vida de Pili de algún modo murió.

EVITAR EL DOLOR AJENO

Una vez, en Menorca, le hice una foto apresurada a mi padre junto a mis hijos. El pequeño tendría apenas dos años y el mayor cuatro. «Robarle» su presencia nunca había sido para mí un motor; más bien fue un freno. Incluso cuando empecé mis documentales sobre él sentía ese pudor. Por eso quedaron tantas cosas por grabar que ahora lamento. Desearía, por ejemplo, haber grabado más sus manos. No sólo las manos que trabajan sino las que aman y acompañan. De niña me sentaba en su regazo y las apretaba con placer, algo que él echó de menos cuando fui creciendo: «Susi, ¿ya no te gusta estar aquí conmigo?». De jóvenes, mientras comíamos, si veía que alguno de nosotros tenía mala cara o estaba un poco raro, nos preguntaba: «¿Te encuentras bien?». Después tendía su mano y la colocaba encima de la mesa, con la palma en alto, para que el afectado se aferrase a ella, y decía: «Todos te queremos mucho». Sabía que así, entre risas y lágrimas, soltaríamos toda la tensión. Eso era irrepetible, irrecuperable; sin embargo, pude haber grabado sus dedos que hablaban con juegos a nuestros hijos. Con el índice y el anular solía caminar hacia ellos diciendo, «que vienen los enanitos chiquititos, chiquititos». Frenaba entonces y, levantando uno de ellos, saludaba a los pequeños como si las uñas pudiesen hablar.

En la foto de la que hablo, ninguno está particularmente guapo ni el encuadre fue buscado. Es una de las únicas fotos en que quise robarle su presencia. Anticipaba que algún día esa foto no sería ya posible, que los niños crecerían y mi padre se iría. Deseaba tenerlos juntos y dejar constancia de su amor. Mi padre adoraba a mi hijo pequeño, Kiti, que siempre fue sonriente y sensible. En la foto se le van los ojos y las manos hacia él. Lo interesante es que, mirándola, escucho una voz que no suena, palabras que no se pronuncian, pero se ven. El peso de esa foto está en los ojos de mi hijo mayor, Adi, mientras aprende la vida. Viendo que su abuelo mira a su hermano pequeño, él me mira a mí, su madre, mientras les fotografío, y en sus ojos leo una pregunta: «¿Y tú a quién miras?». Padre, madre, hijos, hermanos, celos... la eterna historia.

Las normas de crianza tanto de Eduardo como de Pili eran estrictas. Sin embargo, una vez «pillé» a mi madre saltándoselas para coger a mi bebé, dormido en su capazo, cuando creía que yo estaba en la siesta y nadie la podría ver. Pensando en eso, siento tristeza ante la imagen que ha quedado en algunos de sus nietos y nietas de ella como una mujer desapegada. Seguramente sólo sus cuerpos recuerdan los brazos de Pili meciéndolos con placer cuando nadie la veía. Siempre pretendió no dañar a nadie. También de mayores temía poder crear comparaciones odiosas entre unos y otros sobre a quién quería más. Y así, reprimiendo su afecto, mermó el afecto de muchos hacia ella. Lo mismo le ocurrió con sus propios hijos, y eso es aún más triste. El amor del padre y de la madre se reparte, pero a veces también se ahorra por evitar ese dolor ajeno. Sé que Pili y también Eduardo se perdieron mucho placer con cada uno de nosotros por esa causa. Quizás lo hacemos todos.

En este sentido, la historia de mi hermano Edu, de la que ya he hablado en el epígrafe «Los cuidados de Júliet», me produjo una gran alegría. Me hizo ver que la vida le dio a mi madre una segunda oportunidad. El gravísimo accidente que su hijo menor había sufrido de joven justificó por un tiempo sus actuaciones y le permitió entregarse a él por completo. Por encima de «su Eduardo», de sus siete otros hijos, y de los nietos que por entonces tenía. Sin culpa y sin cuidado o temor a despertar los celos de nadie. Recordemos las palabras de mi hermano: «*Amá* me alimentaba con chuletas diarias, sólo a mí, para que recuperara musculatura y peso, mientras mis hermanos comían un filete y se ponían bizcos de envidia... jajaja».

COMPLETAR EL SUEÑO DE PILI

Sentada en la cafetería de un gran hotel observo dos mundos distintos. A mi izquierda, los que han entrado a tomar algo y miran; a mi derecha, en un *privée* bien visible, los que se hacen mirar, con vestidos de gala y uniformes de lujo. Besos, saludos, teatro del mundo... Al fondo, de fondo, un piano suena. Un curioso pájaro con cresta roja viene hacia mi ventana, se posa livianamente en una rama y, antes de poder observarlo bien, vuela. Queda la memoria de su cresta extraña, y el movimiento de la rama.

La tristeza de mi madre en ausencia de mi padre fue terrible. Los hermanos que vivían junto a ella lo saben mejor que nadie. A veces la animábamos a venir a Madrid. Hasta ese momento, mis padres siempre se habían quedado en casa de mi hermana Guiomar cuando venían. En ese momento –probablemente por evitar recuerdos– notamos que prefería quedarse en la mía. Sabiendo cuánto le gustaba pintar, puesto que ya había empezado a hacerlo en San Sebastián, la acompañé a comprarse un caballete y óleos, y cuando ella decidía lo que le gustaría pintar, le preparaba todo en ese sitio, como ella solía hacer con Añíbarro. Fueron momentos muy entrañables.

Mis hijos miraban sus cosas en el baño: cepillo, horquillas, espejo de plata, pintalabios... «Son las cosas de la *amatxi* (abuela), ¿verdad? ¡Qué coqueta...!», comentaban. Y es cierto, lo era. También era chapucera. Cuando pintaba se olvidaba de todo. Quería seguir con el cuadro hasta el final y acababa derrengada por la postura. Atenta cerca de ella, solía fotografiarla y con mi trípode me fotografiaba a su lado. Si veía que se estaba manchando su bonita ropa, le echaba algo por encima; si había sol, traía un gorro; y, cuando creía que podía tener frío, le alcanzaba ropas mías de abrigo. Me encantaba cuidarla y ella se dejaba hacer. A veces acababa totalmente disfrazada, pero feliz por no tener que abandonar su empeño.

Pero, por más agradable que fuera para mi madre estar cerca de sus tres hijas más alejadas, vivir en casa ajena no era una opción válida para ella. Guiomar quiso entonces terminar la casa en

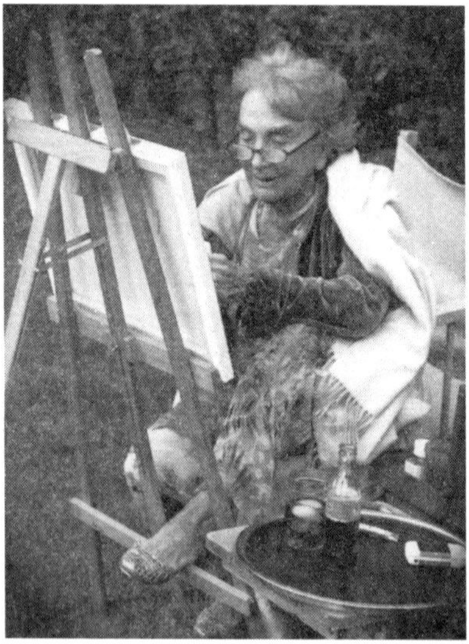

Pilar Belzunce pintando en casa de su hija Susana, 2003.

la que nuestra madre había soñado poder pasar los inviernos. Siempre habían trabajado juntas en todas las reformas de los lugares que habitaron, pues Guiomar estaba formada para ello y le encanta trajinar con obreros, pinturas, mobiliario, etc. Pili la dejó hacer y mi hermana convirtió la estructura abandonada en un espacioso hogar. Pero pronto vimos que ese sueño había llegado demasiado tarde. Pili echaba de menos el mar y los lugares que había compartido con «su Eduardo».

En cualquier caso, el esfuerzo de mi hermana mayor no fue en vano. Poder usar o rechazar una opción real le hizo sentirse libre de elegir y eso le dio a nuestra madre mucha paz. De otro modo, quizás hubiera podido confundirse creyendo que estaba «sin remedio» donde no quería estar. Y así, Pilar Belzunce volvió a San Sebastián y allí siguió, bien acompañada, hasta el final de sus días.

PILI, LA PINTURA Y LA MÚSICA

La afición a la pintura que Pili había desarrollado poco en vida de Eduardo llenó por completo sus días durante más de una década.[1] Quizás podía habérsela tomado entonces con la seriedad con que lo hace un artista. Y aunque no todos en mi familia lo saben, yo sé que hubo un momento en que se lo planteó. Fue cuando vio que su hijo Edu estaba reformando su casa. Hasta entonces ella pintaba en lo que había sido su oficina, un lugar acristalado junto al salón, sin la privacidad que ella sabía necesaria para el acto verdaderamente creador. De pronto, aprovechando la coyuntura de que había obreros por la zona, se atrevió a pensar en hacerse un estudio para ella. Pero lo visualizó en un lugar remoto del jardín de difícil acceso, cerca del estudio de mi hermano, donde apenas si cabía una mesa de *ping-pong*.

¿Cómo una persona tan generosa con los demás pudo soñar con algo tan exiguo para sí misma? Casi parecía una broma y nadie la

1. Véanse las imágenes 26, 27 y 28 en el encarte.

animó. Daba miedo imaginarla andando sola por ahí y nunca llegó a realizarlo. Pili sabía mejor que nadie lo que entrañaba dedicarse al arte. Y sin apoyo le faltó el valor. Con el tiempo también le faltó la salud, y lo que siempre había temido llegó: la sombra del alzhéimer volvió a ocupar nuestras vidas. Su capacidad artística lógicamente fue mermando, pero María, que también la tiene, la animaba empezando algo en un lienzo o una tabla que Pili continuaba hasta lograr hacer suya aquella pintura. Le encantaba expresarse con colores.

Es bonito ahora recordar que, tras un tiempo inicial duro, durante su enfermedad la música y el baile regresaron para formar parte de la vida cotidiana de nuestra madre. La pequeña felicidad que ello le proporcionaba, a la que había renunciado desde joven, cualquiera se la podíamos dar, y todos –hijos y demás personas a su cuidado– se la dimos encantados. Alguien le regaló un pequeño teclado y la oímos muchas veces tocar *Para Elisa* y alguna que otra pieza clásica que aún recordaba. Con lo poderosa, autosuficiente y dura que había sido, Pili resultó una enferma entrañable y agradecida. Sabía dejarse cuidar.

En Intzenea se formó un equipo base de cuidadores capitaneado por María, y otro equipo espontáneo de refuerzo que alegraba la vida a los cuidadores. En este último participaba Idoia, la segunda mujer de Pedro, que se acercaba cada tarde. Además, hacíamos turnos de fin de semana entre los hijos, y a Miriam, su cuidadora principal, la sustituía nuestra prima Cecilia, a quien nuestra madre siempre quiso mucho. El ambiente era muy bueno. En la cocina había una mujer armenia, alegre y feliz, que le cantaba canciones en su lengua y danzaba con una gran sonrisa pidiéndole que la siguiera cuando se tenía que ir a la cama. Era de ver la cara tan graciosa con que mi madre la miraba apreciando su esfuerzo. También merece atención la generosidad de mi cuñada Susana. En su casa habían abierto una trampilla similar a la de mi hermana para que los hijos de ella y de Edu pudieran también acceder fácilmente a nuestros padres y alegrarles. Migui, el menor, fue sin duda el mejor amigo de Pili en sus últimos años. Juntos bailaban a menudo con los ritmos y la música pregrabada de aquel teclado electrónico.

Porque soy testigo de ello, he afirmado en este libro que el arte es verdad. También estoy en disposición de afirmar que el amor es necesario y que la familia es algo que, para bien o para mal, todos los humanos arrastramos, y que Chillida supo cuidar.

PILI Y EDUARDO EN PICOS DE EUROPA

Qué ternura, Pili, descubrir lo que escribiste durante tu enfermedad última en el dorso de esas fotos que os hice en 1985 y que tenías a la vista en tu oficina: «Pilar Belzunce en Panticosa recién casada con Eduardo Chillida». Esta frase habla de tu disfrute en aquel viaje a Picos de Europa que hicimos juntos en autocaravana «mi Eduardo» y yo con vosotros dos. Te sentías joven, seguías estando enamorada, y es seguro que a nosotros nos veías como unos recién casados. Por eso te confundes con nosotros y mezclas los tiempos y los nombres de varios grandiosos espacios naturales en los que habías sido igualmente feliz.

No imagino a demasiados padres de vuestra edad de entonces, y con vuestros medios, capaces de embarcarse en una aventura tan incómoda. Pero la comodidad nunca fue vuestra mejor consejera; tampoco la facilidad lo fue... ¿Por qué si no cambió un día nuestro padre el lápiz a su mano izquierda?

Ese día en los Picos de Europa mi padre quiso que le sacara una foto «a lo Caspar Friedrich» y se irguió mirando al paisaje. Entretanto, mi madre recogía cardos por las praderas para engalanar nuestro espacio en la autocaravana. A ella también la fotografié.[1] Todavía nos veo a los cuatro caminando, verso a verso, por entre el verde cántabro y la roca. Hasta ese momento, en casa la poesía había sido Machado, entonces el misticismo entraba. Pili y Eduardo declamaban continuamente de memoria a san Juan de la Cruz. Conocimos facetas de ellos hasta entonces desconocidas, como lo bien que jugaban a cartas –a la escoba sobre todo–; parábamos a

1. Véanse las imágenes 29 y 30 en el encarte.

comer un picnic en cualquier paraje de montaña, por la noche encendíamos alguna vela y dialogábamos bajo las estrellas...

¿Podría un calígrafo, mirando ahora su caligrafía alargada y picuda, determinar la diferencia entre mi madre y otras tantísimas mujeres de su misma época que fueron educadas en el mismo lugar? Desde que llegó a San Sebastián con trece años todo el mundo la sintió como alguien un poco peculiar. En su propio colegio determinaron que Pilar Belzunce no tenía «espíritu de la Asunción», con lo que ello querría decir.

Y es que, aun siendo dócil, mi madre tenía mucha personalidad y un fuerte sentido de la dignidad. Me viene a la cabeza el altercado que tuvo con la abuela de mi padre, un día en su hotel Biarritz. Las dos mujeres se profesaban mutuo afecto y admiración, pero su relación distaba mucho de ser de igualdad, pues Pili y Eduardo llevaban años dejándose ayudar económicamente por ella. Juanatxo, mujer dura y trabajadora, organizaba semanalmente una partida de bridge entre amigas de su edad a la cual solía invitar como única excepción a la joven Pili. No recuerdo bien los pormenores, pero un día en que mi bisabuela debía de estar perdiendo, abusó de esa desigualdad entre ellas y quiso hacerle bajar la cabeza a mi madre, humillándola sin razón. La cuestión es que Pili no se lo permitió, y esa valentía de mi madre, teniendo tanto que perder, lejos de incomodar a mi bisabuela las acercó aún más. Esta anécdota es otra de las muchas en las que mi padre pudo apoyarse para defender una de sus frases favoritas: «El hombre debe poner siempre el nivel de su dignidad un poco por encima del nivel de su miedo». Evidentemente, en ese «hombre» genérico incluía una vez más a la mujer.

PASADO Y PRESENTE DE UN LUGAR

Huérfana de un pasado sobre el que el presente se monta, y tras muchos esfuerzos y avatares inciertos, lo que uno no espera de pronto se presenta: su lugar en Menorca se ha convertido en mi lugar. Uno de los vientos que aún no sé nombrar me toca. El mar, y más allá, ni lejos ni cerca, algunas casas blancas. «No vi el viento, vi moverse las nubes. No vi el tiempo, vi las hojas caer», escribió mi padre.

Con la lluvia de otoño llueven colores. Un despliegue de plantas que yo no he plantado se yergue ante mí. Bulbos que pronto se abrirán en flor. Rehúso aprender su ciclo o su coloración; la sorpresa de su presencia es un regalo cada año renovado. El azafrán convierte la tierra en una alfombra lila que quiebra mis pasos mientras avanzo por este territorio antiguo. Alguna margarita confundida se eleva sobre su fino tallo, y las *drimia maritima*, altas como personas erguidas, se asemejan a farolas de luz. Nada compite con nada. Todo subsiste a pesar de los años.

Tumbada donde mi madre se tumbaba, bajo una umbría encina, recuerdo una escena del verano pasado que les hubiera encantado a mis padres. Corría la tarde y mis dos hijos, ya mayores, estaban junto a mí jugando con un balón. Conscientes de la paz que yo deseaba sentir, sus movimientos fueron ralentizándose. El balón volaba y ellos dejaban que se posara en sus pies manteniéndolo quieto antes de propulsarlo otra vez con calma. Un juego tácito y hábil de ritmo y pausa. En el aire nunca una palabra. Y mientras tanto, amparada por una planta que me hacía de escudo, yo observaba y grababa con mi móvil el juego silencioso de esos nietos que yo di a mis padres y que ellos sólo conocieron de niños. ¡Cuánto han sacado de su abuelo!

Cuando mi padre murió, salí al jardín con Kiti y, mirando hacia las estrellas, le dije que por ahí andaría su abuelo saludándonos. Antes de entrar de nuevo en casa, le oí implorar mirando hacia el cielo: «*Aitonita*, ¡vuelve!». ¡Qué inocencia la de los pequeños! Si un día sentí la pena de que Pili y Eduardo no llegaran a conocerlos como hombres, hoy esa pena se renueva. Transcribo la dedicatoria que le escribió Pili a ese hijo mío en el libro *Preguntas* publicado con motivo de su aceptación del cargo de académico de la Real Academia de Bellas Artes de San Fernando en Madrid: «Kiti, este libro es de tu *aitona* y padrino y se verá muy contento de verte cuando seas mayor leyendo y entendiéndolo. Ahora tú le querías mucho y él a ti también, pero cuando pasen los años es seguro que le entenderás y querrás todavía más. Acuérdate de los besos tan amorosos que os dabais. Eso te gustará mucho. Un beso con todo amor. *Amachi*».

MODERNO COMO LAS OLAS, ANTIGUO COMO LA MAR

En la Academia de Bellas Artes habían montado una pequeña exposición de dibujos y grabados de mi padre relacionados con la música en general y con Bach en particular. Cuando llegué, el *cameraman* con el que iba a trabajar no había llegado aún y en la sala vacía había sólo una mujer. Se movía despacio y pasaba un tiempo largo con cada obra, acercándose y alejándose de ella de un modo peculiar. La mujer sola, su pelo largo, su actitud me tenían fascinada. Entonces llegaron mis padres y vi cómo se alegraban al verla. Yo aún no la conocía, pero era Clara Janés, la poeta cuya obra *La indetenible quietud* mi padre había ilustrado en otro precioso libro. Esa colaboración con poetas y filósofos, como ya he dicho varias veces, a mi padre le encantaba; no así los discursos o conferencias. Cuando tenía que hablar en público lo hacía de forma corta y espontánea, casi dejándose llevar por la intuición del presente. Tenía carisma y nadie pedía más de él.

En la Academia, sin embargo, era preciso aceptar el nombramiento mediante un discurso. Por eso pasó tanto tiempo –quizás años– antes de que se resolviera a aceptarlo. Cuando al fin lo hizo ese día, sorprendió a todos con una batería de preguntas que eran las que de verdad movían su trayectoria. De ahí surgió ese pequeño libro, *Preguntas*, que escribió con su caligrafía e ilustró con dibujos hechos para la ocasión.

Aunque grabé muchas cosas ese día, lo único que incluí en mi segunda película fue el pequeño saludo que Chillida dedicó a Bach –uno de sus más importantes maestros– con estas palabras:

«Moderno como las olas, antiguo como la mar, siempre nunca diferente pero nunca siempre igual». Siento ganas ahora de dedicar estas mismas palabras a mi padre. Lo hago sentidamente recordando esas series de esculturas y de grabados, parecidas pero distintas, a las que daba un mismo nombre e iba numerando hasta dar por terminada la cuestión que le había llevado a realizarlas. Siempre quedaba un porcentaje de pregunta en las obras ya acabadas. Por eso continuaba indagando. «Todas las cosas importantes de este mundo son parecidas pero distintas, como las hojas de este árbol, como las olas, como nosotros los hombres...»

LA CASA QUE ES MUCHAS CASAS

Encuentro un objeto que es, de algún modo, un compendio de las vidas de mis padres. Inicialmente era una foto en blanco y negro. Mi madre, estando ya enferma, la pegó sobre una simple tabla y la transformó con sus pinceles añadiendo color donde antes no lo había.[1] Son ellos dos en 1950, recién casados, frente al refugio del Parque Nacional de Ordesa en donde se alojaron durante su viaje de novios. «Mamá, no te ocupes de ajuares, de sábanas ni toallas porque no las vamos a necesitar.» Pili sabía que entraban en una época de aventura y de reto, sin hogar alguno al que regresar. Su padre le había advertido: «Hija, este novio tuyo no es normal; va a ser un gran genio o un gran desastre...». Por su parte, nuestro abuelo paterno le había dicho a él: «Eduardo, un hombre que va a dar ese paso tiene que ganarse la vida», y mi padre le contestó: «Yo me la gano, lo que pasa es que no me la pagan».

El peso de este objeto, que ya no es una foto, lo encuentro en las pocas cosas que mi madre no ha transformado: ellos dos, con abrigos que se entremezclan colgando de sus manos, y la tierra bajo sus pies. Las dos piernas de ella conforman un solo pilar y en su sonrisa leo todas las aventuras que estaba dispuesta a afrontar. El gesto de

1. Véase la imagen 31 en el encarte.

él, sin embargo, denota preocupación. Sus piernas, bien visibles y un poco plegadas, en tensión, hablan del gran salto que quiere dar tras haber recibido reconocimiento temprano en París por sus primeras obras figurativas.

Resulta curioso que las figuras de mis padres estén tan descentradas. Parece como si uno de ellos, seguramente Pili, hubiera pedido a alguien que les hiciera la foto, y hubiera buscado con cuidado el lugar donde se iban a colocar. Está claro que quería que la protagonista de la foto fuera la casa, el refugio del Parque de Ordesa, su primer hogar.

¿Qué más cosas respetó mi madre? El interior de las ventanas, lugares desde los que asomarse a lo-por-llegar. A una de ellas, posiblemente la de la habitación que habitaron y donde quizás engendraron a su primogénita, parece haberle añadido una escalera de mano, que para mí habla de su deseo de poder entrar sin ser vistos o salir fuera fácilmente para respirar en la intimidad.

La foto en blanco y negro que Pili transformó en sus últimos días se ha convertido en un cuadro. Tiene incluso un marco que explosiona en un amago de flores en sus cuatro ángulos. Es el cuadro de una casa. La casa madre. Porque, mirada en su conjunto, hace recordar a muchas de las que mis padres construyeron o habitaron a lo largo de los años. Es un compendio de tiempo. Tiempo hacia atrás mirado desde su enfermedad senil; tiempo hacia delante mirado desde su pujante juventud. Casas y más casas unidas en una. Un hogar.

El hogar que mi madre nos muestra sigue sustentándose sobre la realidad de esa tierra del Parque de Ordesa que ella evitó transformar del todo. También evitó transformar demasiado el techo que albergaba sus sueños de entonces; muchos de ellos cumplidos con creces y otros que aún permanecen en nosotros sus hijos, sus nietos, sus herederos.[1] Porque... ¿no es cierto que algo en esa casa hace recordar al caserío de Zabalaga? Mirando en otra foto su fachada

1. Véase la imagen 32 del encarte.

–llena de ventanas que ampliaron mínimamente respetando cada agujero original–, compruebo que es cierta mi intuición. El cuadro nuevo «es» Zabalaga con su camino de acceso sobre el césped. El gran portón que Pili añadió utilizando un verde distinto al del resto del cuadro nos habla de las esculturas que tienen que entrar y salir por ahí. Nos habla también del portón de su primer estudio de Villa Paz, que luego fue mi hogar y yo convertí en mirador. Sí. Toda la parte izquierda de la casa que ella transformó «es» ese primer estudio. Por eso mi madre le añadió con negro una simple caída extra al tejado, porque era una pequeña casa con tejado a dos aguas y sólo un par de ventanas.

En la derecha de la casa que es tantas casas, Pili reforzó la estructura con un pequeño contrafuerte y parece haber inventado dos ventanas y una puerta; quizás es una casita para alguno de sus hijos. Para finalizar, mirada de nuevo en su conjunto, por su simplicidad, su forma apaisada, el portón central y las distintas ventanas en el primer piso, la casa que hizo nuestra madre «es» también el Molino de los Vados. Casas y más casas en las que compartimos momentos entrañables, recuerdos indestructibles.

ÚLTIMO DÍA EN EL MOLINO DE LOS VADOS

Mientras me acercaba al lugar en que había estado el molino antes de que terminaran de construir el pantano que acabó con él, no sabía lo que iba a sentir.

Quedaba el inicio del caminito en cuyo barro nos atascamos todos el día de mi boda; quedaba la rudimentaria puerta que algún pastor colocó para contener al ganado, su truco para abrirla y su sonido inscrito en mi memoria. Poco más adelante llegó el cambio. Entre los robles bajos había un camino más grande semiasfaltado, que se superponía al antiguo para dar cabida a camiones. Postes de electricidad manchaban el paisaje. Y luego, al fondo, al dejar el coche, vimos que no había modo de bajar a la casa porque ya no había casa. Metros y metros de tierra la cubrían. Se fueron los árboles que plantamos, y las enormes rocas bajo las cuales se ubicaba el molino se veían muy pequeñas, aunque bajo tierra seguirían intactas. El canal que pasaba bajo el molino había sido desviado, y el río que corría al frente, separando la pradera de las montañas, no podía ya traspasarse. Las piedras de lo que había sido un puente romano yacían abandonadas en la orilla.

Hablar de las tremendas esclusas de hormigón que cortaban el paso al manantial es absurdo. La visión de la montaña de piedra había sido en parte cercenada, pero quedaba la cima donde filmé a mi padre y eso alivió nuestra pena. Aún nadie sabía si se continuaría o no con el pantano algún día. Sólo sé que ver intactas las tumbas prehistóricas excavadas frente a la vieja tenada, trepar la montaña y buscar un pequeño *txoko* junto al manantial desde el que aún brotaba agua, ajenos al desastre, fue tranquilizador.

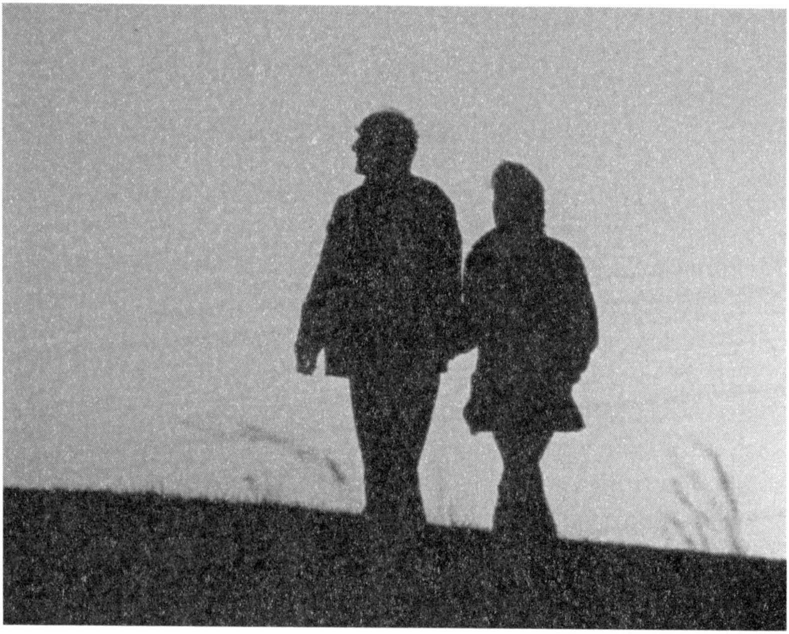

Eduardo y Pilar en el fotograma final de *Chillida, el Arte y los Sueños*.

Era el día de la madre y también mi cumpleaños. Estando junto a «mi Eduardo» y nuestros hijos, olisqueando el aire, sentí que nada me faltaba. Lo que fue y se había ido permanecía intacto en mí.

Comparto un último recuerdo con mi padre. Estábamos los dos en su estudio. Me acababa de regalar *Les mères,* de Edmond Jabès, un poeta a quien él admiraba. Algo comentó entonces que me sorprendió:

–Ah, no sabía que Edmond Jabès había muerto... –le dije.

–Sí, el año pasado –me contestó. Y casi sin pausa, rectificó–: Bueno... ha muerto... –dijo–. Ha muerto como mueren los poetas...

Me preparo para el punto final de este libro y recojo mis cosas. Unas flores me miran desde el jardín. Sé que habrá veces, muchas, en que añoraré llegar a casa y llamar a mi madre, que vivía junto al mar. Ella me hablaba del color de las olas, de su tamaño, de su rugir. Eran nuestras conversaciones cuadros que pintaba para mí desde la distancia. Añoraré también la presencia de mi padre entre nosotros, cómo no... Pero todo está en mí. Él era también un poeta. Y su obra aún respira.

Agradecimientos

A Hope Jensen Leichter, de la Universidad de Columbia, por ayudarme a encontrar, en mi tesis doctoral, el doble formato audiovisual y escrito que desde entonces he utilizado en prácticamente todos mis empeños.

A Ray Loriga y Eduardo Iglesias, lectores tempranos del inicio de esta obra, por acompañarme en la búsqueda de mi voz. Su feedback, su paciencia y su ojo certero de literatos a quienes admiro fueron esenciales.

A Ricardo Pinilla, estudioso de la obra de Chillida, por participar activamente en una fase previa de este libro, por su amistad, por la confianza en mí que me transmite, y por nuestra larga colaboración junto a Ana María Rabe en temas universitarios que tanto me han hecho crecer en muchos aspectos. A Lucas Sarasibar, por su empuje a mediados del proceso. A Cristina Álvarez Puerto, poeta y amiga, quien por su formación pedagógica y terapéutica vio en mi trabajo valores que me dieron fuerza y poder en la fase final. También in memoriam, a Alfredo Mateos Paramio, uno de mis grandes valedores mientras vivió.

A Pedro, mi hermano, por el ánimo que recibí de su apreciación de mi texto, las peticiones que me hizo y los datos que aportó. Igualmente, a mi hermana María, que con su usual sensibilidad me hizo ver un par de detalles pequeños pero importantes. A mi cuñado Gonzalo Calderón y en general a todos mis hermanos por su cariño, sus testimonios, fotos y datos aportados.

A Mercedes Monmany por dirigirme a Galaxia Gutenberg como primera opción. A Joan Tarrida por el enorme respeto hacia mi trabajo que desde el principio me hizo sentir y a Zita Arenillas y Lidia Rey por su paciencia en la revisión del texto y demás. También a Hauser & Wirth Publishers por su interés en traducir al inglés el libro, cosa que me llenó de entusiasmo.

A los equipos del Museo Chillida Leku y la Fundación Eduardo Chillida-Pilar Belzunce por el soporte que me dieron en la búsqueda de datos concretos y fotografías; también por el trabajo previo de catalogación y transcripción de documentos y cartas entre mis padres que resultaron una preciosa sorpresa para mí. Destaco a Mikel Chillida, mi querido sobrino, que coordinó y reenvió mis peticiones muchas veces a quien él sabía que podía atenderlas, y en especial a Ixiar Iturzaeta, a quien distraje múltiples veces de su labor.

A mis dos hijos Adi y Cristian Iglesias Chillida y a María Lahoz, novia del primero, cuyo interés en lo que hacía y sus peticiones me llevaron a añadir al texto múltiples facetas interesantes sobre mis padres. Y, cómo no, de nuevo a mi marido Eduardo Iglesias, que siempre ha estado insuflándome ánimo en mis procesos, revisó cuanto le pedí revisar y en todo momento aceptó con cariño mis humores cambiantes.

A todos ellos, y a los amigos que han sabido entender mi larga ausencia en sus vidas debida a mi trabajo, mil gracias de todo corazón.

Bibliografía y filmografía

LIBROS

Barañano, Kosme de (1992): *Chillida en San Sebastián*, San Sebastián, Palacio de Miramar.

Barañano, Kosme de, ed. (1998): *Chillida Aromas-Pensamientos*, Bilbao, Escuela de Ingenieros, UPV.

Barañano, Kosme de (1999): *Retrospectiva Chillida: 1948-1998*, Bilbao, Museo Guggenheim Bilbao.

Chillida, Eduardo (1994): *Preguntas: discurso del académico honorario electo Exmo. Sr. D. Eduardo Chillida, leído en el acto de su recepción pública el día 20 de marzo de 1994, y contestación del académico Excmo. Sr. D. José Antonio Fernández Ordóñez*, Madrid, Real Academia de Bellas Artes de San Fernando.

Chillida, Eduardo (2016): *Escritos*, Madrid, La Fábrica.

Chillida, Susana (2003): *Chillida, el Arte y los Sueños: Memoria de las filmaciones con mi padre*, Servicio Editorial Universidad del País Vasco.

Chillida, Susana, ed. (2003): *Elogio del Horizonte: Conversaciones con Chillida*, Barcelona, Destino.

Chillida, Susana, ed. (2012): *Cien palabras para Chillida. Homenaje X aniversario*, Guipuzkoa, Fundación Eduardo Chillida y Pilar Belzunce.

Chillida, Susana, ed. (2021): *Eduardo Chillida. Conversaciones*, Madrid, La Fábrica.

Chillida, Susana, ed. (2023): *El gato y el pájaro. José Ángel Valente y Gonzalo Suárez con Eduardo Chillida de fondo*, Madrid, La Fábrica.

Gómez Pin, Víctor (2014): «De la exploración de la materia a la intuición topológica (Un *technites* de nuestro tiempo)», en *Escritura e imagen*, tomo 10, pp. 189-197.

Ugalde, Martin de (2002): *Hablando con Chillida: vida y obra*, Donostia/San Sebastián, Editorial Txertoa.

Van de Koelen, Martin (1999-2005): *Eduardo Chillida: Opus p. I, II, III y IV: Catálogo completo de la obra gráfica*, Múnich, Chorus Verlag.

PELÍCULAS

Chillida, Susana (1993): *De Chillida Hokusai: Creación de una obra*. La Bahía Audiovisual Duración: 32 minutos. Guión: Susana Chillida y José María de Orbe. Música: Alberto Iglesias.

Chillida, Susana (1999): *Chillida: el Arte y los Sueños*. La Bahía Audiovisual. Duración: 54 minutos. Guión: Susana Chillida. Música: Alberto Iglesias.

Chillida, Susana (1999): *El gato y el pájaro*.

Créditos de las imágenes

Aparecen marcadas con un asterisco las imágenes pertenecientes al encarte.

De todas las obras de Eduardo Chillida: © Zabalaga-Leku / VEGAP, Barcelona, 2024. Cortesía Sucesión Eduardo Chillida y Hauser & Wirth, 2024.

© Budd Studio, págs.: 21, 25, 81, 82 (izqda.), 92, 97, 112, 113, 199, 202 (dcha.), 211, 232 y 273.
© Archivo Eduardo Chillida, págs.: 29, 34, 37, 41, 46, 48, 49, 51, 53, 57, 58, 63 (dcha.), 73, 75, 76, 77, 83, 91, 100, 102, 111, 114, 117, 119, 121, 123 (dcha.), 125, 134, 135, 137, 140, 142, 154, 160, 162 (inf.), 174, 183, 184, 195, 197, 198 (izqda.), 201, 202 (izqda.), 224, 227, 229, 235 (izqda.), 251, 256, 263, 268, 275, 283, 286 y 287, 2*, 4*, 9*, 10*, 11*, 13*, 14*, 16*, 24*, 27*, 28* y 32*.
© Gonzalo Chillida, pág.: 55 (izqda.).
© Zabalaga-Leku / VEGAP, Barcelona, 2024, págs.: 55 (dcha.) y 130.
© Galerie Maeght, págs.: 63 (izda.), 98 y 99.
© Arturo Delgado, pág.: 82 (dcha.).
© Heinz Heibesen, pág.: 101 (izqda.).
© J. C. Mazur, pág.: 101 (dcha.).
© Claude Gaspari, págs.: 107 y 171.
© Jacques Gomot, pág.: 108.

© Alberto Cobo, págs.: 123 (izqda.) y 3*.
© Susana Chillida, págs.: 131, 144, 145 (sup.), 167, 168, 207, 208, 213, 221, 222, 231 y 304.
© Zabalaga-Leku / VEGAP, Barcelona, 2024, pág.: 145 (inf.).
© Català-Roca / VEGAP, Barcelona, 2024, pág.: 149.
© Hans Spinner, págs.: 156 y 205.
© Jesús Uriarte, págs.: 162 (sup.), 290 y 8*.
© Roberto Royal, pág.: 170.
© Cortesía Eduardo Chillida Belzunce y Susana Álvarez, fotografía: Enrique Pérez Seoane Satrústegui, pág.: 189.
© Iñigo Santiago, págs.: 192 y 258.
© Alex Abril, págs.: 198 (dcha.), 265, 12* y 15*.
© Mikel Chillida, págs.: 203, 6* y 7*.
© Cortesía Susana Chillida, pág.: 217 (centro).
© Isabel Azkárate, pág.: 230.
© Estudio Guadiana, pág.: 235 (dcha.), 18*.
© Idoia Unzurrunzaga, pág.: 241.
© J. A. Miranda, pág.: 244.
© Susana Chillida, págs.: 249, 262 y 294 (izqda.), 1*, 5*, 19*, 20*, 21*, 22*, 23*, 29* y 30*.
© Dalda, pág.: 255.
© Mónica Bergareche, pág.: 262.
© Daniel Díaz Font: n.º 17* y 18*.
© Amaya Aznar, pág.: 145 (sup.), 20*, 21*, 22*, 23* 26* y 31*.
© Moreno Esquivel: n.º 25*.
© Pilar Belzunce: n.º 26*, 27*, 28* y 31*.

Últimos títulos publicados

Serie Ensayo

Noelia Adánez
Parentesco animal. Los feminismos incómodos de Doris Lessing y Kate Millett
David Alegre
Colaboracionistas. Europa Occidental y el Nuevo Orden nazi
José Antonio Alonso
El futuro que habita entre nosotros. Pobreza infantil y desarrollo
Vicenç Altaió
El radar americano. Arquitectura, arte, comunicación visual y Guerra Fría
José Álvarez Junco
Dioses útiles. Artículos sobre el nacionalismo
Qué hacer con un pasado sucio
Ramón Andrés
Caminos de intemperie
Ana Arambarri
Música contra los muros. En el conflicto árabe-israelí
Juan Arnau
La mente diáfana. Historia del pensamiento indio
Manual de filosofía portátil
La fuga de dios. Las ciencias y otras narraciones
Materia que respira luz. Ensayo de filosofía cuántica
Odd Arne Westad
La Guerra Fría. Una historia mundial
Francis Bacon
Ensayos
Norbert Bilbeny
La enfermedad del olvido. El mal de Alzheimer y la persona
Pilar Bonet
Náufragos del imperio. Apuntes fronterizos
Joan Brossa y Antoni Tàpies
Con corazón de fuego. Correspondencia (1950-1991)
Elias Canetti
Sobre Kafka. El otro proceso
Veza y Elias Canetti
Cartas a Georg. Amor, literatura y exilio en tiempos oscuros 1933-1948

Ana Carrasco-Conde
Decir el mal. La destrucción del nosotros
P.E. Caquet
Campanadas de traición. Cómo Gran Bretaña y Francia entregaron Checoslovaquia a Hitler
Ana Carrasco-Conde
La muerte en común. Sobre la dimensión intersubjetiva del morir
Jorge Carrión
Lo viral
Benet Casablancas
Paisajes del Romanticismo Musical. Soledad y desarraigo, noche y ensueño, quietud y éxtasis. Del estancamiento clásico a la plenitud romántica
Christopher Clark
Las trampas de la historia. De Nabucodonosor a Donald Trump
Sonámbulos. Cómo Europa fue a la guerra en 1914
Primavera revolucionaria. La lucha por un mundo nuevo 1848-1849
Antón Costas y Xosé Carlos Arias
Laberintos de prosperidad. ¿Hacia una nueva Gran Transformación?
Ricky Dávila
Tractatus Logico-Photographicus. La fotografía explicada a los atunes
Enrique Faes
Demetrio Carceller (1894-1968). Vida y negocios de un empresario en el Gobierno
Arnau Fernández Pasalodos
Hasta su total exterminio. La guerra antipartisana en España, 1936-1952
Agustín Fernández Mallo
Teoría general de la basura (cultura, apropiación, complejidad)
La forma de la multitud (capitalismo, religión, identidad)
Pável Filátiev
Zov. El soldado que ha dicho no a la guerra de Ucrania
László Földényi
Elogio de la melancolía
Joan Fontcuberta
La furia de las imágenes. Notas sobre la postfotografía
Desbordar el espejo. La fotografía, de la alquimia al algoritmo
Mireille Gansel
Traducir como trashumar
Marina Garcés
Escuela de aprendices
Ryan Gingeras
Los últimos días del Imperio otomano, 1918-1922
Javier Gomá
Filosofía mundana. Microensayos reunidos
Un hombre de cincuenta años. Trilogía teatral
Luis Gonzalo Díez
La epopeya de una derrota. El demonio de la política en los Episodios Nacionales de Galdós

Abejas sin fábula. Antropología del capitalismo
Dominic Green
La revolución religiosa. El nacimiento de la espiritualidad moderna, 1848-1898
Daniel Innerarity
La política en tiempos de indignación
La sociedad del desconocimiento
Una teoría de la democracia compleja. Gobernar en el siglo XXI
La libertad democrática
Enrique Juncosa
Escritos sobre Miquel Barceló
Victor Klemperer
Quiero dar testimonio hasta el final. Diarios 1933-1945. Una selección
Luz y sombras. Diarios sobre cine 1929-1945
Stephen Koch
El chivo expiatorio de Hitler. La historia de Herschel Grynszpan y el inicio del Holocausto
El fin de la inocencia. Los intelectuales occidentales y la tentación de Stalin
Eduardo Lago
Todos somos Leopold Bloom. Razones para (no) leer el Ulises
Albert Lladó
Contra la actualidad. Treinta preguntas ante la robotización del presente
Claudio Lomnitz
Nuestra América
Keith Lowe
Prisioneros de la historia. Monumentos y Segunda Guerra Mundial
Jordi Llovet
Mis maestros. Un homenaje
Chantal Maillard
La compasión difícil
La razón estética
Las venas del dragón. Confucianismo, taoísmo y budismo
Decir los márgenes. Conversaciones con Muriel Chazalon
Stefano Mancuso
La nación de las plantas
La planta del mundo
Fitópolis. La ciudad viva
Tomás Marco
De la tradición a más allá de la posmodernidad. Historia de la ópera de los siglos XX *y* XXI
Marta Marín-Dòmine
Huir fue lo más bello que tuvimos
Pablo Martín-Aceña
La guerra eterna. Grandes pandemias en la historia
Gustavo Martín Garzo
Elogio de la fragilidad
Miguel Martorell
El expolio nazi

Marx y Engels
El manifiesto comunista
Mariana Mazzucato
No desaprovechemos esta crisis. Lecciones de la COVID-19
José Antonio Millán
Antonio de Nebrija. Una biografía
Mira Milosevich
El imperio zombi. Rusia y el orden mundial
Pankaj Mishra
Fanáticos insulsos. Liberales, raza e Imperio
Mercedes Monmany
Sin tiempo para el adiós. Exiliados y emigrados en la literatura del siglo XX
Michel de Montaigne
Ensayos
Javier Moreno Luzón
El rey patriota. Alfonso XIII y la nación
Denis Mukwege
La fuerza de las mujeres
Juan Antonio Ortega Díaz-Ambrona
Las transiciones de UCD. Triunfo y desbandada del centrismo (1978-1983)
P. P. Pasolini
El fascismo de los antifascistas
Escritos corsarios
Frank Pasquale
Las nuevas leyes de la robótica. Defender la experiencia humana en la era de la IA
Jeremy D. Popkin
El nacimiento de un mundo nuevo. Historia de la Revolución francesa
Pere Portabella
Impugnar las normas. Intervenciones sobre arte, cine y política
Jean-Claude y Colette Rabaté
Unamuno contra Miguel Primo de Rivera. Un incesante desafío a la tiranía
Fernando Reinares
11-M. Pudo evitarse
Jorge Reverte
El vuelo de los buitres. El desastre del Annual y la guerra del Rif
Fernando del Rey
Retaguardia roja. Violencia y revolución en la guerra civil española
Fernando del Rey y Manuel Álvarez Tardío
Vidas truncadas. Historias de violencia en la España de 1936
Fuego cruzado. La primavera de 1936
Fernando del Rey y Miguel Martorell (eds.)
Mercedes Cabrera. La historia y la política
José María Ridao
Cuadernos de Malakoff

Gina Rippon

El género y nuestros cerebros. La nueva neurociencia que rompe el mito del cerebro femenino

Pierre Rosanvallon

El siglo del populismo. Historia, teoría, crítica

Carl Safina

Aprender a ser salvajes. Cómo las culturas animales crían familias, crean belleza y consiguen la paz

Octavio Salazar

La vida en común. Los hombres (que deberíamos ser) después del coronavirus

Andrés Sánchez Robayna

Borrador de la vela y la llama

Vanni Santoni

Para escribir hay que leer

Miguel Satrústegui

Politeia. 50 años de cultura (1969-2019). I - De los orígenes del hombre al mundo del Renacimiento

Politeia. 50 años de cultura (1969-2019). II- De la época del Barroco al mundo contemporáneo

Karl Schlögel

El siglo soviético. Arqueología de un mundo perdido

Andrew C. Scott

Planeta en llamas. La historia del fuego a través del tiempo

Yorgos Seferis

Días 1931-1934

Marta Segarra

Humanimales. Abrir las fronteras de lo humano

Cristian Segura

Gente de orden. La derrota de una élite

Adrian Shubert y Antonio Cazorla

La guerra civil española en cien objetos, imágenes y lugares

Brendan Simms

Hitler. Con el mundo no bastaba

Timothy Snyder

Nuestra enfermedad. Lecciones de libertad en un diario de hospital

Anton Tenkei Coppens

Llamada intemporal, respuesta puntual. Guía para la práctica del budismo Zen

Eugenio Trías

La Cataluña ciudad. El pensamiento cívico en la obra de Maragall y D'Ors

La dispersión

Entrevistas 1970-2011

Darío Villanueva

Poderes de la palabra. Retórica, política, derecho, literatura, publicidad

Bernard Wasserstein

Un pueblo de Ucrania. Krakovets y las tempestades de la historia

Edward J. Watts

La decadencia y caída de Roma. La clave para entender el mundo de hoy